博士生导师学术文库

A Library of Academics by
Ph.D.Supervisors

北国石刻与华夷史迹

杨富学 著

光明日报出版社

图书在版编目（CIP）数据

北国石刻与华夷史迹 / 杨富学著 . -- 北京：光明
日报出版社，2020.1
（博士生导师学术文库）

ISBN 978 - 7 - 5194 - 5608 - 5

Ⅰ.①北… Ⅱ.①杨… Ⅲ.①石刻—研究—中国—唐
代②民族历史—研究—中国—唐代 Ⅳ.① K877.404
② K280.042

中国版本图书馆 CIP 数据核字（2020）第 023168 号

北国石刻与华夷史迹

BEIGUO SHIKE YU HUAYI SHIJI

著　者：杨富学

责任编辑：李壬杰　　　　　　责任校对：李小蒙
封面设计：一站出版网　　　　责任印制：曹　净

出版发行：光明日报出版社
地　　址：北京市西城区永安路 106 号，100050
电　　话：010-63139890（咨询），63131930(邮购)
传　　真：010-63131930
网　　址：http://book.gmw.cn
E - mail：lirenjie@gmw.cn
法律顾问：北京德恒律师事务所龚柳方律师

印　　刷：三河市华东印刷有限公司
装　　订：三河市华东印刷有限公司
本书如有破损、缺页、装订错误，请与本社联系调换，电话：010-63131930

开　　本：170mm×240mm
字　　数：305 千字　　　　　印　　张：17
版　　次：2020 年 1 月第 1 版　印　　次：2020 年 1 月第 1 次印刷
书　　号：ISBN 978 - 7 - 5194 - 5608 - 5

定　　价：98.00 元

目 录
CONTENTS

第一章　蒙古国新出仆固墓志研究 [①]

第一节　墓志概况与录文

2009 年 7 月 19 日，蒙古国与俄罗斯联合考古队对蒙古国中央省扎穆日苏木（Zaamar Sum，位处乌兰巴托西北 280 公里，在土拉河东岸和北岸）土拉河北岸的和日木·登吉古城一处墓葬进行发掘，在主室入口处掘得唐代墓志一合 [②]。志盖盝顶，方形，阴刻篆书"大唐金微都督仆固府君墓志"。志石方形，边长 74 厘米，内容为《大唐故右骁卫大将军金微州都督上柱国林中县开国公仆固府君墓志铭并序》（以下简称"仆固墓志"），存文字 28 行，楷书，满行 31字（图 1-1）,志盖盝顶,方形,阴刻篆书"大唐金微都督仆固府君墓志"。（图 1-2）

图 1-1　仆固氏墓志铭志石

① 本文在发表时，由于受篇幅所限，被分作二篇发表，一者《蒙古国新出土仆固墓志研究》，刊《文物》2014 年第 5 期，第 77—82 页转第 88 页；二者《唐代仆固部世系考——以蒙古国新出仆固氏墓志铭为中心》，刊《西域研究》2012 年第 1 期，第 69—76 页。

② New Archaeological Findings of the Early Nomads[J] Nomadic Monthly Newspaper , 2009(81): 5.

图 1-2　仆固氏墓志铭志盖

　　该墓志出土十余日，笔者有幸赴乌兰巴托参加由内蒙古自治区文物考古研究所和蒙古国游牧文化研究国际学院、蒙古国国家博物馆联合主办的"古代回鹘考古学文化国际学术研讨会"，得悉墓志出土情况。在这次会议上，墓葬发掘者蒙古国著名考古学家奥其尔（A. Очир）教授、额尔敦宝力道（Л. Эрдэнэболд）博士及俄罗斯学者达尼罗夫（С. В. Данилов）博士共同提交了《关于新发现的一座突厥时期墓葬（Түрэгийн үеийн щинэ олдсон бунханы тухай）》一文，对墓葬发掘过程及重要发现物进行了概述，其中提及该墓志，并公布了照片。惜其不通汉文，既未录文，也未对志文内容进行深入探讨。该墓志对于唐代北方民族史研究具有非常重要的价值，现录文如下。

　　大唐故右骁卫大将军金微州都督上柱国林中县开国公仆固府君墓志铭并序 |
　　公讳乙突，朔野金山人，盖铁勤（勒）之别部也。原夫石纽开基，金峰列构。疏枝布业，拥 | 鹿塞而推雄；茂族豪宗，跨龙城而表盛。亦有日磾纯孝，泣画像于汉宫；日逐输忠， | 委睞賫于蛮邸。求诸史谍，代有人焉。祖歌滥拔延，皇朝左武卫大将军、金 | 微州都督。父思匐，继袭金微州都督，并志识开敏，早归皇化。觇风请谒，匪 | 独美于奇肱；候日虔诚，本自知于稽颡。公幼而骁勇，便习驰射。弯弧挺妙，得自乘 | 羊之年；矫箭抽奇，见赏射雕之手。及父殁传嗣，还，授本部都督。统率部落，遵奉 | 声教，回首面内，倾心尽节。俄以贺鲁背诞，方事长羁，爰命熊黑之军，克剿犬羊之 | 众。公乃先鸣制胜，直践寇庭，无劳拔帜之谋，即取搴旗之劭。策勋叙绩，方宠懋官， | 诏授右武卫郎将，寻授护军，封林中县开国子，俄除左武卫大将军。至麟德二年（665）， |

銮驾将巡岱岳，既言从塞北，非有滞周南；遂以汗马之劳，预奉射牛之礼。服既荣」于饰玉，职且贵于衔珠，厚秩载隆，贞心逾励。及东征靺鞨，西讨吐蕃，并效忠勤，亟」摧凶丑，褒录功绩，前后居多。寻除右骁卫大将军，依旧都督，加上柱国、林中县开」国公，食邑一千户。频加宠授，载践崇班，迈彼甄裘之乡，参兹缨冕之列。光」赞启国，既锡茅土之封；趋步升朝，且曳桃花之绶。方谓高情壮志，媲金石而同坚；」岂图脆质小年，与风露而俱殒？奄辞白日，长归玄夜。以仪凤三年（678）二月廿九日遘」疾，终于部落，春秋卌有四。」天子悼惜久之，勒朝散大夫、守都水使者、天山郡开国公麹昭监护吊祭，」赗物三百段、锦袍、金装带、弓箭、胡禄、鞍辔等各一具。凡厥丧葬，并令官给，并为立」碑。即以其年岁次戊寅（678）八月乙酉朔十八日壬寅永窆于缬硵原，礼也。生死长乖，」哀荣毕备。深沉苦雾，方结惨于松茔；飚飔悲风，独含悽于薙铎，对祁连而可像，寄」方勒而有词，述德表功，乃为铭曰：」西峙葱山，北临蒲海；土风是系，英杰攸在。叶贯箭锋，花分骑彩；孙谋有裕，祖袭无」改。东发来仪，腰鞬入侍；」大德斯溥，人骨以洎。献款毕同，输忠靡异；临危劲节，致果为毅。畴庸启邑，疏爵命」官；从军拥旆，拜将登坛。赫奕光显，荣名可观；方奉」明时，遽归幽穸。壮志何在，瓌容共惜；鹤陇俄封，鸡田罢迹。月落无晓，云来自昏。鸟」叽响于鸿塞，人衔悲于雁门，庶清尘而不泯，纪玄石而长存。

第二节　由墓志所在考见仆固等部之居地

"朔野"，在此指北方。金山，乃金微山之简称，又译阿勒坦山，即今新疆北部与蒙古国间之阿尔泰山。为避免与内地之金山相混，故特标明"朔野金山人"。此处"金山"实指以金微山而得名之金微州。

如所周知，仆固又称仆骨，如志文所言，"盖铁勒（勒）之别部也"。本漠北九姓铁勒强部之一。在我国史书中，仆骨之名最早出现于我国北朝时期。《北史》卷99《铁勒传》载：

铁勒之先，匈奴之苗裔也，种类最多，自西海之东，依山据谷往往不绝。独洛河北有仆骨、同罗、韦纥、拔也古、覆罗，并号俟斤。蒙陈、吐如纥、斯结、浑、斛薛等诸姓，胜兵可二万。

后来，回鹘部（史称"内九姓"）强大，兼并包括仆固在内的其他诸部，形成部落联盟，即史书所谓的"外九姓"。史载：

> 其九姓：一曰回纥，二曰仆固，三曰浑，四曰拔曳固，五曰同罗，六曰思结，七曰契苾。以上七姓部，自国初以来，著在史传。八曰阿布思，九曰骨仑屋骨。恐此二姓天宝后始与七姓齐列。[①]

该文说明仆固部为回鹘重要组成部分之一。"外九姓"中，浑、思结、契苾乃赤水军时期以来一直唇齿相依的部落；仆固、同罗、拔野固等则为南迁回鹘的另一支横水军五部的成员，亦与回鹘同历患难；骨仑屋骨部则似原属横水军五部之一的白霫部，不过以其首领名字命名而已。后来，回鹘又吞并了拔悉蜜、葛逻禄为其"客部"，于是，回鹘"外九姓"实际上已扩大为"外十一姓"或"外十一部"了。

从上可以看出，仆骨与同罗、韦纥、拔也古、覆罗等部，均居于独洛河（土拉河）以北地区。由于记载模糊，学界对这些部落之居地，历来分歧很大。清人何秋涛云："当在今肯特山北、楚库河附近，仆固即楚库之音转也。"[②]段连勤接受此说[③]。丁谦则谓："仆固盖以水得名，即下（指《新唐书·回鹘传下》）《歌逻禄传》仆固振水，所部当先在彼地，后乃移于拔野古西，多览葛东，今土拉河北库伦城（今蒙古国乌兰巴托）一带。"[④] 其中，前说主要依据是仆固与楚库音近，后者仅因"仆固"二字相同而得出结论。仅凭音近而缺乏辅助材料，结论难以让人信服。岑仲勉疑在"贝加尔湖东巴儿忽真（Bargucin）河畔"[⑤]。刘美崧则认为其地应在鄂嫩河上游[⑥]。在《中国历史地图集》第5册之"突厥"与"回鹘"二图中，也将仆固部置于肯特山东鄂嫩河上游[⑦]。近期，包文胜指出，"仆固部居地大概在肯特山以北、鄂嫩河上游一带"[⑧]。众说纷纭，

① 〔宋〕王溥.唐会要：卷98 回纥 [M].上海：上海古籍出版社，2006：2068.

② 〔清〕何秋涛.朔方备乘：卷32 周齐隋唐北徼诸国传叙 [M]// 中国西北文献丛书编委会.中国西北文献丛书：第94 册，兰州：兰州古籍书店，1990：45.

③ 段连勤.丁零、高车与铁勒 [M].上海：上海人民出版社，1988：401—402.

④ 〔清〕丁谦.新唐书回纥等国传地理考证 [M]// 蓬莱轩地理学丛书：第2 册.北京：北京图书馆出版社，2008：273.

⑤ 岑仲勉.突厥集史：下册 [M].北京：中华书局，1958：663.

⑥ 刘美崧.两唐书回纥传回鹘传疏证 [M].北京：中央民族学院出版社，1988：126.

⑦ 谭其骧.中国历史地图集：第5 册 [M].上海：上海地图出版社，1982：74—75.

⑧ 包文胜.铁勒历史研究：以唐代漠北十五部为主 [D].呼和浩特：内蒙古大学，2008：119.

莫衷一是。这一情况表明，由于历史记载的模糊与零碎，学术界对仆固部活动区域的确定基本处于猜测之中，多置其于乌兰巴托以东地区，以肯特山及鄂嫩河上游地区为其活动中心。然仆固墓志却发现于乌兰巴托西北 280 公里处的扎穆日苏木之和日木·登吉古城，位处土拉河北之河套地带。毋庸置疑，这一带应是仆固部活动的中心区域。《北史》与《隋书》之《铁勒传》均谓"独乐河北有仆骨"，与墓志出土地正相楔合。可证史书记载之不误。然而，学术界一直都把这一地区视作多览葛部及阿跌部的活动范围。

史载仆固部"在多览葛之东"①。换言之，多览葛地处仆固部之西。多览葛，《通典》作"多滥葛"，称其在"薛延陀东界，居近同罗水"②。《新唐书》亦云："多览葛亦曰多滥，在薛延陀东，滨同罗水。"③ 要确定多览葛的位置，需首先确定同罗水的位置。同罗水应与同罗部的活动有关。同罗作为一个部落，在古代突厥卢尼文碑铭中多有出现，如《阙特勤碑》北面第 7 行、《毗伽可汗碑》东面第 31 行、《暾欲谷碑》第一石南面第 2 行等皆为 tongra④。丁谦认为："同罗水亦以水得名，即独乐音转，今土拉河也。"⑤ 然而，土拉河一名在突厥卢尼文碑铭中皆作 toɣla 或 tuɣla，如《毗伽可汗碑》东面第 30 行和《暾欲谷碑》第一石南面第 8 行皆是 ⑥。说明同罗水和土拉河非为一地。尤有进者，在土拉河北多览葛南尚有契苾和浑部。《通典》明载，在土拉河北一带，"契苾羽在多览葛南"⑦。浑部，《隋书》称其在独乐河北 ⑧，《新唐书》又说"浑在诸部最南"⑨。据此，浑部当在独乐河北又偏南的地方。契苾和浑二部之中必有一部

① 〔宋〕欧阳修，宋祁 . 新唐书：卷 217 下　仆骨传 [M]. 北京：中华书局，1975：6140.

② 〔唐〕杜佑 . 通典：卷 199　边防十五 [M]. 王文锦，等，点校 . 北京：中华书局，1988：5468.

③ 〔宋〕欧阳修，宋祁 . 新唐书：卷 217 下　多览葛传 [M]. 北京：中华书局，1975：6142.

④ Tekin T.A Grammar of Orkhon Turkic[M]. Bloomington：Indiana University Publications, Mouton and Co., 1968：237, 244, 249；耿世民 . 古代突厥文碑铭研究 [M]. 北京：中央民族大学出版社，2005：134，161，96.

⑤ 丁谦 . 新唐书回纥等国传地理考证 [M]// 蓬莱轩地理学丛书：第 2 册 [M]. 北京：北京图书馆出版社，2008：273.

⑥ Tekin T.A Grammar of Orkhon Turkic[M].Bloomington：Indiana University Publications, Mouton and Co., 1968:244, 250；耿世民 . 古代突厥文碑铭研究 [M]. 北京：中央民族大学出版社，2005：160，97. 参见 Aydin E.The Contribution of the Mongolian Language on the Reading of Place Name in Old Turkuic Inscriptions：togla or tugla（Tugula？）[J].Central Asiatic Journal，2010, 54(1):22—26.

⑦ 〔唐〕杜佑 . 通典：卷 199　边防典十五 [M]. 王文锦，等，点校 . 北京：中华书局，1988：5469.

⑧ 〔唐〕魏徵 . 隋书：卷 84　铁勒传 [M]. 北京：中华书局，1973：1879.

⑨ 〔宋〕欧阳修，宋祁 . 新唐书：卷 217 下　浑传 [M]. 北京：中华书局，1975：6141.

在土拉河源处，多览葛势力是难以染指的，丁谦之说不可信，明矣。何秋涛认为同罗和通古斯音近，遂将同罗水比定为今俄罗斯境内的通古斯河。[①] 仅凭音近而缺乏旁证，不足取，况且，同罗（tongra）和通古斯（tongus）的读音相差甚远，同时又与《新唐书》所明示多览葛"在薛延陀东界"相左，亦不可从。岑仲勉认为这里的同罗水应指今蒙古国境内哈拉河的上源通勒河[②]。通勒河，又译通格勒河，蒙古语作 tongra，显系古同罗水名称的遗留。隋唐时期的同罗水，应指今哈拉河全流，发源于肯特山，汇流于鄂尔浑河。岑说不仅与史籍所述地望相当，且同罗与通勒为同声，可以信从。惟岑氏处多览葛于库伦（今乌兰巴托）与肯特山之间[③]，方位显得过于偏东。段连勤认为"似定在乌兰巴托西北哈拉河中上游为宜"[④]。此说虽较前说更为接近史实，但以仆固墓志观之，段氏所定多览葛方位仍稍偏东。《通典》称多览葛在"薛延陀东界，居近同罗水"。薛延陀汗国的牙帐在"督尉犍山（即郁督军山，今蒙古国杭爱山）北，独乐河南"[⑤]，大致在北起今土拉河南岸，南至杭爱山一带，包括鄂尔浑河中上游和哈奴依河上游地区在内。故包文胜认为"多览葛居地大概在'郁督军山下'的薛延陀和通勒河之间"[⑥]。考虑到仆固部位处同罗水（通勒河）以南，其南又有契苾和浑部，故多览葛不可能居于通勒河以南地区。所以，言称多览葛居于"薛延陀和通勒河之间"也是难以成立的。严格来说，多览葛之居地应在如下范围：东起同罗水注入鄂尔浑河处，西至薛延陀东北部边界。

仆固的东邻为拔野古。拔野古，亦作拔野固、拔曳固、拔也古等，古代突厥卢尼文碑铭作 Bayarqu[⑦]。《通典》卷 199《边防十五》云："拔野古者，亦铁勒之别部。在仆骨东境。"《唐会要》卷 72《诸蕃马印》载："杖（拔）曳固马，与骨利干马相类……在瀚海南幽陵山东杖（拔）曳固川……仆骨马，小于杖（拔）曳固，与同罗相似，住在幽陵山南。"亦说明拔野古在仆固之东。

① 〔清〕何秋涛. 朔方备乘：卷 32 周齐隋唐北徼诸国传叙 [M]// 中国西北文献丛书编委会. 中国西北文献丛书：第 94 册. 兰州：兰州古籍书店，1990：45.

② 岑仲勉. 突厥集史：下册 [M]. 北京：中华书局，1958：771.

③ 陈国灿. 唐乾陵石人像及其衔名的研究 [M]// 文物编辑委员会. 文物集刊：第 2 集. 北京：文物出版社，1980：191.

④ 段连勤. 丁零、高车与铁勒 [M]. 上海：上海人民出版社，1988：399.

⑤ 〔后晋〕刘昫，等. 旧唐书：卷 199 下 铁勒传 [M]. 北京：中华书局，1975：5344.

⑥ 包文胜. 铁勒历史研究：以唐代漠北十五部为主 [M]. 呼和浩特：内蒙古大学专门史，2008：101.

⑦ Kamalov A K. Dunhuang and Turfan Sources on the History of Tokuz-Oghuz Tribe Bayarqu. Paper presented to International Conference "Kazakhstan on Silk Road", Almaty, 2009:18—19.

至于幽陵山的确址，无法详知。《新唐书》卷 217 下《拔野古传》云："拔野古一曰拔野固，或谓拔曳固，漫散碛北，地千里，直仆骨东，邻于靺鞨。"关于其地，学界也存在着分歧。何秋涛认为"即今俄罗斯国巴尔古锡穆（今贝加尔湖）城地"[①]。岑仲勉也认为在今贝加尔湖一带[②]。丁谦指其地望当在今克鲁伦、海拉尔两河北境[③]。刘美崧则称其地望应在今蒙古克鲁伦河上游[④]。包文胜则把其居地"大致考订为贝加尔湖以东、鄂嫩河中下游以西地区"[⑤]。查《通典》《唐会要》拔野古条有关记载，未见"邻于靺鞨"四字，《新唐书》增加此四字不知何所本。既与靺鞨为邻，其位置肯定要偏东许多，自然会使人将之与克鲁伦河联系起来。

拔野古西邻仆固，《隋书·铁勒传》又谓其在独乐河北。既然仆固部的活动中心在土拉河由南向东转弯之河套地带，那么，与之为邻的拔野古部就不会远至克鲁伦河一带。段连勤先生也看到了独乐河北说与克鲁伦河说之间的矛盾，遂推测说《隋书》称拔野古在独乐河北为隋及唐初拔野古部之居地，克鲁伦河及以东则为薛延陀汗国时拔野古部之居地，以为"必作如是推论方与史籍无抵牾"[⑥]。其实，史籍本身并无抵牾之处，拔野古部一直居于土拉河北，只是后人误将其居地东移了。究其实，拔野古部活动区域应在乌兰巴托西土拉河以北地区。

《通典》卷 199《边防十五》又载：

> 契苾羽在多览葛南，两姓合居，胜兵二千。
> 阿跌，亦铁勒之别部，在多滥葛西北，胜兵千七百。
> 斛薛，亦铁勒之别部，在多滥葛北境，两姓合居，胜兵七千。
> 白霤，在拔野古东，胜兵三千人。
> 鞠国在拔野古东北五百里，六日行。

---

① 〔清〕何秋涛. 朔方备乘：卷 32 周齐隋唐北徼诸国传叙 [M]// 中国西北文献丛书编委会. 中国西北文献丛书：第 94 册. 兰州：兰州古籍书店，1990：46.

② 岑仲勉. 突厥集史：下册 [M]. 北京：中华书局，1958：772.

③ 丁谦. 新唐书回纥等国传地理考证 [M]// 蓬莱轩地理学丛书：第 2 册 [M]. 北京：北京图书馆出版社，2008：272.

④ 刘美崧. 两唐书回纥传回鹘传疏证 [M]. 北京：中央民族学院出版社，1988：123.

⑤ 包文胜. 铁勒历史研究：以唐代漠北十五部为主 [D]. 呼和浩特：内蒙古大学，2008：120.

⑥ 段连勤. 丁零、高车与铁勒 [M]. 上海：上海人民出版社，1988：403—404.

由是以观，如果能够确定多览葛、拔野古之具体方位，以之为坐标，那么，其邻近之契苾部、阿跌部、斛薛部、白霄部及鞠国的位置也就相对容易确定了。再由这些部落向外推延，铁勒其余诸部之居地也有望得到更准确的定位。总之，仆固墓志的发现，为重新确认唐代铁勒诸部之活动区域具有重要的参考价值。

第三节　唐代仆固部世系考

关于仆固部之世系，史书少有记载，惟两《唐书》略有涉及。《旧唐书》载：

仆固怀恩，铁勒部落仆骨歌滥拔延之曾孙，语讹谓之仆固。贞观二十年，铁勒九姓大首领率其部落来降，分置瀚海、燕然、金微、幽陵等九都督府于夏州，别为蕃州以御边，授歌滥拔延为右武卫大将军、金微都督。拔延生乙李啜拔，乙李啜拔生怀恩，世袭都督。[1]

依此记载，歌滥拔延生乙李啜拔，乙李啜拔生仆固怀恩，怀恩则应为歌滥拔延之孙，而非同书所谓的曾孙。故中华书局标点本《旧唐书》之校勘记认为："此句'曾'字疑衍"[2]。但也有学者接受仆固怀恩为歌滥拔延曾孙之说。[3]

《新唐书》作者可能也觉察到《旧唐书》自相矛盾之处，故不言仆固怀恩为歌滥拔延之曾孙[4]，直接记曰：

仆固怀恩，铁勒部人。贞观二十年，铁勒九姓大首领率众降，分置瀚海、燕然、金微、幽陵等九都督府，别为蕃州，以仆骨歌滥拔延为右武卫大将军、金微都督，讹为仆固氏。生乙李啜；乙李啜生怀恩，世袭都督。[5]

---

① 〔后晋〕刘昫，等.旧唐书：卷121 仆固怀恩传[M].北京：中华书局，1975：3477.

② 〔后晋〕刘昫，等.旧唐书：卷121 仆固怀恩传[M].北京：中华书局，1975：3496.

③ 李鸿宾.仆固怀恩充任朔方节度使及其反叛诸问题：兼论肃代之际朔方军变化及唐廷对策[M]// 陈梧桐.民大史学：第1辑.北京：中央民族大学出版社，1996：251.

④ 〔宋〕欧阳修、宋祁所著《新唐书》卷217下《仆骨传》有载："歌滥拔延为右武卫大将军、州都督……子曰怀恩，至德时以功至朔方节度使，自有传。"仆固怀恩又成了歌滥拔延之子。此处显系对《仆固怀恩传》的误记。

⑤ 〔宋〕欧阳修，宋祁.新唐书：卷224上 仆固怀恩传[M].北京：中华书局，1975：6365.

二载相校，内容基本一致，皆将仆固部世系追溯至歌滥拔延。《新唐书》卷217下《仆骨传》："仆骨亦曰仆固……始臣突厥，后附薛延陀。延陀灭，其酋娑匐俟利发歌滥拔延始内属，以其地为金微州，拜歌滥拔延为右武卫大将军、州都督。"歌滥拔延内属时在贞观二十年（646）十二月，次年被唐朝册拜为右武卫大将军、金微都督（史书又作金微州都督、金微府都督）。歌滥拔延死后，其位传于子乙李啜拔，再传而至仆固怀恩。这几乎已为学界定论，中外学界多取此说。①

然以《仆固氏墓志铭》与两《唐书》所载相对照，可以看出，除同将世系追至歌滥拔延外，其余则全然不同。《仆固氏墓志铭》志主为乙突，其祖为歌滥拔延，其父为思匐。思匐其名，不见于史册，生卒年不详。墓志载，乙突在继父位任金微州都督后，曾于显庆二年（657）与役唐军平定阿史那贺鲁叛乱的最后一战，"直践寇庭"。志文中出现有"俄以贺鲁背诞，方事长羁"一语。贺鲁之叛，始自651年年初。七月，唐朝发兵平叛。当时乙突只有15岁，不可能率兵远赴千里之外的西域平叛。那么，这里的"俄"字，指的应是乙突于657年西征时，始任都督不久。易言之，思匐当卒于657年或稍前不久。

乙突虽不见于史册，但可见于唐乾陵石人像之题名。乾陵"蕃臣"石像均背刻衔名，惜经过长年风雨侵蚀，大部分已模糊不清。北宋游师雄于元祐年间任陕西转运使时，"见石人姓名漫灭"，遂"摹刻四碑"②。元人李好文、清初叶奕苞均以游刻拓本为依据，录左碑（依游师雄拓本次第）第一人作："故左威卫大将军兼金徽州都督仆固乞突。"③陈国灿先生经过考订，将其中的"徽"订正为"微"。④依《仆固氏墓志铭》观之，甚是。另外，"左威卫"应改为"左武卫"，"乞突"实则为"乙突"之讹。乃碑石风化，字迹残损所致。

① 〔清〕赵绍祖．新旧唐书互证：卷19（丛书集成初编2841）[M]．上海：商务印书馆，1936：329—330；Mackerras C. The Uighur Empire according to the T'ang Dynastic Histories：A Study in Sino-Uighur Relations 744—840[M].Canberra：Australian National University Press, 1972：129；刘美崧．两唐书回纥传回鹘传疏证[M]．北京：中央民族学院出版社，1988：126；章群．唐代蕃将研究[C]//单周尧．香港大学中文学院八十周年纪念学术论文集．上海：上海古籍出版社，2009：310.

② 〔清〕叶奕苞．金石录补：卷22（丛书集成初编1521）[M]．上海：商务印书馆，1936：212.

③ 〔元〕李好文．长安志图：卷中（宋敏求《长安志》附篇，丛书集成初编3212）[M]．上海：商务印书馆，1936：330；〔清〕叶奕苞．金石录补：卷22（丛书集成初编1521）[M]．上海：商务印书馆，1936：212.按《长安志图》原署："河滨渔者编类图说，频阳张敏同校正。"河滨渔者乃元人李好文之号，故王鸣盛在《新校正长安志序》中直指该书"实出元李好文撰"．叶氏误以为"张敏编"．

④ 陈国灿．唐乾陵石人像及其衔名的研究[M]//文物集刊：第2集．北京：文物出版社，1980：191.

乙突于"仪凤三年（678）二月廿九日遭疾终于部落，春秋卌有四"。按唐代是虚岁计算年龄的（下同），上推43年，则知出生于唐太宗贞观五年（635）。而仆固怀恩死于唐代宗永泰元年（765）九月，但生年不详。考虑到仆固怀恩非终老而死，而是在进军途中暴卒，年龄不应大于65岁，则其生年应在700年之后。下面几个因素，可进一步推定仆固怀恩的具体生年。

第一，仆固怀恩之长女曾于乾元元年（758）出嫁回鹘毗伽阙可汗磨延啜之少子移地健。翌年，磨延啜死，移地健立，是为牟羽可汗（登里可汗）。不久，仆固怀恩女被立为可敦，后由唐册立为"光亲可敦"。按，唐代妇女出嫁多在15—19岁之间。[①] 此女若19岁出嫁，则应生于740年，若仆固怀恩22—25岁间生此女，则怀恩应生于716至719年之间。

第二，仆固怀恩于765年死时，幼女尚小，便由唐代宗收养在宫中，被唐代宗视作自己的亲生女儿。大历三年（768），光亲可敦去世，牟羽可汗指名要光亲可敦之妹，即仆固怀恩之幼女做继室。第二年，唐代宗将此女封作崇徽公主出嫁。此时距仆固怀恩亡故已历四年。若此女是年满19岁，则应生于751年。若怀恩应生于716至719年，此时30多岁，正当生育年龄，若将仆固怀恩生年定在700年，51岁生育，年龄有些偏大。

第三，763年，光亲公主随牟羽可汗率兵至太原，要求与父仆固怀恩及祖母相见，代宗表示同意。若怀恩生于700年，其母时年就在80开外，不符合唐代常人年龄。

第四，仆固怀恩有一子曰玚，英勇善战，号为"猛将"。广德元年（763）七月，画三十二功臣图像于凌烟阁，仆固玚与其父均在其中。此人早在乾元二年（759）即参加河阳之战，在降服叛将安太清后，劫走其妻[②]。此时仆固玚的年龄不应小于20岁，即出生于739年以前。如是，怀恩之生年则应在719年之前。

以上诸因素互证，可将仆固怀恩之生年定为716至718年之间。而此时距乙突亡故（678）已近四十年，可证仆固怀恩非乙突之子或孙，而应为玄孙或更后之辈。质言之，《仆固氏墓志铭》对仆固氏先祖的记载是正确的，可纠正两《唐书》之谬。

乙突之后人，《仆固氏墓志铭》未提及。按两《唐书》，仆固怀恩之父为乙李啜（拔），殆无疑义。据薛宗正先生言，乙李啜拔曾于开元二十九年（741）

---

① 张国刚，蒋爱花.唐代男女婚嫁年龄考略 [J]. 中国史研究，2004（2）：69.

② 〔宋〕欧阳修，宋祁.新唐书：卷224上 仆固怀恩传 [M].北京：中华书局，1975：6367.

被后东突厥汗国（682—744）僭主判阙特勤擢为东叶护①。此事史书虽然未予明载，但考诸史实，当可推知。

判阙特勤原为苾伽骨咄录可汗麾下的左杀，于开元二十九年七月弑君自立。是时，突厥汗室已衰，异姓突厥部落崛起，自立为汗者除判阙特勤外还有拔悉密监国吐屯出身的阿史那施（毗伽可汗的侄子，苾伽骨咄禄可汗从兄），在回纥、葛逻禄两大强部支持下建立可汗尊号，以回纥酋骨力裴罗为东叶护，葛逻禄酋顿毗伽为西叶护。而判阙特勤及其子乌苏米施两代可汗麾下之异姓突厥强部首推仆固、同罗，其中同罗酋长阿布思，史书明载拥有西叶护尊号，②按突厥奉行两翼制，③既有西叶护，则必有东叶护与之对应。东叶护尊号的拥有者非时任仆固酋长莫属。薛宗正先生的论断可以信从。

若乙李啜拔于741年为后东突厥汗国东叶护之说不误，自然就可以确定乙李啜拔为仆固怀恩父之载毋庸置疑。而741年距678年乙突之卒尚有63年，故可定乙李啜拔断非乙突之子，应为其孙、曾孙甚至玄孙。中间尚缺一至三代。有幸的是，通过对各种资料的排比，期间的缺隙可得到完整弥补。这里且看开元六年（718）二月戊子玄宗所颁布《移蔚州横野军于代郡制》：

　　其蔚州横野军，宜移于山北古代郡，大安城南仍置汉兵三万人，以为九姓之援，拔曳固都督颉质略等，并望雄蕃绪，声振朔垂，戎略既昭，兵旅惟缉，各陈武列，分统军政，颉质略出马骑三千人，充横野军讨击大使，同罗都督毗伽末啜出马骑二千人，充横野前军讨击大使，雷都督比言出马骑二千人，充横野军后军讨击大使，回纥都督夷健颉利发出马骑一千人，充大武军左军讨击大使，仆固都督曳勒哥出马骑八百人，充大武军右军讨击大使，左萦右拂，先偏后伍，作捍云代，指清沙漠，宣威料敌，度功藏务，咨尔庶士，称朕意焉。其五都督讨击大使，各量给赐物一百匹，领本部落蕃兵，取天兵军节度，其兵有事，应须讨逐探候，量宜追集，无事并放在部落营生，并使本军存问，

————————————

①　薛宗正.突厥史[M].北京：中国社会科学出版社，1992：579—580；薛宗正.仆固部的兴起及其与突厥、回鹘的关系[J].西域研究，2000（3）：14.

②　〔宋〕欧阳修、宋祁所著《新唐书》卷215下《突厥传下》载："天宝初，其大部回纥、葛逻禄、拔悉蜜并起攻叶护，杀之，尊拔悉蜜之长为颉跌伊施可汗，于是回纥、葛逻禄自为左右叶护，亦遣使者来告。国人奉判阙特勒子为乌苏米施可汗，以其子葛腊哆为西杀。帝使使者谕令内附，乌苏不听，其下不与，拔悉蜜等三部共攻乌苏米施，米施遁亡。其西叶护阿布思及葛腊哆率五千帐降，以葛腊哆为怀恩王。三载，拔悉蜜等杀乌苏米施，传首京师，献太庙。"

③　肖爱民.中国古代北方游牧民族两翼制度研究[M].北京：人民出版社，2007：101—154.

务使安辑，应修筑所，及支运兵马粮等，所司亦与节度使商量处置。①

以上仆固部与回纥、同罗、拔野古、霫五部等合称横野军。对此《资治通鉴》卷 212 亦记："（开元六年二月），戊子，移蔚州横野军于山北，屯兵三万，为九姓之援；以拔曳固都督颉质略、同罗都督毗伽末啜、霫都督比言、回纥都督夷健颉利发、仆固都督曳勒歌等各出骑兵为前、后、左、右军讨击大使，皆受天兵军节度，有所捕讨，量宜追集，无事各归部落营生，仍常加存抚。"②

同月，玄宗又颁《征突厥制》，言：

九姓拔曳固都督、稽洛郡王、左武德（卫）大将军颉质略，同罗都督、右监门卫大将军毗伽末啜，霎（霫）都督、右骁卫将军比言，仆固都督、左骁卫将军曳勒哥等，种分业异，效节输忠。③

该制所颁在《移蔚州横野军于代郡制》五日之后，即开元六年二月壬辰。胡三省《通鉴考异》曰："《实录》：'壬辰，制大举击突厥，五都督及拔悉密金山道总管处木昆执米啜、坚昆都督骨笃禄毗伽、契丹都督李失活、奚都督李大酺及默啜之子右贤王默特勒（勤）逾输等夷夏之师，凡三十万，并取朔方道行军大总管王晙节度。'"④

也就是说，718 年 2 月之时，仆固部所在之金微州都督为曳勒歌。然颜真卿撰《唐故右武卫将军赠工部尚书上柱国上蔡县开国侯臧公神道碑铭》说：

俄拜左卫率府左郎将，转右领军中郎将，兼安北都护中受降城使、朔方五城都知兵马使。戎事齐足，十万维群，我伐用张，军威以肃。由是深为节度使王晙所器，奏充都知兵马使。尝以百五十骑，遇突厥斩啜八部落十万余众于狼头山，杀其数百人。引身据高，环马御外，虏矢如雨，公徒且歼，遽而绐之曰："我为臧怀恪，敕令和汝，何得与我拒战？"于时，仆固怀恩父设支，

① 〔清〕董诰，等.全唐文：卷21[M].上海：上海古籍出版社，1990：105.又见〔宋〕王钦若，等.册府元龟：卷992 外臣部·备御五[M].北京：中华书局影印本，1960：11561.文字略有不同。
② 〔宋〕司马光.资治通鉴：卷212[M].北京：中华书局，1956：6732.
③ 〔清〕董诰，等.全唐文：卷21[M].上海：上海古籍出版社，1990：105.又见〔宋〕王钦若，等.册府元龟：卷986 外臣部·征讨五[M].北京：中华书局影印本，1960：11583.
④ 〔宋〕司马光.资治通鉴：卷212[M].北京：中华书局，1956：6732.

适在其中，独遮护之，诸部落持疑不肯。公刲羊以盟之，杖义以责之，众皆感激，由此获免。遂与设支部落二千帐来归。①

清人赵绍祖亦谓："余家藏颜鲁公所撰《臧怀恪碑》，言怀恩父设之（支）随怀恪来降。与二传（即两《唐书》之《仆固怀恩传》——引者）所载皆不同。鲁公为怀恩同时，其言当可据也。"②该碑又言仆固怀恩之父为设支。碑中提到身兼"安北都护中受降城使、朔方五城都知兵马使"之职的臧怀恪"深为节度使王晙所器"。《资治通鉴》卷211开元二年（714）闰二月条载：

以鸿胪少卿、朔方军副大总管王晙兼安北大都护，朔方道行军大总管，令丰安、定远、三受降城及旁侧诸军皆受晙节度。③

说明王晙节度朔方时在714年，因此，设支之率部来降，也应该在此时。④《新唐书》卷217下《仆骨传》载："开元初，（歌滥拔延）为首领仆固所杀，诣朔方降，有司诛之。"歌滥拔延本身即为仆固部首领，这里又言为"首领仆固所杀"，未详何指。可能指的是设支于开元初内属之事，只是被误与歌滥拔延联系在一起了（当时歌滥拔延之孙乙突已去世36年）。设支内属时在714年，而历史记载表明仆固怀恩曾祖父曳勒歌至718年尚在都督任上。

考虑到怀恩父不可能在其曾祖父之前任都督。那么，惟一的解释就只能是设支为曳勒歌之父。曳勒歌之后，又有名曰勺磨的都督出现。《旧唐书》卷93《王晙传》载：

时突厥跌跌部落及仆固都督勺磨等散在受降城左右居止，且谋引突厥共为表里，陷军城而叛。晙因入奏，密请诛之。（开元）八年秋（720），晙诱跌跌等党与八百余人于受降城诛之，由是乃授晙兵部尚书，复充朔方军大总管。⑤

看来，等到720年秋，仆固部权柄已由勺磨执掌，说明曳勒歌于此前已

① 〔清〕董诰，等.全唐文：卷342[M].上海：上海古籍出版社，1990：1533.

② 〔清〕赵绍祖.新旧唐书互证：卷19（丛书集成初编2841）[M].上海：商务印书馆，1936：330.

③ 〔宋〕司马光.资治通鉴：卷211[M].北京：中华书局，1956：6696.

④ 章群.唐代蕃将研究[M].台北：联经出版事业公司，1986：285.

⑤ 〔后晋〕刘昫，等.旧唐书：卷93王晙传[M].北京：中华书局，1975：2988.

亡故。勺磨当为仆固怀恩之祖父。

从史料看，在设支之前，还有一位佚名的金微州都督。

自高宗开耀元年（681）始，漠北连年大旱，饥馑和灾荒导致铁勒部互相劫掠，引起大乱，同罗、仆固等部叛唐。唐朝遂派左豹韬卫将军刘敬周讨伐之。具体年代，《资治通鉴》载为垂拱二年（686）六月，称："同罗、仆固等诸部叛，遣左豹韬卫将军刘敬同发河西骑士出居延海以讨之，同罗、仆固等皆败散。敕侨置安北都护于同城以纳降者。"①陈子昂言为丙戌年，亦即垂拱二年（686）。他在《燕然军人画像铭并序》中云：

> 龙集丙戌。有唐制匈奴五十六载……是岁也，金微州都督仆固始桀骜，惑乱其人，天子命左豹韬卫将军刘敬周发河西骑士，自居延海（今内蒙古额济纳旗境）入以讨之，特敕左补阙乔知之摄侍御史，护其军。②

文中"有唐制匈奴"一语，应指贞观四年（630）唐朝出兵平突厥事。当时，"于朔方之地，自幽州至灵州置顺、祐、化、长四州都督府，又分颉利之地六州，左置定襄都督府，右置云中都督府，以统其部众"③至686年恰为"五十六载"，文中"丙戌"，即指该年。唐朝羁縻政策的实施自是年始④。

另外，陈子昂《观荆玉篇并序》云："丙戌岁，余从左补阙乔公北征。夏四月，军幕次于张掖河。"⑤与《燕然军人画像铭并序》所云"龙集丙戌"正合。文中的左补阙乔公即乔知之，此人与陈子昂友善，故陈氏曾替友捉刀作《为乔补阙论突厥表》。陈亲历战事⑥，所言当为可信。

再者，乔知之身份为左补阙（非《旧唐书》本传所言"右补阙"）。而"左右补阙"之职始设于武则天垂拱元年（685）十月⑦。乔知之任左补阙"即当此时，时为冬季，揆之以理"，不可能于是时兵发居延海与叛军战。据考，陈子昂随乔知之北行始自垂拱二年三月，四月至张掖，五月到达同城（今内蒙古

①　〔宋〕司马光．资治通鉴：卷203[M]．北京：中华书局，1956：6435.

②　〔唐〕陈子昂．陈子昂集：卷6[M]．徐鹏，点校．上海：中华书局上海编辑所，1960：137.

③　刘昫，等．旧唐书：卷194上　突厥传[M]．北京：中华书局，1975：5163.

④　刘统．唐代羁縻府州研究[M]．西安：西北大学出版社，1998：8.

⑤　〔唐〕陈子昂．陈子昂集：卷1[M]．徐鹏，点校．上海：中华书局上海编辑所，1960：13.

⑥　王珂．初唐士人乔知之家世生平考辨[J]．江汉大学学报，2010（2）：85—86.

⑦　〔后晋〕刘昫，等．旧唐书：卷42　职官一[M]．北京：中华书局，1975：1789.

额济纳旗东南），八月再至张掖[①]。

质言之，唐伐仆固部当在垂拱二年三月至八月间。战争结果，《资治通鉴》记为"仆固、同罗皆败散"，陈子昂《为乔补阙论突厥表》进一步明确言："今者同罗、仆固都督早已伏诛。"[②]仆固叛酋被杀后，仆固部一度处于无主状态，"群生无主，号诉嗷嗷"。后来继承其位的应为仆固怀恩之高祖设支。

那么，该仆固叛酋与设支之间是什么关系呢？史无所载，笔者臆测叛酋应为乙突之子。乙突生于635年，若20岁生叛酋，至686年时，叛酋为32岁，其子仅有10岁左右，尚无能力继承都督之位，故而造成酋长位置一时空缺。后该部因无主而乱，故众推设支为都督。以理度之，设支应为叛酋之弟。

如是，则可将仆固部都督世次推定如下：

姓名	与上世关系	世次	生卒年代	官号与封号	在位年代	备注
歌滥拔延		一世	？	右武卫大将军、金微州都督	647年—？	646年归唐
思匐	子	二世	卒于657年或稍前不久	金微州都督	？—657年或稍前不久	
乙突	子	三世	635年—678年	右骁卫大将军、金微州都督、上柱国、林中县开国公	657年或稍前不久—678年	可见于唐乾陵石人像题名
佚名	子	四世	？—686年	金微州都督	678年—686年	686年叛唐，被唐军所杀
设支	弟（？）	五世	？	金微州都督	686年—714年以后	714年率众归唐
曳勒歌	子	六世	？—720年以前	充大武军右军讨击大使、金微州都督	718年前后	

---

① 罗庸.陈子昂年谱[M]//〔唐〕陈子昂.陈子昂集 附录[M].徐鹏，点校.上海：中华书局上海编辑所，1960：328.

② 〔唐〕陈子昂.陈子昂集：卷4[M].徐鹏，点校.上海：中华书局上海编辑所，1960：87—88.

姓名	与上世关系	世次	生卒年代	官号与封号	在位年代	备注
勺磨	弟（？）	七世	？—741年以前	金微州都督	720年以前—741年以前	720年或稍前被唐安置于受降城附近
乙李啜拔	子（？）	八世	？—756年以前	金微州都督	741年以前—756年以前	741年任后东突厥汗国东叶护
仆固怀恩	子	九世	716—718年间生，765年卒	尚书左仆射兼中书令、河北副元帅、朔方节度使、金微州都督	756年前—765年	756年以唐使身份出使漠北回纥汗国

第四节　志文所涉有关史实考述

作为仆固氏墓志铭的墓主，乙突事迹在志文中有较详细的记载，可补史籍之缺。

其一，墓志载："俄以贺鲁背诞，方事长羁，爰命熊罴之军，克剿犬羊之众。公乃先鸣制胜，直践寇庭，无劳拔帜之谋，即取搴旗之効。"

文中的贺鲁，指的是西突厥可汗阿史那贺鲁。《新唐书》卷215下《西突厥传》载："贺鲁者，室点蜜可汗五世孙，曳步利设射匮特勒劫越子也。"乙毗咄陆可汗君临西突厥时期，贺鲁被册为泥伏沙钵罗叶护，建牙多逻斯川（喀喇额尔齐斯河）。贞观十七至十八年（643—644）间，乙毗射匮趁乙毗咄陆可汗出征之机，夺取汗位。[①] 阿史那贺鲁失势，遂于贞观二十二年（648）降唐，被拜为左骁卫将军，居莫贺城（今新疆吉木萨尔县西），再拜昆丘道行军总管，次年拜瑶池都督。永徽二年（651）年初，贺鲁叛唐，西奔至双河（今新疆博

---

① 吴玉贵．突厥汗国与隋唐关系史研究 [M]．北京：中国社会科学出版社，1998：344．

乐市南之博尔塔拉河）、千泉（今哈萨克斯坦梅尔克附近[①]），以之为根据地对抗唐朝，自号沙钵罗可汗。七月，唐以左武卫大将军梁建方、右骁卫大将军契苾何力为弓月道行军总管，发汉兵三万，回纥兵五万，率军发动了第一次西征，不胜。接着又于永徽六年（655）发动了第二次西征，仍未果。经过进一步周密的部署，唐朝于显庆二年（657）发动了第三次，也是规模最大的一次西征。以苏定方为伊丽道行军大总管，出北道，自金山西进，至额尔齐斯河，转而南下伊犁河流域；以阿史那弥射、阿史那步真为流沙道安抚大使，出南道，由西州西北行，直捣天山北西突厥大本营。两军会于双河，接着在伊犁河、楚河等地大破阿史那贺鲁。贺鲁逃亡石国，被缚而献于唐廷。西域之乱乃平。[②]志文称乙突曾"直践寇庭"，说明他曾参与唐军剿灭阿史那贺鲁叛军的最后一役，并率军到达西突厥的根据地——双河、千泉。是年，乙突年方22周岁，因战功而被封为"右武卫郎将，寻授护军，封林中县开国子，俄除左武卫大将军"。

其二，志文载："至麟德二年（665），銮驾将巡岱岳，既言从塞北，非有滞周南；遂以汗马之劳，预奉射牛之礼。"

岱岳即泰山，麟德二年唐高宗赴泰山封禅之事在多种典籍中都有记载。《旧唐书》卷4《高宗纪上》言："（麟德二年）冬十月戊午，皇后请封禅，司礼太常伯刘祥道上疏请封禅……丁卯，将封泰山，发自东都……十二月……乙卯，命有司祭泰山。"

这次封禅活动规模很大，"突厥、于阗、波斯、天竺国、罽宾、乌苌、昆仑、倭国及新罗、百济、高丽等诸蕃酋长，各率其属扈从，穹庐毡帐及牛羊驼马，填候道路"[③]。乙突预先得知其事，但由于身在塞北，未能与役其事。志文引太史公"滞周南"之故实来形容其遗憾心情。公元前110年，汉武帝酝酿已久的泰山封禅大典终于实施，但身为汉廷太史令的司马谈却"留滞周南，不得与从事"，以之为奇耻大辱，以致"发愤且卒"[④]。

---

① 关于千泉的方位，学界有多种说法，兹依日本学者松田寿男之说，见松田寿男.古代天山的历史地理学的研究[M].东京：早稻田大学出版部，1970：288；许序雅.千泉、白水城和恭御城考辨[J].中国历史地理论丛，2010（2）：126—131.

② 薛宗正.突厥史[M].北京：中国社会科学出版社，1992：353—359；吴玉贵.突厥汗国与隋唐关系史研究[M].北京：中国社会科学出版社，1998：389—393.

③ 〔宋〕王钦若，等.册府元龟：卷36 帝王部·封禅第二[M].北京：中华书局影印本，1960：393.

④ 〔汉〕司马迁.史记：卷130 太史公自序[M].北京：中华书局，1982：3295.

乙突虽未能亲身前往，但"贞心逾励"，要以不同的方式为封禅献上"射牛之礼"。《旧唐书·礼仪志三》载：高宗封泰山后，"又令详求射牛之礼。行伟、守贞等议曰：据《周礼》及《国语》，郊祀天地，天子自射其牲。汉武唯封太山，令侍中儒者射牛行事。""射牛之礼"有臣下为天子效劳之意味，仆固墓志引此典故，借喻乙突矢志为唐守边卫疆，以汗马功劳报答唐廷。时年乙突为30周岁。

其三，东征靺鞨。靺鞨是东北地区的一个古老民族，至迟在隋时已形成为七大部落联盟或部落集团，即白山、粟末、拂涅、伯咄、安车骨、号室和黑水部[①]，主要分布在粟末水（今松花江）和黑水（今黑龙江）一带，以粟末靺鞨和黑水靺鞨最为强大。

乾封二年（667）九月，唐征高丽，攻陷其重镇新城（抚顺高尔山山城），由契苾何力留守。次年二月，薛仁贵率精兵两千攻克扶余城。"时高丽兵十五万屯辽水，引靺鞨数万据南苏城（今开原东西丰境内）"[②]，并袭击新城。薛仁贵率部回救，歼敌五万，进据东部靺鞨粟末、白山二部之腹地。高丽败象渐显，军无斗志，急于回救平壤，致使扶余、嫩江地区的靺鞨成为孤军，悉数被歼。当时，"男建以兵五万袭扶余，（李）勣破之萨贺水上，斩首五千级，俘口三万，器械牛马称之"[③]。辽东、扶余城失守，朝鲜半岛完全暴露在唐军之前，兼之有生力量在外线被歼，外援靺鞨也自顾不暇，高丽大势已去。契苾何力率军于今安东新义州一带渡江，"悉师围平壤"[④]，破之，高丽国亡。曾经附属于高丽的靺鞨诸部或转而归唐，或分崩离析，一蹶不振，"后无闻焉"[⑤]。仆固墓志所谓乙突"东征靺鞨"，当指是役，时年乙突为32—33周岁。

其四，西讨吐蕃。吐蕃原居青藏高原，其势力进入西域，始于唐高宗龙朔二年（662）。以后数年间，吐蕃在西域的势力逐步扩大[⑥]。咸亨元年（670），吐蕃"入残羁縻十八州，率于阗取龟兹拨换城，于是安西四镇并废"。于此情况下，唐高宗决定进行大规模反击，"诏右威卫大将军薛仁贵为逻娑道行军大总管，左卫员外大将军阿史那道真、左卫将军郭待封自副，出讨吐蕃，并护吐谷浑还国。师凡十余万，至大非川，为钦陵所拒，王师败绩，遂灭吐谷浑

---

① 魏国忠，朱国忱，郝庆云.渤海国史 [M].北京：中国社会科学出版社，2006：2.

② 〔宋〕欧阳修，宋祁.新唐书：卷110 契苾何力传 [M].北京：中华书局，1975：4120.

③ 〔宋〕欧阳修，宋祁.新唐书：卷220 高丽传 [M].北京：中华书局，1975：6197.

④ 〔宋〕欧阳修，宋祁.新唐书：卷220 高丽传 [M].北京：中华书局，1975：6197.

⑤ 〔后晋〕刘昫，等.旧唐书：卷199 下 靺鞨传 [M].北京：中华书局，1975：5359.

⑥ 杨铭.吐蕃统治敦煌研究 [M].台北：新文丰出版公司，1997：83.

而尽有其地"①。此路军师出河源,而兵败大非川。另一路以阿史那忠为将,师出西域。1972年6月于礼泉县烟霞乡西周村西南出土的《阿史那忠墓志》对此役有载:"弓月煽动,吐蕃侵逼。延寿莫制,会宗告窘。以公为西域道安抚大使兼行军大总管。"②战争的结果,《阿史那忠墓志》未言,以理度之,应是无功而返。阿史那忠出征吐蕃之具体年代不详,学界推断应与咸亨元年(670)薛仁贵之活动同时③,有一定道理,可以信从。

仆固墓志记事是以时代先后为序的,乙突"东征靺鞨"在667年至668年间,那么,"西讨吐蕃"即应在此之后。自662年吐蕃势力进入西域至678年二月乙突亡故,唐与吐蕃在西域摩擦不断,总体上说,吐蕃处于攻势,唐朝则处于守势,唐朝大规模的反击活动仅有一次,即咸亨元年薛仁贵与阿史那忠之远征。只有大规模的军事行动,唐政府才有可能征调远在千里之外的羁縻州府军队"与役其事"。故而可以认为,乙突参与了咸亨元年唐朝对吐蕃的战争,兵发西域,随阿史那忠部征战。铭文有谓"西峙葱山",应是对这次西征吐蕃活动的颂扬。唐政府以其"东征靺鞨,西讨吐蕃"之功,"寻除右骁卫大将军,依旧都督,加上柱国、林中县开国公,食邑一千户"。

总之,仆固墓志的发现,对于唐代北方民族,尤其是仆固部历史的研究,具有非常重要的意义,不仅有证史、补史的作用,而且可以纠正史书记载之误,应受到充分重视。

（本文在发表时,由于受篇幅所限,被分作二篇发表,一者《蒙古国新出土仆固墓志研究》,刊《文物》2014年第5期,第77—82页转第88页;二者《唐代仆固部世系考——以蒙古国新出仆固氏墓志铭为中心》,刊《西域研究》2012年第1期,第69—76页。）

---

① 〔宋〕欧阳修,宋祁.新唐书:卷216上 吐蕃传[M].北京:中华书局,1975:6078.

② 图版刊陕西省文物管理委员会、礼泉县昭陵文管所.唐阿史那忠墓发掘简报[J].考古,1977(2):136;周绍良.唐代墓志汇编[M].上海:上海古籍出版社,1992:602.

③ 郭平梁.阿史那忠在西域[C]// 新疆历史论文续集.乌鲁木齐:新疆人民出版社,1982:189—190.

第二章 长安出土《统毗伽可贺敦延陁墓志》考释①

第一节 墓志概况与录文

  《统毗伽可贺敦延陁墓志》（以下简称《延陁氏墓志》），刊葬于唐贞观二十一年（647），1992年10月出土于陕西礼泉县昭陵乡庄河村西北李思摩墓中，同出的还有《大唐故右武卫大将军赠兵部尚书谥曰顺李君墓志铭并序》（以下简称《李思摩墓志》）和李思摩墓碑。志石为正方形，底边长59厘米，志盖厚7厘米，志盖篆书"唐故李思摩妻统毗伽可贺敦延陀墓志"16字，四杀饰四神（图2-1）；志石边长59厘米，厚10.5厘米，正文楷书，25行，行25字，题"大唐故右武卫大将军赠兵部尚书李思摩妻统毗伽可贺敦延陁墓志并序"，四侧饰十二生肖（图2-2）。唐贞观二十一年（647）延陁氏与其夫李思摩合葬，其墓志无撰书者姓名，现藏于西安昭陵博物馆。志文如下：

图2-1 《延陁氏墓志》志盖②

---

  ① 原刊《青海民族研究》2017年第1期，第116—121页，与胡蓉合撰。

  ② 《统毗伽可贺敦延陁墓志》志盖与志石照片均为昭陵博物馆副馆长李浪潮研究员提供，在此致以诚挚的谢意。

图 2-2 《延陁氏墓志》志石

大唐故右武卫大将军赠兵部尚书李思摩妻统毗伽可贺敦延陁墓志并序

夫人姓延陁，阴山人也。肇系绪于轩皇，派昌源于父命，奄瀚海而开祚，疏朔野以承家。曾祖莫贺啜颉筋、祖莫汗达官、父区利支达官，并袭英猷，咸能世职。泛遥源于獯粥，耸崇构于淳维。雄沙①塞以飞声，会龙城而腾实。夫人垂芒昴宿，诞兹淑贞。髫龄而机惠异伦，笄年而艳彩绝类。擅芳声于狼望，流美誉于祁连。遂得作配贤王，嫔于景族。赠兵部尚书故李恩摩即其夫也。逮贞观三年，匈奴中乱，思摩率众，因而归朝。预识去就之机，抑亦夫人之助。贞观十二年十一月己亥朔日辛丑，诏授统毗伽可贺敦。而报施无征，福善虚应，所天先陨，同衾以违。抚总帐以衔哀，阒穹庐而增思。春秋五十有六，贞观廿一年八月十一日遘疾薨于夏州濡鹿辉之所，奉诏合葬于思摩之茔。承议郎守曹王府掾普文直监护葬事。丧纪所由，皆降天慈，礼也。夫人弱而立志，贞固迈于松筠；爰洎壮龄，风霜不渝其劲。殆可以母仪中域，岂直诒训天山而已。华实方茂，摇落先秋。种类攀号，酋豪泄涕。薤歌唱而徐引，培马嘶以悲吟。风日茫而黯无色，川原寂而拱木阴，乃为铭曰（下略）。②

值得注意的是，志文中的"延陀"在志盖中却写作"延陁"。这一例证表明，

①　"沙"，张沛编著《昭陵碑石》（西安：三秦出版社，1993：113—114）录作"砂"。吴钢所著《全唐文补遗：第 3 辑》（西安：三秦出版社，1996：340）；周绍良、赵超所著《唐代墓志汇编续集》（上海：上海古籍出版社，2001：40）皆因之。观拓本与志石原件，应为"沙"。拓片刊于昭陵博物馆.昭陵墓志纹饰图案 [M].北京：文物出版社，2015：70—71.

②　张沛.昭陵碑石 [M].西安：三秦出版社，1993：113；吴钢.全唐文补遗：第 3 辑 [M].西安：三秦出版社，1996：339；周绍良，赵超.唐代墓志汇编续集 [M].上海：上海古籍出版社，2001：40.

斯时"陀""陁"是通用的。在同一方墓志中，出现不同的写法，抑或彰显出书手的情趣，未可知也。

《延陁氏墓志》自 1992 年发现至今，并未引起学术界足够的重视，人们只是在研究《李思摩墓志》时偶尔会对该墓志略有提及[1]。其实，《延陁氏墓志》蕴涵着非常丰富的历史信息，对研究薛延陀的发展历史提供非常重要的新材料，可填补薛延陀史研究的某些空白。志主延陁氏出身薛延陀部族，又嫁给了突厥可汗阿史那思摩（后唐太宗赐姓李，遂称李思摩），并南下归唐，她的一生与突厥、薛延陀等北疆民族的命运密切相连，颇有研究价值。

第二节　延陁氏生平与家世

关于延陁氏，两《唐书》均无记载，惟见于《延陁氏墓志》。据志文所载信息，可勾划出延陁氏一生的大致轮廓：

隋文帝开皇十一年（592）生于漠北。

隋炀帝二年（606）延陁氏 15 岁，与李思摩成婚。是年，思摩 24 岁。

唐太宗贞观三年（629）延陁氏 38 岁，李世民击败突厥颉利可汗，颉利可汗逃亡，为唐朝所俘。李思摩追随之，同被俘。延陁氏劝说思摩降唐。李思摩归唐后，太宗嘉其忠，拜右武后大将军。[2]

贞观十二年（638）十一月己亥朔日辛丑，延陁氏 47 岁，被朝廷授予"统毗伽可贺敦"称号。

贞观廿一年（647）八月十一日，病逝于夏州（今陕西榆林），享年 56 岁。

延陁氏，观其姓氏，当出自薛延陀部（详后）。据《延陁氏墓志》，可知其出自薛延陀部之酋长家族。墓志言延陁氏曾祖为莫贺咄颉筋、祖莫汗达官、父区利支达官，均系两《唐书》所未载者，可补史乘记载之缺。现就其先祖

---

① 岳绍辉 . 唐《李思摩墓志》考析 [M]// 西安碑林博物馆 . 碑林集刊：第 3 辑 . 西安：陕西人民出版社，1995：51—59；〔日〕铃木宏节 . 突厥阿史那思摩系谱考：突厥第一可汗国の可汗系谱と唐代オルドスの突厥集团 [J]. 东洋学报，2005，87（1）：37—68；艾冲 . 唐太宗朝突厥族官员阿史那思摩生平初探：以李思摩墓志铭为中心 [J]. 陕西师范大学继续教育学报，2006（2）：59—63；尤李 . 阿史那思摩家族考辨 [M]// 达力扎布 . 中国边疆民族研究：第 4 辑 . 北京：中央民族大学出版社，2011：13—34.

② 《旧唐书》等记载思摩追随颉利可汗被俘南下的时间为贞观四年（630）。而延陀墓志记载的思摩夫妇南下归唐的时间是贞观三年（629）。《延陀墓志》当误。

之名号略作考证。

一是其曾祖莫贺啜颉筋。"莫贺"一词，在柔然、突厥、回鹘时期都是很常见的官号。"莫贺"又作"莫汗"，为突厥语 baɣa 的音转，意为"勇健"，"莫贺咄（baɣatur）"为部落首领之称号[①]。该词后为蒙古语所借用，演变为 Batuur（巴图尔）。《旧唐书》载颉利可汗最初曾任"莫贺咄设"一职："颉利可汗者，启民可汗第三子也，初为莫贺咄设，牙直五原之北。"[②]"设"者，乃突厥语 Šad 之音译，史载："典兵者曰'设'。"[③]因此设乃突厥领兵之官也[④]。"莫贺咄"一词在史籍中常常出现，如《薛延陀真珠毗伽可汗诏》中有"其子沙耽弥叶护拔酌达度莫贺咄""颉利苾可汗達度莫贺咄叶护"等语[⑤]。志文中延陁氏曾祖"莫贺啜"的职位类似于"莫贺咄"。"啜"是一种稳定的官称，突厥语写作 Čor，为一部之长；"颉筋"为"俟斤""颉斤"之异写，乃突厥语 Irkin 之音译，指代酋长，是部落首领。

二是其祖父莫汗达官。"莫汗"，前已述及，不赘。"达官"又作"达干"，乃突厥语 Tarqan 之音译，在突厥、回鹘中，它是一种统领兵马的武官，地位十分显赫。[⑥]后为辽朝所借用，音译作"达剌干"。《辽史·太宗纪》："诏以……达剌干为副使……县达剌干为马步。"《国语解》又谓："达剌干，县官也，后升副使。"说明契丹在借用该词时，意义已有改变[⑦]。后又为蒙古语所转借[⑧]。日本学者羽田亨推测，"达干"应系汉语"达官"一词的音转[⑨]。此说虽早已为学界所接受，但失于缺乏直接证据，此缺憾恰可通过《延陁氏墓志》之莫汗达官和区利支达官得到弥补。

三是延陁氏父区利支达官。"区利支"者即"屈律啜"之异写也，乃突厥

① 韩儒林.突厥官号考释[M]// 收入氏著.穹庐集：元史及西北民族史研究[M].上海：上海人民出版社，1982：305—306.

② 〔后晋〕刘昫，等.旧唐书：卷194上 突厥传上[M].北京：中华书局，1995：5155.

③ 〔宋〕欧阳修，宋祁.新唐书：卷215上 突厥传上[M].北京：中华书局，1995：6028.

④ Doerfer G.Türkische und Mongolische Elemente im Neupersischen. II[M].Wiebaden,1965:405.

⑤ 〔宋〕宋敏求.唐大诏令集：卷128 封立薛延陀真珠毗伽可汗诏[M].北京：中华书局，2008：691.

⑥ 杨富学，牛汝极.沙州回鹘及其文献[M].兰州：甘肃文化出版社，1995：33.

⑦ 杨富学.回鹘语文对契丹的影响[J].民族语文，2005（1）：63.

⑧ 于宝林.契丹古代史论稿[M].合肥：黄山书社，1998：274—275.

⑨ 羽田亨.吐鲁番出土回鹘文摩尼教徒祈願文の斷簡[C]// 桑原博士還暦記念東洋史論叢.京都：弘文堂，1931：1351（收入氏著.羽田博士史学論文集：下卷 言語·宗教篇[M].京都：同朋舍，1975：331）.

语 Kül Čor 之音译。Kül 者，意为"湖泊"，乃突厥人原始信仰水之反映。汉文转写形式很多，至少有"阙、阙律、屈利、屈律、俱卢、曲勒、处罗和出六"等九种①。韩儒林先生言："屈律，华言著名。"②恐不甚妥。"屈律啜"作为突厥官号，见于两《唐书》之《突厥传》。

延陁氏父祖辈之官职都属于突厥官位体系。《新唐书·突厥传》载："至吐门，遂强大，更号可汗，犹单于也，妻曰可敦。其地三垂薄海，南抵大漠。其别部典兵者曰设，子弟曰特勒，大臣曰叶护，曰屈律啜，曰阿波，曰俟利发，曰吐屯，曰俟斤，曰阎洪达，曰颉利发，曰达干，凡二十八等，皆世其官而无员限。"③《旧唐书·突厥传》载："可汗者，犹古之单于，妻号可贺敦，犹古之阏氏也。其子弟谓之特勤，别部领兵者皆谓之设，其大官屈律啜，次阿波，次颉利发，次吐屯，次俟斤，并代居其官而无员数，父兄死则子弟承袭。"④

关于延陁氏的族属，学界大多未予关注。笔者认为，应来自薛延陀。关于薛延陀的来源，《旧唐书·铁勒传》有如下记载：

薛延陀者，自云本姓薛氏，其先击灭延陀而有其众，因号为薛延陀部。其官方兵器及风俗，大抵与突厥同。⑤

大致相同的记载又见于《唐会要》⑥。这一记载表明，薛部征服延陀部，二者融合，最终形成了薛延陀部。"薛部"，突厥文写作 Sir，在鄂尔浑河流域发现的突厥卢尼文《暾欲谷碑》中很常见，如：

在 Türk Sir budun（突厥—薛部）土地上没有留下（国家的）机体。
不要让 Türk Sir budun（突厥—薛部）地方存有君主。

---

① 罗新. 中古北族名号研究 [M]. 北京：北京大学出版社，2009：207.

② 韩儒林. 突厥官号考释 [M]// 收入氏著. 穹庐集：元史及西北民族史研究 [M]. 上海：上海人民出版社，1982：322.

③ 〔宋〕欧阳修，宋祁. 新唐书：卷 215 上 突厥传 [M]. 北京：中华书局，1995：6028.

④ 〔后晋〕刘昫，等. 旧唐书：卷 194 上 突厥传 [M]. 北京：中华书局，1995：5153.

⑤ 〔后晋〕刘昫，等. 旧唐书：卷 199 下 铁勒传 [M]. 北京：中华书局，1995：5343.

⑥ 〔宋〕王溥. 唐会要：卷 96 薛延陀传 [M]. 北京：中华书局，1955：1726.

突厥毗迦可汗养育了 Türk Sir budun（突厥—薛部）和乌古斯部。①

其中的 Türk Sir budun，塔拉提·提肯译作 "Türk Sir people"（突厥 Sir 人）。②
耿世民译作 "突厥—薛（Sir）人民" ③。Budun，在突厥、回鹘文献中常见，有
村社、封地上的居民、人民等多种含义④。结合上下文，似乎译为 "部落" 更
合适。前文已经谈及，延陁氏先人之官号皆突厥语，明示薛延陀部与突厥一
样同属于突厥语族。这里，Türk 又与 Sir 经常连用，足见突厥与薛部之间存在
着密切的联系。⑤与《旧唐书·铁勒传》不同，《通典》对薛延陀的形成提出了
如下说法：

薛延陀，铁勒之别部也。前燕慕容俊时，匈奴单于贺剌头率部三万五千
来降，延陁盖其后。与薛部杂居，因号薛延陀。可汗姓壹利吐氏，代为强族。
初蠕蠕之灭也，并属于突厥，而部落中分，在郁督军山者，东属于始毕；在贪
汗山者，西属于叶护。⑥

杜佑认为，是延陁部与薛部杂居，于是得名薛延陀，二者不存在征服与
被征服的问题。无论征服与否，薛延陀来自薛部与延陀部的组合，则是不存
在争议的。据此大率可定，志文所言延陁氏当来自薛延陀部。

除了姓氏因素外，婚丧习俗也可为延陁氏族别的判定提供佐证。前文述
及，延陁氏 15 岁时即与李思摩成婚。《李思摩墓志》同出于昭陵，其中明言
李思摩是突厥可汗氏族："公讳思摩，本姓阿史那氏，阴山人也。" 入唐后，因
功赐姓李⑦。突厥人死后行火葬，如颉利可汗死后，依突厥之俗，"焚尸于灞

① Малов С Е.Памятники Древнетюркской Письменности. Тексты и исследования[M].М. -Л.
1951:61,64; TEKIN T. A Grammar of Orkhon Turkic[M].Bloomington: Indiana University Publications,
1968:249, 253; 耿世民. 古代突厥文碑铭研究 [M]. 北京：中央民族大学出版社，2005：95，97,107.

② Tekin T.A Grammar of Orkhon Turkic[M].Bloomington: Indiana University Publications,
1968:283,290.

③ 耿世民. 古代突厥文碑铭研究 [M]. 北京：中央民族大学出版社，2005：95，97，107.

④ Д. И.Тихонов. Термины Эль и Будун в древннх уйгурских документах. Исследования по
истории культуры народов Востока[M]. Сб. в честь акад. И. А. Орбели, М.-Л.,1960:250—255.

⑤ 包文胜. 薛延陀部名称与起源考 [J]. 内蒙古大学学报，2010（4）：132.

⑥〔唐〕杜佑. 通典：卷 199 边防十五 [M]. 北京：中华书局，1988：5465.

⑦ 张沛. 昭陵碑石 [M]. 西安：三秦出版社，1993：112；吴钢. 全唐文补遗：第 3 辑 [M]. 西安：三
秦出版社，1996：338；周绍良，赵超. 唐代墓志汇编续集 [M]. 上海：上海古籍出版社，2001：38.

水之东"①。同样，思摩死后，"仍任依蕃法烧讫，然后葬"②。对突厥的这种葬俗，《周书·突厥传》有详细记载：

> 死者，停尸于帐，子孙及亲属男女各杀羊、马，陈于帐前祭之，绕帐走马七匝，诣帐门以刀剺面且哭，血泪俱流，如此者七度乃止。择日，取亡者所乘马及经服用之物，并尸俱焚之，收其余灰，待时而葬。③

《隋书·突厥传》记载与之稍异，言其"择日置尸马上而焚之，取灰而葬"④。史载，"突厥事火"⑤。拜占庭史学家狄奥菲拉特在《历史》中记载，589 年达头可汗（576—603 年在位）致书东罗马帝国皇帝摩里斯，言："突厥拜火，亦敬空气水土，然仅奉天地之唯一造化主为神，以马牛羊祀之，并有祭司预言未来之事。"⑥可见，拜火是突厥普遍的习俗⑦，此或为突厥行火葬之原因之一。

从《李思摩墓志》看，思摩死后，先以火焚其尸，然后再埋葬其骨灰于昭陵，这是明确无误的，完全符合突厥葬俗。而作为李思摩妻子的延陁氏，死后却"奉诏合葬于思摩之茔"，不言"焚尸"之举，暗示延陁氏行的是土葬，与薛延陀的埋葬方式同，而别于突厥火葬。同样可证延陁氏出自薛延陀部而非突厥族。

李思摩作为突厥乃至唐朝早期历史之重要人物，生平事迹墓志有详载，

---

① 〔后晋〕刘昫，等.旧唐书：卷 194 上 突厥传上 [M].北京：中华书局，1975：5160.

② 张沛.昭陵碑石 [M].西安：三秦出版社，1993：113；吴钢.全唐文补遗：第 3 辑 [M].西安：三秦出版社，1996：339；周绍良，赵超.唐代墓志汇编续集 [M].上海：上海古籍出版社，2001：38—39.

③ 〔唐〕令狐德棻.周书：卷 50 突厥传 [M].北京：中华书局，1971：910.

④ 〔唐〕魏徵.隋书：卷 84 突厥传 [M].北京：中华书局，1973：1864.

⑤ 〔唐〕慧立，彦悰著，孙毓棠，谢方点校.大慈恩寺三藏法师传：卷 2[M].北京：中华书局，1983：28.

⑥ Феофилкт Симокатта.История[M].Москва,1957:161; Chavannes É.Documents sur les Tou-Kiue Turcs Occidentaux[M].Paris:Librairie d'Amérique et d'Orient Adrien Maisonneuve,1903:248;〔法〕沙畹.西突厥史料 [M].冯承钧，译.北京：中华书局，1958：222.

⑦ 蔡鸿生.论突厥事火 [M]// 中国中亚文化研究协会.中亚学刊：第 1 辑.北京：中华书局，1983：145；陈凌.突厥毗伽可汗宝藏及相关问题 [M]// 余太山，李锦绣.欧亚学刊：第 7 辑.北京：中华书局，2007：82.

两《唐书》亦为之立传，详载其一生的重要经历①。核诸文献知李思摩生于583年，卒于647年，得年65岁，比延陁氏年长9岁，为突厥颉利族人，祖父达拔（达头）可汗，父曰咄六设。少年时代，被授予"波斯特勒（勤）"，贞观十三年（639）七月被唐政府封为"乙弥泥孰俟利苾可汗"，赐姓李。据《新唐书》载，李思摩"性开敏，善占对，始毕、处罗皆爱之。然以貌似胡，疑非阿史那种，故但为夹毕特勒，而不得为设"②。易言之，李思摩尽管开朗聪敏，擅长占卜，受到可汗的赏识，但因其相貌不类突厥人，而像是"胡人"，故而被疑血统不纯，于是不可以领兵。同样的问题在《册府元龟》中也有述及：

思摩者，颉利族人也。始毕、处罗以其貌似胡人，不类突厥，非阿史那族类，故历处罗、颉利世，常为夹毕特勒，终不得典兵。③

那么，在突厥人的认识中，"胡人"究竟是指哪些人呢？荣新江先生曾言："突厥文碑铭用Sodγaq（粟特）来对应'胡'，可见在突厥人眼里，胡就是粟特。"④在思摩出生的6世纪，大量粟特人进入突厥汗国⑤，这使思摩杂有粟特血统成为可能。蒲立本即曾论及李思摩有粟特血统，并推测阿义屈达干有粟特背景，这个康姓粟特家族也许与李思摩有婚姻关系⑥。阿义屈达干，康氏柳城人，原系安禄山部成员，在安禄山叛乱后，毅然归唐，为唐朝效忠，颜真卿曾为之撰写神道碑⑦。与阿义屈达干同样，李思摩也是一位忠义之士。630年，东突厥汗国败亡，部落酋长纷纷叛离颉利可汗而降唐，独李思摩不弃不离，一直追随颉利可汗，忠心护主，直到最终与颉利同被唐朝所擒。唐太宗

① 岳绍辉.唐《李思摩墓志》考析[M]// 西安碑林博物馆.碑林集刊：第3辑.西安：陕西人民出版社，1995：51—59.

② 〔宋〕欧阳修，宋祁.新唐书：卷215上 突厥传上[M].北京：中华书局，1975：6039.

③ 〔北宋〕王钦若，等.册府元龟：卷997 外臣部·状貌[M].北京：中华书局，1960：11698.

④ 荣新江.何谓胡人：隋唐时期胡人族属的自认与他认[M]// 樊英峰.乾陵文化研究：第4辑.西安：三秦出版社，2008：6.

⑤ Bazin L.Turcs et Sogdiens：Les enseignements de l'inscription de Bugut（Mongolie），Mélanges linguistiques offerts à Emile Benveniste, Paris, 1975:37—48.

⑥ PULLEYBLANK E G.A Sogdian Colony in Inner Mongolia[J].T'oung Pao, Second Series, 1952, 41:317—356.

⑦ 〔唐〕颜真卿.特进行左金吾卫大将军上柱国清河郡开国公赠开府仪同三司兼夏州都督康公神道碑[M]// 董诰，等.全唐文：卷342.北京：中华书局，1983：3474—3476.

"嘉其忠，拜右武候大将军"①。入唐后，李思摩曾担任执掌宿卫的右卫将军，负责宫廷安全，足见太宗对思摩的信任。思摩与太宗肝胆相照，641年，思摩率突厥部众北渡黄河时称："实望世世为国一犬，守吠天子北门，有如延陀侵逼，愿入保长城。"② 645年，思摩在征伐辽东的战役中受伤，太宗亲自为他吮血，"从伐辽，中流矢，帝为吮血，其顾厚类此"③。异族君臣莫逆如此，实令人感佩。

思摩夫妇有子曰李遮匐，任左屯卫中郎将，不见于《延陀氏墓志》，但见于《李思摩墓志》④。思摩夫妇对唐朝忠心耿耿，其子却在他们去世后组织突厥旧部叛唐。据《两唐书》《资治通鉴》等史籍载，仪凤二年（677），李遮匐联合西突厥十姓可汗阿史那都支，依附吐蕃，煽动叛乱，起兵反唐。调露元年（679），裴行俭出任西州（今新疆吐鲁番市）长史，设计使都支和遮匐投降，并将他们押送京城。

第三节　延陀氏生活轨迹钩沉

隋唐时期，突厥和包括薛延陀在内的铁勒诸部逐鹿漠北，加之与中原王朝复杂微妙的政治关系，漠北政治形势动荡不安。在这一错综复杂的形势下，兼具薛延陀人和突厥可汗夫人双重身份的延陀氏亲历了突厥汗国的强盛和败亡，又目睹了薛延陀汗国的崛起和衰亡。她的一生与突厥汗国、薛延陀汗国的命运紧密相连。透过这方墓志，可以管窥贞观时期北部边疆历史发展之一斑。

延陀氏的人生可分为入唐前和入唐后两个不同的阶段。前一阶段始于隋开皇十二年至于唐贞观四年（592—630）。

薛延陀是隋朝初年才开始登上历史舞台的铁勒部族之一，其族源可追溯到汉魏时期的丁零和北朝时期的敕勒（高车）。在铁勒诸部当中，薛延陀是最为强大的一支。《资治通鉴》卷192载：

① 〔宋〕司马光.资治通鉴：卷193 贞观四年五月壬申条 [M].北京：中华书局，1956：6077.

② 〔宋〕欧阳修，宋祁.新唐书：卷215上 突厥传上 [M].北京：中华书局，1975：6040.

③ 〔宋〕欧阳修，宋祁.新唐书：卷215上 突厥传上 [M].北京：中华书局，1975：6040.

④ 张沛.昭陵碑石 [M].西安：三秦出版社，1993：112；吴钢.全唐文补遗：第3辑 [M].西安：三秦出版社，1996：339；周绍良，赵超.唐代墓志汇编续集 [M].上海：上海古籍出版社，2001：38.

初，突厥既强，敕勒诸部分散，有薛延陀、回纥、都播、骨利干、多滥葛、同罗、仆固、拔野古、思结、浑、斛薛、结、阿跌、契苾、白霫等十五部，皆居碛北，风俗大抵与突厥同；薛延陀于诸部为最强。

至于薛延陀国的居地，史称其牙帐在"督尉犍山（即郁督军山，今蒙古国杭爱山）北，独乐河南"①。说明薛延陀原本活动于土拉河以南地区。然《隋书·铁勒传》却言："金山西南，有薛延陀、咥勒儿、十槃、达契等，一万余兵。"②这说明薛延陀的原始分布地是金山地区。前引《通典》提到："在郁督军山（今蒙古国杭爱山）者，东属于始毕；在贪汗山（今新疆博格达山）者，西属于叶护。"③这里的薛延陀分布范围又涵盖了漠北和金山二地。到底以何者为是，学界存在争议。段连勤先生依《隋书·铁勒传》的记载，认为薛延陀的原始分布地是金山一带④。而包文胜从语言学角度入手，提出不同说法。《通典》卷199《边防十五》有载："匈奴单于贺刺头率部三万五千来降，（延）陀盖其后。"包文胜认为延陁来源于贺兰部，是驳马国后裔。由此得出薛延陀的原居地是漠北高原而不是金山一带的结论⑤。还有论者认为，薛延陀"初兴时代的地理位置并不在西域，而是近于辽东、漠北"⑥。

历史文献对隋唐时代漠北诸部分布地域的记载比较混乱，且多有抵牾。要彻底弄清楚薛延陀原居地的问题，似乎需要借助与其息息相关的斛薛部。《通典》卷199《边防十五》有言："斛薛，亦铁勒之别部，在多滥葛北境，两姓合居，胜兵七千。"明言斛薛部族是"斛部"和"薛部"杂居而构成。依马长寿先生之见，"斛即斛律氏，原属高车六氏"⑦，而薛部很可能与薛延陀之薛部出自同源。史载斛薛在多滥葛北境，而多滥葛又在仆骨以西。如果能够确定仆骨部的位置，则斛薛部之方位可迎刃而解。有幸的是，近期在蒙古国中央省札木日苏木（Zaamar Sum）发现的一处唐代墓葬中发现有《仆固墓志》，其中有云："公讳乙突，朔野金山人，盖铁勤（勒）之别部也……以仪凤三年

① 〔后晋〕刘昫，等.旧唐书：卷199下 铁勒传[M].北京：中华书局，1975：5344.
② 〔唐〕魏徵.隋书：卷84 铁勒传[M].北京：中华书局，1973：1879.
③ 〔唐〕杜佑著，王文锦等点校.通典：卷199 边防十五[M].北京：中华书局，1988：5465.
④ 段连勤.隋唐时期的薛延陀[M].西安：三秦出版社，1988：19.
⑤ 包文胜.薛延陀部名称与起源考[J].内蒙古大学学报，2010（4）：132—136.
⑥ 〔宋〕薛宗正.突厥史[M].北京：中国社会科学出版社，1992：373.
⑦ 马长寿.突厥人和突厥汗国[M].上海：上海人民出版社，1957：3.

（678）二月廿九日遘疾，终于部落，春秋卌有四。"①《仆固墓志》发现地在乌兰巴托西北 280 公里处，位于土拉河由东向西而转北流的大转弯处内侧。那么，斛薛部之活动范围就应在土拉河大转弯处外侧，大致在北起今土拉河南岸，南至杭爱山一带②。可证，薛延陀"居漠北说"要比"金山说"或"辽东说"更令人信服。

在隋炀帝大业年间，薛延陀曾一度自立为可汗，后慑于西突厥射匮可汗之强大，"去可汗称号而臣服之"③。 1982 年，在昭陵祭坛遗址出土了"薛延陀真珠毗伽可汗"像座。"薛延陀真珠毗伽可汗"是夷男建立薛延陀汗国后唐朝所赐封号，至于册封时间，《旧唐书·铁勒传》《资治通鉴》记载为贞观二年，《旧唐书·突厥传上》《新唐书·突厥传上》《新唐书·回鹘传下》《册府元龟》《通典·薛延陀》等，均记载为贞观三年。《唐会要·北突厥》言贞观二年"十一月，突厥北边多叛颉利归薛延陀。共推其俟斤夷男为可汗，夷男不敢当"。《旧唐书·铁勒传》《新唐书·薛延陀传》也系其事于是年十一月。可以认为，夷男被推为可汗应在贞观二年（628）十一月④。结合这一记载，可定册封时间应以贞观三年为确，必晚于夷男自立可汗数月之后⑤。自贞观二年夷男称汗至贞观二十年薛延陀灭国，共历 18 年。

思摩与延陁氏的婚姻始于突厥汗国灭亡之前。《延陁氏墓志》载："髫龄而机惠异伦，笄年而艳彩绝类。擅芳声于狼望，流美誉于祁连。遂得作配贤王，嫔于景族。""笄年"指 15 岁，由此推测，她结婚时间大约是 606 年。当时薛延陀还在突厥的统治之下，李思摩是在 600 年至 603 年被授予突厥汗国的小可汗即"俱陆可汗"的，统辖漠北延陁、回纥、仆骨、同罗等铁勒诸部，控制着郁督军山及其西接金山的地带。604 或 605 年，思摩之祖、父逃往吐谷浑，留思摩在漠北独立支撑，被启民可汗打败，被缚押送隋都大兴城，后被放还。在始毕、处罗、颉利三可汗时期，思摩担任"伽苾特勤（夹毕特勤）""罗失特勤"⑥。按时间推算，在思摩担任"伽苾特勤（夹毕特勤）"或"罗失特勤"时

---

① 杨富学.蒙古国新出仆固墓志研究 [J].文物，2014（5）：77—78.

② 杨富学.蒙古国新出仆固墓志研究 [J].文物，2014（5）：79.

③〔后晋〕刘昫，等.旧唐书：卷 199 北狄传 [M].北京：中华书局，1975：5343—5344.

④ 包文胜.铁勒历史研究：以唐代漠北十五部为主 [D].呼和浩特：内蒙古大学，2008：128.

⑤ 段连勤.隋唐时期的薛延陀 [M].西安：三秦出版社，1988：56—60.

⑥《李思摩墓志》中的"特勤"（拓本刊于昭陵博物馆.昭陵墓志纹饰图案 [M].北京：文物出版社，2015：67），《昭陵碑石》均误录作"特勒"，《唐代墓志续编》因之.《全唐文补遗》录作"特勤"。是.有关考证见姚玉成.唐李思摩墓志碑文著录纠错一则 [J].哈尔滨学院学报，2010（7）：119—124.

期，与延陁氏结婚。关于"特勒"一词的起源，韩儒林先生曾做过详细考辩，认为"特勒"一词早在突厥汗国之前的 5 世纪下半叶就已用于"嚈哒"称号，并非源自突厥语[①]。

那么，作为薛延陀部落首领的女儿，嫁给了当时统治漠北的突厥可汗子弟，这是不是一桩政治婚姻呢？他们结婚的动机无从知晓，但是，无论出发点是不是出于政治联姻的目的，这桩婚姻都在一定程度上起到了稳定突厥与铁勒部关系的作用。

婚后的延陁氏徘徊于两族之间，身系两族命运。

在突厥汗国和薛延陀汗国的关系史上，627 年堪称关键年份，斯时突厥和铁勒势力此消彼长，漠北政局陷于混乱。生活在金山一带的薛延陀部，在夷南率领下暴动，反对西突厥统治。翌年，夷南率领七万族人向东越过金山，迁至漠北，与正在反抗东突厥的漠北铁勒兵合一处。薛延陀各部落由是得以汇合。是年，延陁氏 36 岁。此时的漠北，突厥汗国和以薛延陀为首的铁勒剑拔弩张，成为两大敌对阵营。作为突厥贵族和薛延陀反抗的对象，思摩夫妇有何作为？史无记载。

从贞观四年（630）延陁氏入唐到贞观二十一年延陁氏亡故，可谓延陁氏一生的第二个阶段。

在入唐之后的岁月里，延陁氏长期居住在夏州。贞观四年，年当 47 岁的思摩与颉利可汗一起被擒，思摩被唐太宗任命为化州都督。[②]夏州属于羁縻州，管理黄河以南的河套地区，统辖原颉利可汗下属的突厥旧部，治所在夏州德静县城（今陕西榆林市榆阳区魏家峁村），延陁氏住在"夏州濡鹿辉之所"（位处陕西榆林市海流兔河流域），也就是墓志所载的延陁氏逝世的地方。贞观四年至贞观十三年，延陁氏的大部分时间应该都生活在这里。归唐后，思摩夫妇在夏州、故定襄城、长安等多处居住过，而在"夏州濡鹿辉之所"居留时间最长。李思摩去世后陪葬昭陵，但仍于此处立碑，"唐李思摩为右武卫将军，从征辽东，为流矢所中，未几，卒，葬讫，仍立碑于化州"[③]。可见夏州是思摩夫妇灵魂深处之最佳归宿地。

---

① 韩儒林.突厥官号考释 [M]// 穹庐集：元史及西北民族史研究.上海：上海人民出版社，1982：317—319.

② 贞观七年，思摩担任北开州都督，兼任夏州都督。次年，北开州改名化州，驻地不变。北开州都督府在历史上仅存一年，所以史籍称思摩为化州都督。参见朱振宏.新建两方突厥族史氏家族墓志研究 [M]// 朱玉琪.西域文史：第 8 辑.北京：科学出版社，2013：179—211.

③ ［北宋］王钦若，等.册府元龟：卷 820 总录部·立祠 [M].北京：中华书局，1960：9745.

夏州位处漠北与唐朝的中间地带，地当南北交通之"咽喉要道"。李吉甫《元和郡县图志》记载，从东汉末年开始，北方少数民族便活跃在这一地区，东晋末年，匈奴人赫连勃在这里建立大夏国，称"统万城"。贞观二年（628），唐政府在这里建立了夏州都督府。天宝元年（742）改朔方郡，乾元元年（758）复为夏州①。贞观十三年（639）七月初九日，57 岁的阿史那思摩被封为"乙弥泥孰俟利苾可汗"，赐姓李氏，并赐予鼓和大旗，朝廷命思摩所率突厥各部族以及各州的胡族北渡黄河，回到漠南地区，以牵制薛延陀。

是年，延陁氏随河南各州部众从黄河以南迁往黄河以北，驻故定襄城（今内蒙古和林格尔土城子），贞观十三年到十八年间，延陁氏大部分时间应栖身于此。"太宗贞观十五年十一月癸酉，薛延陀尽其甲骑并发……据善阳岭，以击思摩之部。"②薛延陀对李思摩部的进攻倾尽全力，至于战果如何，史无明载，但可以推想，思摩部元气大伤，因为，仅过三年，李思摩所部就离之而去，史载："（贞观十八年）十二月李思摩部落众十万，胜兵者四万人叛，思摩渡河，请居内地。诏许之处于胜、夏二州之间。"③思摩不得已，请求内附，唐政府允准其"处于胜、夏二州之间"。思摩遂迁其家眷于夏州，延陁氏居"夏州濡鹿辉之所"。思摩失去突厥部族的支持，入朝请罪，去"可汗"称号，被任命为右卫将军，负责宫廷警卫。贞观十九年（645），63 岁的李思摩跟随唐太宗远征辽东。在白崖城战役中，思摩受伤。

贞观二十一年（647）三月，李思摩因病逝于长安居德坊家中。同年八月，延陁氏病逝于夏州家中。那么，李思摩去世前后，延陁氏在不在长安？志文无载，不得而知。

综上可见，延陁氏入唐前生活在漠北，身处突厥、薛延陀等族错综复杂的关系之中，见证了突厥汗国的败亡和薛延陀汗国的崛起。入唐后，在 630 年至 639 年的十年时间内，和南下突厥集团一起生活在河南地区。贞观十三年（639），随突厥集团北渡黄河，在漠南生活六年。贞观十八年，思摩败于薛延陀，再次南下河南地区，仍居夏州。

① 〔唐〕李吉甫撰，贺次君点校. 元和郡县图志：卷 4[M]. 北京：中华书局，1983：99—100.

② 〔北宋〕王钦若，等. 册府元龟：卷 995 外臣部·交侵 [M]. 北京：中华书局，1960：11685—11686.

③ 〔北宋〕王钦若，等. 册府元龟：卷 46 帝王部·智识 [M]. 北京：中华书局，1960：524.

第四节　延陁氏历史地位刍议

依薛延陀旧习，女子有较高地位，作为可汗夫人，延陁氏亦概莫能外。据志文可知，延陁氏关心家国命运，在亡国被俘的艰难时刻，她帮助丈夫分析判断局势，劝说丈夫降唐。

贞观四年（630），突厥汗国败亡，"诸部多归中国，唯思摩随逐颉利，竟与同擒"[①]。思摩因不愿叛离颉利可汗而被俘，由大同道行军副总管张宝相押送至京师[②]。入长安后，思摩夫妇势必会面临何去何从的艰难抉择。《李思摩墓志》称："公明晓去就，理鉴安危。每劝单于，启颡魏阙。"[③] 而《延陁氏墓志》的记载稍异："预识去就之机，抑亦夫人之助。"易言之，李思摩之归顺，除了自己的预判外，还可能受到了延陁氏的影响。依志文可做这样的推测：李思摩和颉利可汗被俘后，延陁氏帮助思摩分析政治形势，规劝思摩降唐。而后，思摩又因势利导，劝说颉利可汗归顺唐朝。早在东突厥灭亡之前的武德七年（624），41 岁的思摩作为颉利可汗的特使，曾到过长安，觐见唐高祖李渊，被封为"和顺王"。这次出使，使李思摩有机会领略到大唐的实力和文化，延陁氏也必有耳闻，这为他们归顺唐朝的埋下伏笔。果若如此，可推定延陁氏是一位有胸襟、有胆识的可汗夫人，在关键时刻具有分析判断局势的能力。

在薛延陀部族中，女子主政是常见的。642 年，薛延陀向唐朝请婚，太宗曾谈及漠北诸族女子主政之俗："北狄风俗，多由内政，亦既生子，则我外孙，不侵中国，断可知矣。"[④] 薛延陀的风俗与突厥大抵相同，惟两点有别，一是薛延陀"丈夫婚毕，便就妻家，待产乳男女，然后归舍"[⑤]；二是突厥流行火化，而薛延陀实行土葬（详前）。这种带有母系社会痕迹的风俗，也是延陁氏参与政治、对李思摩产生影响的要素之一。

据志文所载，少女时代的延陁氏美丽机惠、有远志，"髫龄而机惠异伦，笄年而艳彩绝类。擅芳声于狼望，流美誉于祁连……弱而立志，贞固迈于松

---

① 〔后晋〕刘昫，等.旧唐书：卷 194 上 突厥传上 [M].北京：中华书局，1995：5153.

② 〔后晋〕刘昫，等.旧唐书：卷 3 太宗纪下 [M].北京：中华书局，1995：39.

③ 张沛.昭陵碑石 [M].西安：三秦出版社，1993：112；吴钢.全唐文补遗：第 3 辑 [M].西安：三秦出版社，1996：338；周绍良，赵超.唐代墓志汇编续集 [M].上海：上海古籍出版社，2001：38.

④ 〔唐〕吴兢.贞观政要：卷 9 征伐第三十五 [M].上海：上海古籍出版社，1978：263.

⑤ 〔唐〕魏征.隋书：卷 84 铁勒传 [M].北京：中华书局，1973：1880.

笃"；中年的延陁氏坚毅从容、有主见，"爰洎壮龄，风霜不渝其劲"。延陁氏从一个天真的薛延陀少女，成长成为一位饱经风霜的突厥可汗夫人，她经历了漠北一带战火的洗礼。从志文中，我们能看到延陁氏在族群中是有地位、有威望的。据志文载，延陁氏的葬礼上有众多的族人为他送葬，"种类攀号，酋豪泄涕……种落摧瘁，酋豪缟素，哭恸山阿"。其中的"酋豪"当指部落首领；"种类"与"种落"当指普通族人，突厥、薛延陀皆应包含在内。与之相比，思摩的葬礼，因为在长安，由朝廷措置，葬礼之上只有朝廷官员"悼结宸衷，哀缠士庶"，而"其子左屯卫中郎将李遮匐痛深疮拒，哀缠风树"①。参加葬礼之突厥人明显少于延陁氏葬礼。

那么，延陁氏在南下突厥集团中的地位究竟如何？她有没有参与领导突厥部众？尤李的《阿史那思摩家族考辨》一文，认为延陁氏是带着薛延陀的部分部众嫁给思摩，并且率领着薛延陀的部众来到夏州，属于"内蕃"，至少是领导了南下的那部分薛延陀部族②。此说虽合乎情理，但缺乏实证，未必可信也。

贞观十八年（644），思摩与薛延陀战，败绩。在突厥部众退回河南地区后，李思摩离开突厥集团，轻骑入朝。思摩离开后，由何人接替其管理战败南归的突厥集团呢？铃木宏节给出的答案是延陁氏③。然而，据《资治通鉴》卷198记载，645年，唐政府派遣右领军大将军执失思力统领突厥兵，镇守夏州，646年的夏州都督是乔师望。而李思摩离开突厥集团是贞观十八年十二月。可见，唐政府及时派遣了军政要员驻守夏州，对突厥集团进行有效管理。唐政府没有，也不可能对再次南下的突厥集团放任自流，更没有把突厥集团的领导权授予延陁氏。贞观十九年，唐太宗征高丽，"使右领军大将军执失思力将突厥屯夏州之北，以备薛延陀……又令执失思力发灵、胜二州突厥兵，与道宗等相应。薛延陀至塞下，知有备，不敢进……二十年春正月辛未，夏州都督乔师望、右领军大将军执失思力等击薛延陀，大破之，虏获二千余人。多

---

① 张沛.昭陵碑石 [M].西安：三秦出版社，1993：113；吴钢.全唐文补遗：第3辑 [M].西安：三秦出版社，1996：339；周绍良，赵超.唐代墓志汇编续集 [M].上海：上海古籍出版社，2001：38—39.

② 尤李.阿史那思摩家族考辨 [M]// 达力扎布.中国边疆民族研究：第4辑.北京：中央民族大学出版社，2011：13—34.

③〔日〕铃木宏节.突厥阿史那思摩系谱考：突厥第一可汗国の可汗系谱と唐代オルドスの突厥集团 [J].东洋学报，2005，87（1）：59.

弥可汗轻骑遁去，部内骚然矣"①。由此可证，由延陁氏统领突厥集团的说法
难以成立。

那么，在南下突厥集团中有没有薛延陀部众呢？

贞观十二年七月的诏书《突厥李思摩为可汗制》称，朝廷诏令思摩统领
安置在河套地区羁縻州府的各族部众，即"突厥及胡"，渡河北上。"锡以藩号，
绍其宗祀，可乙弥泥孰俟利苾可汗，并赐之鼓纛仍令就其部，备礼册，命突
厥及胡诸州安置者，并令渡河还其旧部，俾夫世作藩屏，同之带砺，长保边塞，
傅诸后昆。"②不难发现，在李思摩统帅的突厥集团中，除突厥本部外，还有其
他各族部众，尤有进者，在思摩夫妇归唐之前，就已有大批北方诸族南下归唐，
唐政府在边境地区设置州县予以安置。据《资治通鉴》载，贞观三年，大批
突厥、铁勒各部族降唐内附：

（贞观三年）九月丙午，突厥俟斤九人帅三千骑来降。戊午，拔野古、仆骨、
同罗、奚酋长并帅众来降……庚寅，突厥郁射设帅所部来降。③

由此可见，贞观三年，包括突厥、拔野古、仆骨、同罗、奚等多种北方
诸族纷纷内附入唐，据载，其人口多达一百二十余万人。④翌年，又有大批
突厥人内附，史载：

（贞观四年三月）庚午，突厥思结俟斤帅众四万来降……初，始毕可汗以
启民母弟苏尼失为沙钵罗设，督部落五万家，牙直灵州西北……庚辰，行军
副总管张宝相帅众奄至沙钵罗营，俘颉利送京师，苏尼失举众来降，漠南之
地遂空。⑤

贞观三、四年的突厥内迁，人数至众，以致造成"漠南之地遂空"的局面。

---

① 〔宋〕司马光.资治通鉴：卷198　贞观十九年十二月辛亥至二十年春正月辛未条[M].北京：中
华书局，1956：6234.

② 〔宋〕宋敏求.唐大诏令集：卷128　突厥李思摩为可汗制[M].北京：中华书局，2008：692.

③ 〔宋〕司马光.资治通鉴：卷193　贞观三年九月丙午至庚寅条[M].北京：中华书局，1956：
6066—6067.

④ 〔后晋〕刘昫，等.旧唐书：卷2　太宗纪上[M].北京：中华书局，1975：37.

⑤ 〔宋〕司马光.资治通鉴：卷193　贞观四年三月庚午至庚辰条[M].北京：中华书局，1956：
6073—6074.

贞观十五年（641）李绩远征薛延陀，在诺真水（位于今内蒙古乌兰察布市境内）一役中，大败之，杀敌三千，俘虏五万，获马匹一万五千匹，之后，李绩又在五台山一带平定了突厥思结部众的叛乱，俘获男女上千人①。

为了安置大批南下内附的北疆各族部众，贞观时期，唐政府在河套地区的灵州（今宁夏灵武西南）、夏州（今陕西靖边白城则）、延州（今陕西延安）、庆州（今甘肃庆阳）和单于、安北两大都护府设立羁縻州府。羁縻州府安置的部族包括突厥、铁勒诸部、薛延陀、回纥、吐谷浑、党项等。"于朔方之地，幽州至灵州置顺、祐、化、长四州都督府，又分颉利之地六州，左置定襄都督府，右置云中都督府，以统其众。"②

在羁縻州府中，达浑都督府位于宁朔县，为安置薛延陀部落而设，右隶灵州都督府③。至于达浑都督府设立的时间，史籍并未明确记载。只是在《旧唐书》中载有这样一则讯息："（贞观二十年）太宗至灵州，其铁勒诸部相继至数千人，仍请列为州县，北荒悉平。"④大约可确定可定达浑都督府建立的时间是在贞观二十年或二十一年，当时是薛延陀汗国覆亡，大批薛延陀部众内附之际。唯此时南下的薛延陀部众应该不属思摩夫妇所统领的南下突厥集团之列。

推而论之，在思摩夫妇领导的突厥集团中，当有薛延陀部众。作为薛延陀部落酋长之女兼具突厥可汗夫人身份的延陁氏，在杂有薛延陀部众的突厥集团中地位自然不会低。

另外，综合思摩夫妇的两方墓志，我们注意到，延陁氏被授予"统毗伽可贺敦"的时间是贞观十二年（638）十一月，而思摩被授予"乙弥泥孰俟利苾可汗"的时间却是贞观十三年七月。"可贺敦"又作"可敦"，是可汗妻子的尊称，分别对应于古突厥语之 qaγatun 和 Qatun。然则，唐太宗给延陁氏"可贺敦"的封号要早于丈夫"可汗"的封号，这似乎有悖常理。

其实，并不存在矛盾，只是记录者的立足点有所不同罢了。据《唐大诏令集》载，唐册封李思摩为"乙弥泥孰俟利苾可汗"的诏书《突厥李思摩为可汗制》签署于贞观十二年七月，而册文《册突厥李思摩为可汗文》所署时间则是贞观十三年七月。易言之，唐于贞观十二年七月已下诏封李思摩为可

① 〔后晋〕刘昫，等.旧唐书：卷3 太宗纪下 [M].北京：中华书局，1995：53—54.
② 〔唐〕杜佑著，王文锦等点校.通典：卷197 边防典十三 [M].北京：中华书局，1988：5415.
③ 〔宋〕欧阳修，宋祁.新唐书：卷43下 地理志七下 [M].北京：中华书局，1975：1121.
④ 〔后晋〕刘昫，等.旧唐书：卷199 铁勒传 [M].北京：中华书局，1975：5347.

汗，四个月后，诏思摩妻为"统毗伽可贺敦"，册文之颁布又晚于此。明乎以上史实，两方墓志在册封时间上的不一致处自可冰释。

综上所述，可以看出，《延陁氏墓志》尽管很简短，但所涉内容对于薛延陀部历史及其与突厥的关系具有重要意义，尤其是该墓志可以与《李思摩墓志》互为表里，填补了历史记载的一些空白。薛延陀立国虽然时间不长，仅有 18 年，但不失为隋唐时期北疆民族发展史上的重要一环。延陁氏兼具薛延陀人和突厥可汗夫人双重身份，一生游走于薛延陀、突厥和唐朝之间，亲历了突厥汗国和薛延陀汗国的兴衰更替。延陁氏是一位有远见卓识的可汗夫人，她能影响李思摩，甚至影响到突厥集团的前途与命运，故而在突厥集团中享有较高的威望。解读《延陁氏墓志》，为深入研究薛延陀部族的历史和隋唐时期的民族关系提供了新的视角和材料。

第三章　新见葛逻禄炽俟思敬墓志研究 ①

第一节　墓志概况与录文

洛阳龙门博物馆近期入藏唐代一方墓志，志盖俱全，志盖为盝顶方形，底边长约 53 厘米。盝顶中央分三行篆书"大唐炽俟府君墓志铭"，四周有几何纹组成的方框，其外有重叠繁茂的花瓣，四角饰流云状的朵花。四杀，上为白虎，下为青龙，四周云气环绕，左右二侧为卷草纹，与常见的四杀即四神有异。采用减地和阴刻的雕饰手法，纹饰富丽生动。志石方形，边长 53 厘米（图 3-1）。志文为楷书。志石首题"大唐故云麾将军沁州安乐府折冲都尉上柱国番禾县开国男炽俟府君墓志铭并序"（以下简称"炽俟思敬墓志"），墓志 23 行，满行 23 字（图 3-2）。墓志尚未刊布，为便于研究，兹录文如下。

大唐故云麾将军沁州安乐府折冲都尉上柱国番禾县开国男炽俟府君墓志铭并序

公讳思敬，字和平，阴山人也。其先虑羲氏之苗裔，粤若因封定间，区域斯分。入卫出将，勋庸代著。申威万里，静镇一方。德表苗宗，雄压豪首。在汉则休屠纪号，居魏则祏拔称帝。冥褆渐渍，历代熏赫。曾祖婆匐颉利发，大漠州都督兼右骁卫大将军，贵冠一时，荣奉三主。祖步失，唐左骁卫大将军兼大漠州都督，苗渠寄重，岂易其人。父勃闲支，唐右卫王保府长上、果毅都尉。忠以事上，惠以育下。公少有大节，雅尚刚悍。蔚劲气，抗雄风。轻财重义，道不苟合。解褐特授散郎，将转正员郎将。忘家徇国，祖业式昭。又任左羽林卫中郎将，加番禾县开国男，食邑三百户。崇勋树德，朱叶弥煽。又任右威卫中郎将，千庐夜警，有巡徼之勤；五校朝严，怀部分之略。加授云

---

① 原刊《文献》2019 年第 2 期，第 43—55 页，与王庆昱合撰。

麾将军，去武贲之雄，握出塞之节。俄承恩诏，除沁州安乐府折冲都尉。衔命宣威，流沙问罪。永年未极，长夜俄归。以开元三年十一月廿二日终于瓜州公亭。于戏！连城弃耀，照乘韬辉。摧茞蕙于春抄，落梧桐于方夏。嗟邓攸之无子，蒲信何归；伤武侯之绝胤，思远继嫡。以开元廿四年五月十七日迁葬于长安高阳原，礼也。兄子温嗣，恨风枝之易动，泣露草之难停。勒芳猷于琰琚，标美躅于泉扃。其铭曰：

百川犇兮沧海安流，万人逝兮冥路何幽；岂冠冕兮轩盖王侯，信同归兮松门一并；辒辌既驾兮笳旐悠悠，日迫悲风兮白杨飕飕。

朝议郎前长州司户参军事吴郡陆茝文并书。

图 3-1　炽俟思敬墓志志盖拓片

图 3-2　炽俟思敬墓志志石拓片

墓志具体来源不明，但志文言其"以开元廿四年五月十七日迁葬于长安高阳原"。至于高阳原之具体所在，史书有不同记载，宋敏求《长安志》载："高阳原在县西南二十里。"[①]据考，高阳原指今西安西南潏河北岸的一大片高地[②]。

在获炽俟思敬墓志之前，西安博物院已有炽俟弘福墓志入藏。墓志为方形，长73厘米，高74厘米，刻文29行，809字，先刊于吴钢主编《隋唐五代墓志汇编》陕西卷第3册[③]，继由葛承雍对其所涉问题进行了细致的研究[④]。弘福子迣墓志志石现藏长安博物馆，近年由荣新江刊布录文，并结合新出"吐鲁番文书"，对其进行了详细的研究[⑤]。志石于新近刊布[⑥]。这两方墓志之志主一为思敬堂兄，一为堂侄，出自同一家族，其志石同藏于西安。综合各种因素，可以推定，洛阳龙门博物馆收藏的这方墓志的原始出处应在应与弘福、迣墓志一样，都出自西安西南潏河北岸一带。

第二节 关于墓主的族属及相关墓志

由上录志文可知，志主为炽俟思敬，卒于唐玄宗开元三年（715），惜未署明具体享年。

炽俟氏为葛逻禄的一支。《新唐书·葛逻禄传》记载：

葛逻禄本突厥诸族，在北庭西北、金山之西，跨仆固振水，包多怛岭，与车鼻部接，有三族，一谋落，或为谋剌；二炽俟，或为婆匐；三踏实力……三族当东、西突厥间……后稍南徙，自号三姓叶护。[⑦]

葛逻禄由三族组成，故而被称为三姓葛逻禄，在史书又作葛罗禄、歌逻

---

① 〔宋〕宋敏求，长安志：卷12[M].辛德勇，郎洁，点校.西安：三秦出版社，2013：384.

② 吕卓民.高阳原的地望与相关问题[J].中国历史地理论丛，1993（1）：110.

③ 吴钢.隋唐五代墓志汇编·陕西卷：第3册[M].天津：天津古籍出版社，1991：161.

④ 葛承雍.西安出土西突厥三姓葛逻禄炽俟弘福墓志释证[M]// 荣新江，李孝聪.中外关系史：新史料与新问题.北京：科学出版社，2004：449—456.

⑤ 荣新江.新出吐鲁番文书所见唐龙朔年间哥逻禄部落破散问题[M]// 沈卫荣.西域历史语言研究集刊：第1辑.北京：科学出版社，2007：13—43.

⑥ 长安博物馆.长安新出墓志[M].北京：文物出版社，2011：188—189.

⑦ 〔宋〕欧阳修，宋祁.新唐书：卷217下 葛逻禄传[M].北京：中华书局，1975：6143.

禄、割禄、割鹿或哥逻禄。《通典》亦言："西北到折罗漫山一百四十六里，其山北有大川连大碛，入金山哥逻禄住处。"[①] 根据这些记载，张云认为葛逻禄的发祥地与主要活动地点在阿尔泰山以西、准噶尔盆地北部地区，这一带正是西突厥汗国的领地，而葛逻禄部最初也是作为西突厥的一部出现的。[②] 艾色迪（Ildikó Ecsedy）则认为葛逻禄的活动范围主要在阿尔泰山、大戈壁和阴山一带。[③] 内田吟风认为，贞观二十年（646），葛逻禄的原居地在金山以西，直到开元、天宝年间，葛逻禄的居地一直在庭州以北、金山西麓的额尔吉斯河畔。[④] 这些说法虽有异，但大体可以信从。此外还有不同的说法，如沙畹（É. Chavannes），先采取《新唐书·葛逻禄传》的记载，认为："葛逻禄的原居地西至塔尔巴哈台，东抵阿尔泰山，处于额尔齐斯河至乌伦古湖之间。"接着又说："咽面州都督府以三姓咽面部落置，其地应在巴尔喀什湖和阿拉湖之间。"[⑤] 蒋其祥、周锡娟则根据波斯文史籍《世界境域志》的记载，与汉文史籍《西域图志》等结合，认为其原居地应在阿尔泰山以西，即东起乌伦古河，西至阿拉湖以东以北一带，后来，势力扩及中亚地区。[⑥] 沙畹与蒋其祥之说明显受到《西域图志》卷3《唐代西域地图》的误导。此图将仆固振水视同额尔齐斯河，置谋落部于斋桑湖与乌伦古湖之间，炽俟部被置于乌伦古湖之西，踏实力部则居塔尔巴哈台。[⑦] 岑仲勉不以为然，指其"纯属以意安排，毫无信证"[⑧]。

　　关于葛逻禄部族的历史，《隋书》《旧唐书》《新唐书》《唐会要》等史

① 〔唐〕杜佑.通典：卷174"伊吾郡"条[M].王文锦，等，点校.北京：中华书局，1988：4557.

② 张云.葛逻禄部早期历史初探[J].新疆历史研究，1987（2）：14（收入氏著.唐代吐蕃史与西北民族史研究[M].北京：中国藏学出版社，2004：501）.

③ Ecsedy I. A Contribution to the History of Karluks in the T'ang Period[J] Acta Orientalia Academiae Scientiarum Hungaricae,1980（1/3）:23—27.

④ 内田吟風.初期葛邏祿（Karluk）族史の研究[C]//東洋史研究會.田村博士頌壽東洋史論叢.京都：田村博士還官紀念事業會，1968：61，66（收入氏著.北アジア史の研究：鮮卑柔然突厥篇[M].京都：同朋舍，1975：499，504）.

⑤ CHAVANNES É. Documents sur les Tou-Kiue Turcs Occidentaux[M].Paris:Librairie d'Amérique et d'Orient Adrien Maisonneuve,1903:271—272；〔法〕沙畹.西突厥史料[M].冯承钧，译.北京：中华书局，1958：246.

⑥ 蒋其祥，周锡娟.九至十三世纪初突厥各部的分布与变迁[J].新疆社会科学，1983（4）：101.

⑦ 钟兴麒，王豪，韩慧.西域图志校注：卷3 唐代西域地图[M].乌鲁木齐：新疆人民出版社，2002：113.

⑧ 岑仲勉.突厥集史[M].北京：中华书局，1958：759.

籍都有记载，在蒙古高原发现的突厥卢尼文文献中，一般写作 qarluq（葛逻禄），[①]《默延啜碑》南面第 1 行则写作 üč qarluq（三姓葛逻禄）[②]。2004 年，在吐鲁番巴达木墓地发现粟特语文书残片 2 件[③]，编号分别为 2004TBM247：8 和 2004TBM107：3-2，后者第 2 行出现有 xr'r'w γ 一词，即 Qarluq 之粟特语写法[④]。宋人王延德《西州使程记》云："（高昌）所统有南突厥、北突厥、大众熨、小众熨、样磨、割禄、黠戛司、末蛮、格哆族、预龙族之名甚众。"[⑤] 吐鲁番汉文写本所见之哥逻禄与粟特文所见之 xr'r'w γ（Qarluq），庶几可证王延德关于高昌回鹘境内"割禄"记载之不虚。

葛逻禄活动范围广泛，"在突厥、回鹘、蒙古的兴亡过程中都发挥过重要作用"[⑥]，影响较大，故而受到学术界重视，涌现出相当多的研究成果，除前引荣新江、沙畹、张云、蒋其祥、周锡娟、艾色迪、内田吟风之研究成果外，其余重要者尚有霍夫曼（H. Hoffmann）《藏文文献中的葛逻禄》[⑦]、黄盛璋《炽俟考》[⑧]、薛宗正《葛逻禄的崛起及其西迁》[⑨]、葛承雍《西安出土西突厥三姓葛逻禄炽俟弘福墓志释证》[⑩]、李树辉《葛逻禄新论》[⑪]、王小甫《炽俟为 Chigil

① Tekin T. A Grammar of Orkhon Turkic[M].Bloomington：Indiana University Publications, Mouton and Co.,1968:236,244,245,258.

② Orkun H N.Eski Türk Yazıtları[M].Ankara，2011：174；耿世民 . 古代突厥文碑铭研究 [M]. 北京：中央民族大学出版社，2005：199.

③ 李肖 . 新疆吐鲁番地区巴达木墓地发掘简报 [J]. 考古，2006（12）：65.

④ Yoshida Y. Sogdian Fragments Discovered from the Graveyard of Badamu[M]// 沈卫荣 . 西域历史语言研究集刊：第 1 辑 . 北京：科学出版社，2007：47.

⑤〔宋〕王明清 . 挥麈录·前录：卷 4[M]. 上海：上海书店出版社，2001：30；脱脱，等 . 宋史：卷 490 高昌传 [M]. 北京：中华书局，1977：14112.

⑥〔日〕内田吟風 . 初期葛邏祿（Karluk）族史の研究 [M]// 東洋史研究會 . 田村博士頌壽東洋史論叢 . 京都：田村博士還官紀念事業會，1968：57（收入氏著 . 北アジア史の研究：鮮卑柔然突厥篇 [M]. 京都：同朋舍，1975：495）.

⑦ Hoffmann h. Die Qarluq in der tibetischen Literatur[J].Orients,1950（2）:190—208.

⑧ 黄盛璋 . 炽俟考：Chigil 的族名对音、分布地域及其和喀喇汗朝的关系 [J]. 新疆社会科学，1990（5）：94.

⑨ 薛宗正 . 葛逻禄的崛起及其西迁 [J]. 新疆大学学报，1991（2）：71—79.

⑩ 葛承雍 . 西安出土西突厥三姓葛逻禄炽俟弘福墓志释证 [M]// 荣新江，李孝聪 . 中外关系史：新史料与新问题 . 北京：科学出版社，2004：449—456.

⑪ 李树辉 . 葛逻禄新论 [M]// 新疆龟兹学会 . 龟兹学研究：第 1 辑 . 乌鲁木齐：新疆大学出版社，2006：54—71.

考》①、高永久《关于葛逻禄与回鹘的关系问题》② 等，马晓娟曾对国内外葛逻禄的研究做过综述，可以参见。③ 这些论著对唐代葛逻禄部族的发展、内迁等诸多问题都有涉及。然而新出墓志为我们了解葛逻禄，尤其是炽俟氏的内迁等问题提供了新的材料。蒙元时代，葛逻禄被称作哈剌鲁，依然非常活跃，活动范围更是从西域延伸至中原地区。④ 由于与本文所探讨的墓志关联不大，故略而不论。

"炽俟"为 Čigil 的译音，据王静如考证，应是《隋书·铁勒传》中的"职乙"⑤。此说得到日本学界内田吟风的进一步论证⑥，成为学界共识。但王先生又将之与《新唐书·西突厥传》中的"处月"勘同，认为"Čigil 转为炽俟者莫若以沙陀部之处月一名更宜"⑦。将 Čigil 与处月勘同，最早由伯希和提出⑧，在学界影响甚大。岑仲勉不认同此说，指处月之语原对应于葛逻禄之炽俟部⑨。黄盛璋接受岑说，进一步言"职乙和处月两音相差甚远，一望可知其不合"⑩。王小甫也撰文指 Čigil 和处月差异甚大，无法勘同。⑪ 也有学者指慧超《往五天竺国传》中的"西业"即"炽俟"之音转⑫。揆诸敦煌写本第 3532 页，原

---

① 王小甫. 炽俟为 Chigil 考 [M]// 袁行霈. 国学研究：第 29 卷. 北京：北京大学出版社，2012：8—12.

② 高永久. 关于葛逻禄与回鹘的关系问题 [J]. 西北民族研究，1994（2）：73—80.

③ 马晓娟. 葛逻禄研究综述 [J]. 西域研究，2013（2）：123—129.

④ 陈高华. 元代的哈剌鲁人 [J]. 西北民族研究，1988（1）：145—154；杨富学. 元代哈剌鲁人伯颜宗道事文辑 [J]. 文献，2001（2）：76—88.

⑤ 王静如. 突厥文回纥英武威远毗伽可汗碑译释 [J]. 辅仁学志，1938，7（1/2）：227.

⑥ 〔日〕内田吟風. 初期葛邏祿（Karluk）族史の研究 [M]// 東洋史研究會. 田村博士頌壽東洋史論叢. 京都：田村博士還官紀念事業會，1968：58（收入氏著. 北アジア史の研究：鮮卑柔然突厥篇 [M]. 京都：同朋舍，1975：496）.

⑦ 王静如. 突厥文回纥英武威远毗伽可汗碑译释 [J]. 辅仁学志，1938，7（1/2）：227.

⑧ PELLIOT P. Neuf note sur des questions d'Asie Centrale[J].t'oung pao,1929（4/5）.

⑨ 岑仲勉. 突厥集史 [M]. 北京：中华书局，1958：489.

⑩ 黄盛璋. 炽俟考：Chigil 的族名对音、分布地域及其和喀喇汗朝的关系 [J]. 新疆社会科学，1990（5）：94.

⑪ 王小甫. 炽俟为 Chigil 考 [M]// 袁行霈. 国学研究：第 29 卷. 北京：北京大学出版社，2012：1—18.

⑫ 李树辉. 葛逻禄新论 [M]// 新疆龟兹学会. 龟兹学研究：第 1 辑. 乌鲁木齐：新疆大学出版社，2006：57.

卷写作"从兹已北,西业者多,市店之间,极多屠杀。"① "西业"一词,若理解为"炽俟"之音转,则上下文不通,更进一步的原因是,慧超所述之地在犍陀罗国,与炽俟所在之"北庭(新疆吉木萨尔县北)之西北,金山(阿尔泰山)之西"地望相去甚远。去学界多考订"西"为"恶"之讹,②形近而讹。屠杀为佛教所谓的"十恶业"之一。意通,可从。

在突厥、波斯、阿拉伯文献中,关于 Čigil 的记载甚多,一般都勘同为"炽俟"。而在汉文史料中,炽俟仅为葛逻禄之一部,后来葛逻禄尽管有一部分迁徙至中亚,但另一部分仍分布在新疆一带。不特如此,在唐代,葛逻禄被九姓回纥征服后,成为其部落联盟的一部分③。《新唐书·回鹘传》言:

> 九姓者,曰药罗葛,曰胡咄葛,曰啯罗勿,曰貊歌息讫,曰阿勿嘀,曰葛萨,曰斛嗢素,曰药勿葛,曰奚牙勿。药罗葛,回纥姓也,与仆骨、浑、拔野古、同罗、思结、契苾六种相等夷,不列于数,后破有拔悉蜜、葛逻禄,总十一姓,并置都督,号十一部落。④

在这种情况下,炽俟一个部落怎么会有那么大的势力和那么广的分布?端的令人生疑。李树辉提出一种假想,即炽俟当有广狭二义,狭义指分布于天山南北者,广义则指包括葛逻禄、样磨、拔悉密等众多部族在内的"所有印欧人群落"⑤。这一说法尽管证据不足,但合乎情理,或可遵从。还有一种可能,在波斯、阿拉伯文献中,炽俟一词会不会在某些情况下指的是整个葛逻禄部族?炽俟毕竟是葛逻禄诸部中最为强大者。这一问题甚为复杂,超出了本文的范围,此略。

关于葛逻禄炽俟氏的墓志,目前为止可知有三方,其中,炽俟弘福墓志

---

① 上海古籍出版社,法国国家图书馆.法藏敦煌西域文献:第 25 册 [M].上海:上海古籍出版社,2002:164.录文见桑山正进.慧超往五天竺國傳研究 [M].京都:京都大学人文科学研究所,1992:21;慧超著,张毅笺释.往五天竺国传笺释 [M].北京:中华书局,2000:78.

② 〔日〕高楠顺次郎.《慧超往五天竺国传》考订 [M]// 佛书刊行会.大日本佛教全书 1.东京:佛书刊行会,1915:27; Fuchs W. Huei-chao's Pilgerrise durch Nordwest-Indien und Zentral-Asien um 726[M].Sitzungsberichte der Preussischen Akademie der Wissenschaften,Phil.-hist.Klasse,30, 1938;〔日〕桑山正进.慧超往五天竺國傳研究 [M].京都:京都大学人文科学研究所,1992:21.

③ 杨富学.回鹘与敦煌 [M].兰州:甘肃教育出版社,2013:5—6.

④ 〔宋〕欧阳修,宋祁.新唐书:卷 217 上 回鹘传上 [M].北京:中华书局,1975:6114.

⑤ 李树辉.葛逻禄新论 [M]// 新疆龟兹学会.龟兹学研究:第 1 辑.乌鲁木齐:新疆大学出版社,2006:58.

志石现藏西安市博物院，炽俟辿墓志志石收藏在西安市长安博物馆，而本文研究的炽俟思敬墓志志石则收藏在洛阳龙门博物馆。现知的三方葛逻禄墓志佥属炽俟家族，这一现象值得探究。此前内地所见与葛逻禄部族相关的资料只有乾陵石人像衔名，其中右二碑第八身有题铭，元人李好文录作："右金吾卫大将军兼沟本都督五姓呐麫叶护昆职。"[①] 经陈国灿考订，"沟本"为"大漠"之误，"五姓"为"三姓"之误，其文当录作"右金吾卫大将军兼大漠都督三姓咽麪叶护昆职"[②]。可以信从。"三姓咽麪"，为突厥别部，常依附于葛逻禄，王延德《西州使程记》写作"样磨"[③]，敦煌写本 S.6551 讲经文写作"药摩"[④]，相当于波斯文文献《世界境域志》中的 Yamāgh[⑤]。另据陈国灿研究，乾陵前的"六十一番臣"绝大部分生前曾供职于唐中央政府[⑥]。炽俟氏三方墓志的出土，给我们提供了更多关于葛逻禄部族入居长安的的信息。

炽俟思敬墓志尽管涉及内容有限，然而作为目前已知的第三方葛逻禄的墓志，对于我们了解唐与葛逻禄的关系，至关重要。

第三节　炽俟思敬家族世系及其他

根据志文记载志主名思敬，字和平，阴山人。其堂兄弘福墓志："公讳弘

---

① 〔元〕李好文编 . 长安志图：卷中 [M]. 辛德勇，郎洁，点校 . 西安：三秦出版社，2013：50.

② 陈国灿 . 唐乾陵石人像及其衔名的研究 [M]// 文物集刊：第 2 集 . 北京：文物出版社，1980：194.

③ 〔宋〕王明清 . 挥麈录・前录：卷 4[M]. 上海：上海书店出版社，2001：30；脱脱，等 . 宋史：卷 490 高昌传 [M]. 北京：中华书局，1977：14112.

④ 中国社会科学院历史研究所，中国敦煌吐鲁番学会敦煌古文献编辑委员会，英国国家图书馆，等 . 英藏敦煌文献（汉文佛经以外部份）：第 1 卷 [M]. 成都：四川人民出版社，1994：107. 录文见王重民，等 . 敦煌变文集 [M]. 北京：人民文学出版社，1984：461.

⑤ Minorsky V. Hudud al–‘Ālam. "The Regions of the World", a Persian Geography 372 A H.–982 A.D.[M]. London, 1937:95.

⑥ 陈国灿 . 唐乾陵石人像及其衔名的研究 [M]// 文物集刊：第 2 集 . 北京：文物出版社，1980：201.

福，字延庆，阴山人也。"① 其侄巡墓志："公讳巡，字伏护，阴山人也。"② 从三人有名有字这一因素观之，其家族汉化严重，入居长安当不在短时。来自北方的少数民族所有著籍"阴山"者，如：

1992 年陕西礼泉县发现突厥李思摩墓志："公讳思摩，本姓阿史那氏，阴山人也。"③

1992 年陕西礼泉县发现李思摩夫人薛延陀部延陁氏墓志："夫人姓延陁，阴山人也。"④

1987 年西安西郊出土回鹘人回纥琼墓志："姓回纥，字琼，阴山人也。"⑤

1991 年青铜峡市发现皋兰州都督浑大寿夫人契苾氏墓志："夫人讳，姓契苾氏，其先阴山人也。"⑥

1980 年陕西彬县出土鲜卑人元怀晖墓志："公姓元，讳怀晖，□□郡人也。后魏始自阴山之胤。"⑦

2018 年 3 月，西安市文物保护考古研究院在西安市阿房一路南侧掘得元和十年（815）《故廻鹘可汗夫人白氏墓志铭并序》，其中有言："维唐元和十年岁次乙未二月癸卯朔十六日戊午，夫人终于上都怀真官舍，春秋七十有三。爰自阴山贵族，奉义入侍，拜贺 / 阙庭，累踰星岁。"2018 年 3 月，西安市文物保护考古研究院在西安市阿房一路南侧掘得元和十年（815）《故廻鹘可汗夫人白氏墓志铭并序》，其中有言："维唐元和十年岁次乙未二月癸卯朔十六日戊午，夫人终于上都怀真官舍，春秋七十有三。爰自阴山贵族，奉义入侍，拜贺阙庭，累踰星岁。"（图 3-3）

① 吴钢.隋唐五代墓志汇编·陕西卷：第 3 册 [M].天津：天津古籍出版社，1991：161.录文载葛承雍.西安出土西突厥三姓葛逻禄炽俟弘福墓志释证 [M]// 荣新江，李孝聪.中外关系史：新史料与新问题.北京：科学出版社，2004：452.

② 长安博物馆.长安新出墓志 [M].北京：文物出版社，2011：188—189.

③ 张沛.昭陵碑石 [M].西安：三秦出版社，1993：112；参见岳绍辉.唐《李思摩墓志》考析 [M]// 西安碑林博物馆.碑林集刊：第 3 辑.西安：陕西人民出版社，1995：51—59.

④ 张沛.昭陵碑石 [M].西安：三秦出版社，1993：113.参见胡蓉，杨富学.长安出土《统毗伽可贺敦延陁墓志》考释 [J].青海民族研究，2017（1）：116—121.

⑤ 师小群，王建荣.西安出土回纥琼、李忠义墓志 [J].文博，1990（1）：90—92.

⑥ 余军，卫忠.唐皋兰州都督浑公夫人墓志考释 [M]// 许成.宁夏考古文集.银川：宁夏人民出版社，1994：157—162；路虹，杨富学.宁夏青铜峡出土《浑公夫人墓志铭》新探 [J].宁夏社会科学，2017（3）：190—196.

⑦ 吴钢.隋唐五代墓志汇编·陕西卷：第 4 册 [M].天津：天津古籍出版社，1991：45.

图 3-3　故廻鹘可汗夫人白氏墓志铭并序

看来，不管是鲜卑人（如元怀晖），还是契苾部（如浑公夫人契苾氏）、薛延陀人（延陁氏），亦或回纥人（如回纥琼）、突厥人（如李思摩）都有著籍阴山之习惯，以炽俟思敬、炽俟弘福、炽俟迅为代表的葛逻禄人同样概莫能外。

除标明"阴山"者外，也有少数北族人自称来自"金山"，如 2009 年蒙古国中央省扎穆日苏木土拉河北岸发现的仆固乙突墓志："公讳乙突，朔野金山人，盖铁勤（勒）之别部也。"[1] 这里的金山指的是阿尔泰山，与葛逻禄部所谓的"阴山"很可能为同指。

上文所列墓志中的"阴山"，有时或许指今内蒙古阴山山脉一带，多数情况下则未必，单就炽俟思敬墓志言，"阴山"则应指阴山都督府及其邻近的葛逻禄旧地。《新唐书·地理志》载：

阴山州都督府，显庆三年分葛逻禄三部置三府，以谋落部置。大漠州都督府，以葛逻禄炽俟部置。玄池州都督府，以葛逻禄踏实部置。[2]

显庆二年（657）唐破西突厥，唐以谋落部为阴山都督府，炽俟部为大漠都督府，踏实部为玄池都督府，后又分炽俟部之大漠州为金附州都督府。其中又以炽俟部最为强大，其都督居三姓之首，往往兼任三姓之叶护。《新唐

---

① 杨富学. 蒙古国新出仆固墓志研究 [J]. 文物，2014（5）：778.

② 〔宋〕欧阳修，宋祁. 新唐书：卷 34 下 地理志七下 [M]. 北京：中华书局，1975：1130—1131.

书·突厥传》有开元初"三姓大漠都督特进朱斯"之载，前揭乾陵石人像有"大漠都督三姓咽麫叶护"之谓，禄炽俟弘福墓志，言志主受唐命"充天兵行军副大使兼招慰三姓葛逻禄使"，均可为证。为咽面部所设的咽面州应归大漠州都督府管辖。这三个都督府地当阿尔泰山地区及以南，皆隶属于关内道燕然都护府，大约在公元 8 世纪中期废。新近于吐鲁番发现的《唐龙朔二年、三年（662—663）西州都督府案卷为安稽哥逻禄部落事》文书中出现有"哥逻禄步失达官部落……破，从金山散出"之语①。其中的"达官"，即汉语"大官"之转，突厥语作 Tarqan②。在该文书中，还可见"步失达官"之名③。据炽俟思敬墓志，步失为志主思敬之祖父，曾官至唐左骁卫大将军兼大漠州都督。

从墓志内容和志主的姓氏来看，其家族来自北方草原，属于葛逻禄的一支。然而志文记载："其先虑羲氏之苗裔，粤若因封定闿，区域斯分。"虑羲氏也即"伏羲氏"，志文记载其出自伏羲氏。炽俟弘福墓志记载"其先夏（后）氏之苗裔"④。按照中国历史传统，夏后氏为黄帝之苗裔，而黄帝又为伏羲氏之后，故其言虽有异，实则一也。这些言辞明显有攀附、伪托华夏先祖之意。据墓志，弘福、思敬皆为炽俟步失之孙，弘福之父名力，思敬之父名勃闭支，二者应为堂兄弟，迅则为弘福之长子。

炽俟思敬墓志由陆莒撰文并书，炽俟弘福墓志同由陆莒书丹，且弘福、思敬皆于唐玄宗开元二十四年（736）迁葬长安高阳原。迅逝于天宝十一载（752），三年后亦迁高阳原。说明，高阳原有其祖坟。推而论之，弘福、思敬之祖父步失应葬于高阳原，至于曾祖娑匐颉利发是否亦葬于此地，不得而知。《元和姓纂》《古今姓氏书辩证》等均不见"炽俟氏"之载，可见这一姓氏未能发扬光大，具体原因未明。

思敬墓志曰："曾祖娑匐颉利发，大漠州都督兼右骁卫大将军，贵冠一时，荣奉三主。"与弘福墓志所言大体一致，迅墓志失载。其中的"娑匐"，葛承雍认为乃其本名⑤，巴图宝力道和奥特功则解释为官号⑥。其实，二者并不矛

① 荣新江，李肖，孟宪实.新获吐鲁番出土文献 [M].北京：中华书局，2008：316—317.

② 胡蓉，杨富学.长安出土《统毗伽可贺敦延陁墓志》考释 [J].青海民族研究，2017（1）：117.

③ 荣新江，李肖，孟宪实.新获吐鲁番出土文献 [M].北京：中华书局，2008：322—323.

④ 吴钢.隋唐五代墓志汇编·陕西卷：第 3 册 [M].天津：天津古籍出版社，1991：161.

⑤ 葛承雍.西安出土西突厥三姓葛逻禄炽俟弘福墓志释证 [M]// 荣新江，李孝聪.中外关系史：新史料与新问题.北京：科学出版社，2004：453.

⑥ 巴图宝力道，奥特功.突厥、回鹘文献中的"娑匐 Säbig"一词的考释 [J].草原文物，2015（2）：110—114.

盾，因为古代突厥语族以官号作为人名乃司空见惯之事。伯希和将娑匐还原为 Säbäg[①]。bäg，即"匐"之通行译法，相当于后世所谓的"伯克"，可以信从。而巴图宝力道和奥特功将其还原为 Säbig[②]，则不知何据。颉利发为突厥官名，殆无疑义。是见，炽俟娑匐以大漠州都督的身份同时兼任右骁卫大将军，当是朝廷对其的荣赐。据载，高宗时设大漠州，由葛逻禄炽俟氏任都督，为羁縻州。从"荣奉三主"来看，娑匐颉利发任职时间不短，高宗之后先后有中宗、睿宗短暂即位，武则天建立武周政权。其荣奉之三主似应为高宗、中宗和睿宗。

思敬墓志志文："祖步失，唐左骁卫大将军兼大漠州都督，酋渠寄重，岂易其人。"据志文，炽俟步失在其父之后仍然担任大漠州都督。志文载："（思敬）父勃闭支，唐右卫王保府长上、果毅都尉。"由此可见，志文所见父祖名皆为本名，祖父仍然担任大漠州都督，父在右卫任职。因而很有可能从炽俟勃闭支开始进入长安。葛承雍通过炽俟弘福墓志，认为其进入中原大概在唐高宗时期[③]。

据志文载，炽俟思敬在唐玄宗开元三年（715）去世，没有婚配，以其兄子温为后嗣，由此可知思敬至少还有一个哥哥。从其侄子炽俟温的名字来看，其汉化程度应当也很高。

综上可知，思敬家族出自葛逻禄炽俟部，约于高宗时期入居长安。从其曾祖、祖父、叔父连续担任大漠州都督可知，思敬家族世代为葛逻禄炽俟部的首领。大概在其父亲时期入居长安，及至思敬时逐渐汉化。

第四节 墓志所涉的几个问题

根据以上三方墓志，可知，炽俟娑匐担任大漠州都督兼右骁卫大将军，炽俟步失担任大漠州都督兼左骁卫大将军。《新唐书》记载：

阴山州都督府，显庆三年分葛逻禄三部置三府，以谋落部置。大漠州都

---

① PELLIOT P. Neuf note sur des questions d'Asie Centrale[J].T'oung Pao,1929（4/5）.

② 巴图宝力道，奥特功.突厥、回鹘文献中的"娑匐 Säbig"一词的考释 [J].草原文物，2015（2）：110—114.

③ 葛承雍.西安出土西突厥三姓葛逻禄炽俟弘福墓志释证 [M]// 荣新江，李孝聪.中外关系史：新史料与新问题.北京：科学出版社，2004：453.

督府，以葛逻禄炽俟部置。玄池州都督府，以葛逻禄踏实部置。金附州都督府，析大漠州置。①

　　因葛逻禄三部而设的阴山州、大漠州、玄池州、金附州都督府皆隶属燕然（安北）都护府管辖。据三方墓志知，娑匐、步失为最初的两任大漠州都督，并且都接受了朝廷的授官。至于二者与乾陵石刻所见"大漠都督"是什么关系，无从考见。

　　炽俟思敬墓志："衔命宣威，流沙问罪。永年未极，长夜俄归。"开元二年（714）二三月，北庭都护郭虔瓘、伊吾军使郭知运率领唐军大败突厥、吐蕃联军，取得北庭、柳中大捷，北庭大都护阿史那献讨平西突厥胡禄屋部的叛乱。翌年二月，郭虔瓘入朝献俘，"玄宗置酒劳之"②，亲自撰写诏书予以嘉勉，留之不遣，委任其"为朔州镇大总管，和戎等军并受节度，居并州，勒兵以备默啜"③，即命其主兵并州，负责讨伐后突厥汗国（682—745）默啜事宜。默啜见郭虔瓘离任，以为有机可乘，遂于开元三年（715）四月"发兵击葛逻禄、胡禄屋、鼠尼施等，屡破之。玄宗乃敕北庭都护汤嘉惠、左散骑常侍解琬发兵救之。五月，又敕嘉惠等与三姓及定边道大总管阿史那献互相应援"④。此外，吕休璟所率安西兵马也受命参战，史载：

　　宜令北庭都护汤嘉惠与葛逻禄、胡（禄）屋相应，安西都护吕休憬与鼠尼施相应……及新来十姓大首领计会犄角。⑤

　　看来，这次战役，唐朝动用了差不多在西域所有的兵力，其中即有葛逻禄部"与役其事"。这场战争历时三个月，直到七月份方以唐军的胜利而告终⑥。

　　志文言思敬"衔命宣威，流沙问罪……以开元三年十一月廿二日终于瓜州公亭"。这里的瓜州公亭，应为炽俟思敬设于瓜州的行军大帐。他亡于战争

　　① 〔宋〕欧阳修，宋祁.新唐书：卷34下 地理志七下[M].北京：中华书局，1975：1130.
　　② 〔宋〕王钦若，等.册府元龟：卷133 帝王部·褒功二[M].北京：中华书局，1960：1607.
　　③ 〔宋〕司马光.资治通鉴：卷211 唐玄宗开元二年三月条[M].北京：中华书局，1956：6710.
　　④ 〔宋〕司马光.资治通鉴：卷211 唐玄宗开元三年三月条[M].北京：中华书局，1956：6710.
　　⑤ 〔宋〕司马光.资治通鉴：卷211 唐玄宗开元三年二月条[M].北京：中华书局，1956：6709.
　　⑥ 薛宗正.北庭历史文化研究：伊、西、庭三州及唐属西突厥左厢部落[M].上海：上海古籍出版社，2010：258.

结束之后，距离战事已有 4 个月，说明并不是战死沙场，推而论之，很可能在战斗中受伤，经过数月休养，最终于瓜州不治而亡。

据墓志，早在炽俟思敬的曾祖父担任大漠州都督时期，就接受中原册封："曾祖娑匐颉利发，大漠州都督兼右骁卫大将军，贵冠一时，荣奉三主"[①]。右骁卫大将军为正三品。思敬祖嗣任，同样接受册封，志文载："祖步失，唐左骁卫大将军兼大漠州都督，酋渠寄重，岂易其人。"步失的称号为左骁卫大将军，虽与右骁卫大将军同为正三品，但地位稍高。随着西突厥的逐步式微，原来受西突厥统治的部族越来越多地脱离其控制，与唐之联系日益密切，步失之入居中原，差不多应在斯时。

及至炽俟勃闭支，任职折冲府，志文载："唐右卫王保府长上、果毅都尉。"王保府属于京兆府，但职属不详[②]。志文则明确王保府属于右卫，可补史阙。

唐代入长安的质子多任武职，有的作为蕃将参与唐朝的军事行动[③]，炽俟勃闭支当是入唐的质子。唐高宗龙朔元年（661），葛逻禄步失达官因受到反唐的铁勒等部的攻击，部落离散，遁入长安。龙朔二年末，在唐王朝支持下，步失重返故地[④]。以理度之，勃闭支很可能在龙朔二年随父入长安，为质子。观勃闭支之名，应为突厥语音译。从炽俟弘福墓志看，他是于高宗永淳二年（683）左右进入中原的[⑤]。炽俟迪墓志亦言其父为弘福，其祖父力曾担任本郡太守[⑥]。这里的本郡太守，应是仿效唐人称呼而给大漠州都督的命名，因为当时葛逻禄归燕然（安北）都护府管辖，长安二年（702）北庭都护府设立后，葛逻禄又移隶之，不会设有太守。如果这一推测不误，则炽俟力应长于炽俟勃闭支，按照长子继承制原则，炽俟力以长子身份继承了大漠州都督这一称号。弘福在永淳二年（683）入中原，"充天兵行军副大使兼招慰三姓葛逻禄

① 〔唐〕李林甫，等.唐六典：卷24[M].陈仲夫，校.北京：中华书局，1992：619.

② 张沛.唐折冲府汇考[M].西安：三秦出版社，2003：341.

③ 章群.唐代蕃将研究[M].台北：联经出版事业公司，1986：97—117；李鸿宾.论唐代宫廷内外的胡人侍卫：从何文哲墓志谈起[M]//隋唐五代诸问题研究.北京：中央民族大学出版社，2006：58—71.

④ 荣新江.新出吐鲁番文书所见唐龙朔年间哥逻禄部落破散问题[M]//西域历史语言研究集刊：第1辑.北京：科学出版社，2007：13—43.

⑤ 葛承雍.西安出土西突厥三姓葛逻禄炽俟弘福墓志释证[M]//荣新江，李孝聪.中外关系史：新史料与新问题.北京：科学出版社，2004：453.

⑥ 长安博物馆.唐故游击将军右武卫中郎将炽俟公墓志铭并序[M]//长安博物馆.长安新出墓志.北京：文物出版社，2011：189.

使"①。这一身份表明，弘福未出任大漠州都督。这一职务归于何人，史无明载，不得而知。很可能，弘福非力之长子，大漠州都督由失名长子继承。质言之，唐高宗时期先后有两支葛逻禄炽俟部族人入居中原。

思敬以郎将入仕，志文载："解褐特授散郎，将转正员郎将。忘家徇国，祖业式昭。又任左羽林卫中郎将，加番禾县开国男，食邑三百户。"左羽林中郎将为正四品下，职司总北军宿卫。②番禾县位处凉州，地当今甘肃永昌一带，后改称天宝县③。思敬一度侍卫皇宫，后来征战瓜州，不幸阵亡此地，"开元廿四年（736）五月十七日迁葬于长安高阳原"。志文有"兄子温嗣"之语，说明思敬无子，其兄之子温过继于他。而弘福墓志言其第三子曰温。在炽俟弘福五子中，仅温一子有爵位，弘福墓志记为"常乐县开国男"④，依唐制，为从五品上。这一爵位应是继承思敬而来。据《新唐书》，番禾县后废除，直到唐玄宗天宝时期再设县，更名天宝。因而作为思敬嗣子，继承其爵位，以番禾县不复存在而改封常乐。职是之故，可定炽俟思敬墓志记载的"兄"当是弘福。据炽俟弘福墓志知，弘福卒于唐中宗神龙二年（706），享年五十三岁，当生于贞观十八年（644），则思敬必生于贞观十八年以后。如果比弘福小 10 岁左右，则思敬当生于 654 年左右，卒于唐玄宗开元三年（715），则享年 60 岁左右。

通过对炽俟思敬墓志的初步解读，我们得以了解唐朝前期葛逻禄先世的发展演变、内迁、任职等史事，对于我们研究唐代西域史、北方民族史都有积极意义，尤其值得提点的是，该文献的发现，表明葛逻禄人在瓜州一带有过活动，这是此前所未知的，为敦煌民族史的研究提供一难得的新证据，弥足珍贵。

① 吴钢.隋唐五,代墓志汇编·陕西卷：第 3 册 [M]. 天津：天津古籍出版社，1991：161.

② 〔唐〕李林甫，等.唐六典：卷 25[M].陈仲夫，校.北京：中华书局，1992：644.

③ 〔宋〕欧阳修，宋祁.新唐书：卷 40 地理志四 [M].北京：中华书局，1975：1044.

④ 吴钢.全唐文补遗：第 2 辑 [M]. 西安：三秦出版社，1995：22.

第四章　洛阳新获墓志考见
安西大都护郭虔瓘家世与西域行迹

第一节　《郭虔瓘墓志》概况与录文

河南洛阳龙门博物馆新近入藏一方墓志，有盖，宽75cm，高74cm，有文字38行，满行37字，除却敬空等空格，存文将近1400字，保存完好，志主郭虔瓘乃唐代前期封疆大吏——安西大都护，《旧唐书》《新唐书》中皆有其传，但讹误、缺略不少，有些史实尽管有载，但往往语焉不详（图4-1）。郭虔瓘先后担任过北庭都护、安西大都护、安西副大都护等多种要职，长期履职西域边防，功勋卓著。该墓志对这些多有反映，可弥补正史记载之不足，对唐代西域经略、唐与吐蕃关系、唐与中亚之关系等问题的研究皆有裨益。志文尚未刊布，为研究之便，兹移录如下。

图4-1　洛阳龙门博物馆藏郭虔瓘墓志拓片

1. 大唐故冠军大将军左卫大将军凉州都督御史大夫同紫微黄门平章兵马事安西大都护上柱

2. 国潞国公墓铭并序。礼部侍郎苏晋撰，前乾定桥三陵判官前濮州鄄城县丞诸葛嗣宗书。

3. 公讳湛，字虔瓘，其先太原人也。七代祖献，从宋祖平慕容超，留镇广固，因家齐郡临淄。至大祖，世食

4. 京廪，因功河南府，今为阳翟颍川乡人焉。原其恤胤锡美，拓迹开统。有后稷者，上帝之居歆；有文王

5. 者，西周之始王也。文之懿弟始封于虢，虢郭声近，因而氏焉。洎国为虞亡，地因秦入。诸侯力政，燕王

6. 筑郭隗之台；天子当阳，群公称郭解之义。有若郭有道之人伦东国，郭细侯之敦信北州。金穴标其

7. 地灵，青囊表于人杰。毓德赞儶，亦何代无其人焉。曾祖慎，字密，隋青州临淄、兖州任城二县令，袭泗

8. 水县开国公。地列子男，化行邹鲁。下鞴必获，宣尼不让于中都；登车有光，信臣见知于上蔡。祖晟，字

9. 正贵，皇朝金紫光禄大夫、太常卿、太原郡开国公。伯夷袟宗，桓荣经术。轨仪翼翼，文物饬于南宫；

10. 德行堂堂，河海连于北斗。父讳庆，字善志，皇朝云麾将军、右监门卫将军、义章县开国子。城柝用

11. 虞，忠良是寄。德堪殊宠，入仕均于大夫；秩以崇班，出从加于校尉。维公恒代降精，风雷授祯。材膺

12. 期而杰出，命含章而挺生。麟德二年，属天下大宁，升中展册。千龄上庆，群后会玉而相趍；二月东巡，

13. 君子执干而警卫。公起家左亲府，充辇脚侍奉。轩后升龙，小臣有攀髯上汉；魏皇提象，程昱乃捧

14. 日登山。公之策名，乃自兹始。初以潩水左都尉，终于武卫大将军。束发五十年，效官册政，位列通侯

15. 以上。拜都护、大都护、都督、刺史七，将军、大将军九，总管、大总管五，节度副大使、大使八，加拜冠军大

16. 将军、御史大夫、上柱国、封潞国公、食邑三千户、实赋百户、同紫微黄门平章兵马事。周昌有难犯之

17. 色，偏重汉皇；张仪怀独见之明，早知秦帝。用能战必胜，攻必取。

兵过□□，觏地知时；贼来众寡，看尘

18.无数。破阿波啜二万帐，克拔汗那十六城，斩同俄特勤，枭吐蕃赞普。取□如偃草，下赵而后食，先程

19.献捷，往返若神。

20.皇帝嘉公大勋，前后制 使，送敕书二百册八，并赐袍带、金银器物、口马鹰狗等，有倍其数。自元

21.勋佐命，立功异域，亦无以过也。公以日暮途远，知止不殆，固请 阳 元之骨，以归充国之老。有

22.制优许，禄俸等并令全给。公道自生知，仁唯殆庶。纬武经文之德，无竞伊人；出忠入孝之诚，斯为

23.我有。方冀克壮元老，以佐大阶。岂期悲凉大年，歼我华晧。奄以开元十四年九月二日遘疾薨于京

24.大宁之私第，春秋八十三。噫嘻！命也！水阅人而成代，芝兰共尽；露无朝而遗泣，馆舍俱迁。有别必怨，

25.有怨必延。天上虽黄姑七日，辽东乃白鹤千年。夫人成纪县 君 新兴秦氏，周济阴太守叔夏之孙，

26.皇朝左卫中郎将基之长女。维夫人禀灵河媛，袭庆江姝。六义灼于莪姿，四德流于蕙问。婉彼淑

27.慎，无替母仪。肃兹咸盥，载光嫔则。继室潞国夫人河南可朱浑氏，皇朝凉州刺史定远之孙，左

28.卫岐山府左都尉秀之第二女。连华宋子，结轸邢姨。葛覃加组纴之事，苤苢致和平之德。咸以鹡桐

29.半死，先归柱氏之阶；而龙剑双沉，共尽延平之水。即以其年十二月卅日合葬于河南府洛阳县邙

30.山北原之礼也。嗣子等齐斩有礼，饘粥过人。及其往也如□，亦哀至而无节。方图圆石，式表祁连。虽

31.则不敏，敢忘撰德纪行欤。搦朽磨铅，乃为铭曰：在昔瞻乌，其唯道谟；来朝□马，至于岐下。思文后

32.稷，□我鲲寡；人赖以生，世封其社。周王子孙，姓出多门；文之□穆，受天百福。奕世道长，于唐来复；

33.鲥耗不忘，斯为代禄。太原忠肃，义章明允；材田国桢，行为人□；曰 武曰文，是司是尹。金章紫鬑，连华

34.接轸；王□多宝，兰菀有芳。凤生五色，月出□光；载诞明悟，行禀

珪璋。才为代出，俾屏我皇；公之少

35.□，人莫之测。孔明宿昔，流俗不知；韩信□平，当时未识。洎乎拜将，方展其力；一战而蓝泽地空，再举

36.而阴山雾息。天子命我，礼容有数；九拜将军，五迁都护。四为元帅，八居节度。寄重柏台，宠兼槐路；

37.阳元告老，充国还家。礼优全秩，赐重安车。将追宴喜，少抱光华。旋悲景促，遽叹人遐。公之云亡，邦国

38.珍悴。春不相杆，行者堕泪。旐结嵩云，笳凄巩吹。金螭蜿蟺，虽明刺史之坟，石马权寄，用表将军之隧。

第二节　郭虔瓘家族史事考

郭虔瓘在《旧唐书》《新唐书》中皆有传，但传中事迹皆简略不全。对于其籍贯，两唐书都只简单记作"齐州历城人"[①]。志文载："公讳湛，字虔瓘，其先太原人也。七代祖献，从宋祖平慕容超，留镇广固，因家齐郡临淄。至大祖，世食京廪，因功河南府，今为阳翟颍川乡人焉。"是知，郭虔瓘名湛，以字虔瓘行，两唐书本传皆语焉不详。志文言郭虔瓘原籍太原，依《元和姓纂》，知郭氏出自周文王弟虢叔，郡望在汉代有太原郭氏[②]。志文所谓"虢郭声近，因而氏焉"恰为其最佳脚注。《古今姓氏书辩证》言东汉大司农郭全本居于太原，入唐后有华阴、昌乐郭氏等[③]。通过对墓志的解读，结合传世文献可知，郭氏在汉代以降居太原，入唐后，太原成为郭氏郡望。

依志文，郭氏因"从宋祖平慕容超"而迁居临淄。此宋祖即南朝宋开国君主刘裕。据《宋书·武帝纪》，东晋义熙五年（409）四月，刘裕率军讨伐南燕慕容超，"六月，慕容超遣五楼及广宁王贺赖卢先据临朐城。既闻大军至，留羸老守广固"[④]。这里的"广固"同见于志文。是见，七世祖郭献迁居临淄的

　①〔后晋〕刘昫，等.旧唐书：卷103 郭虔瓘传[M].北京：中华书局，1975：3187；欧阳修，宋祁.新唐书：卷133 郭虔瓘传[M].北京：中华书局，1975：4543.

　②〔唐〕林宝，撰.元和姓纂：卷10"十九铎郭氏条"[M].岑仲勉，校记.郁贤皓，陶敏，校.北京：中华书局，1994：1547.

　③〔宋〕邓名世.古今姓氏书辩证[M].王力平，校.南昌：江西人民出版社，2006：601.

　④〔梁〕沈约.宋书：卷1 武帝纪上[M].北京：中华书局，1974：15.

时间应在义熙五年或稍后。

及至大祖，"因功河南府，今为阳翟颍川乡人焉"。大祖亦即太祖、始祖也，从迁入新居地起算，既有可能为六祖，也有可能为五祖或四祖。就一般情况言，时代越近失载的可能性越小，迁居新地者失载的可能性同样会小于居旧地者。推而论之，这里的大祖应指四祖，乔迁时间应在隋初。曾祖名慎，字密，先后担任过青州临淄和兖州任城二任县令，并且袭爵泗水县开国公。临淄终隋一直存在，然兖州在隋炀帝大业二年（606）改称鲁郡。是知，郭慎任县令应在隋文帝时期。祖父名晟，字正贵，官至金紫光禄大夫（正三品）、太常卿（正三品），封太原郡开国公（正二品）。本官太常卿职能主要是掌管邦国礼乐、郊庙、社稷之事。①依志文，曾祖慎任职隋朝，则祖父晟任太常卿当在唐初。然而，查郁贤皓、胡可先著《唐九卿考》未见郭晟任太常卿的记载。按《唐九卿考》所列唐初618—656年任太常卿者共有12人，年代大体相继，唯萧瑀在627—630年和632—634年间曾二度出任太常卿②，中间有缺隙，郭晟任太常卿有可能即在此时，就年龄而论，也必将合适。

志文："父讳庆，字􀀀志，皇朝云麾将军、右监门卫将军、义章县开国子。"郭虔瓘父官至云麾将军（从三品上，武散官）、右监门卫将军（从三品，主要掌管诸门禁卫及门籍）、封开国县子（正五品上）。

墓主郭虔瓘"初以濮水左都尉，终于武卫大将军。束发五十年，效官册政"，五十年军旅生涯，历官四十任。"麟德二年（665），属天下大宁，升中展册。千龄上庆，群后会玉而相趋；二月东巡，君子执干而警卫。公起家左亲府，充辇脚侍奉。"郭虔瓘起家于左亲府。左亲府属唐代十六卫之一。武德七年（624）把亲卫府、勋卫府、翊卫府分为左右府，亲府为左。郭虔瓘应先入仕亲府。唐高宗麟德二年泰山封禅，史籍多有记载。《旧唐书》："（麟德二年）冬十月戊午，皇后请封禅，司礼太常伯刘祥道上疏请封禅……丁卯，将封泰山，发自东都……十二月……乙卯，命有司祭泰山。"③这次封禅规模很大，"突厥、于阗、波斯、天竺国、罽宾、乌苌、昆仑、倭国及新罗、百济、高丽等诸蕃酋长，各率其属扈从，穹庐毡帐及牛羊驼马，填候道路"④。郭虔瓘与役其事，担任辇脚侍奉。辇脚为用荫的一种，由长安等地出土墓志观之，可见

①〔唐〕李林甫，等.唐六典：卷64[M].陈仲夫，校.北京：中华书局，1992：394.

②郁贤皓，胡可先.唐九卿考[M].北京：中国社会科学出版社，2003：55—62.

③〔后晋〕刘昫，等.旧唐书：卷4 高宗纪上[M].北京：中华书局，1975：87.

④〔宋〕王钦若，等.册府元龟：卷36 帝王部·封禅第二[M].北京：中华书局，1960：393.

的辇脚用例主要出现于唐高宗、武则天时期①。是以，郭虔瓘是以亲府勋卫以"辇脚侍奉"入仕的。辇脚侍奉就是指在京城任职，其意同于司马迁《报任少卿书》所谓"待罪辇毂下"，即在京城任职。此种恩宠，当与其家族地位显赫不无关系。

据志文，郭虔瓘先后娶过两位夫人，先为"夫人成纪县君新兴秦氏，周济阴太守叔夏之孙，皇朝左卫中郎将基之长女"。秦氏去世后，又娶"继室潞国夫人河南可朱浑氏，皇朝凉州刺史定远之孙，左卫□山府左都尉秀之第二女。"可见，二位夫人皆出自武将之家。

依唐制，五品官的夫人为县君。是知，秦氏是在郭虔瓘担任五品官时去世的。继室为可朱浑氏。可朱浑，又作渴烛浑、可足浑，唐人林宝言："渴烛浑、可足浑，疑并与可朱浑同随音转耳。"②北魏孝文帝迁都洛阳，推行汉化，可朱浑氏改为朱氏，应为来源于辽东的鲜卑部落③。但直到北周时期，可朱浑氏仍然多见于史册，洛阳还发现有东魏武定二年（544）《可足浑洛妻叔孙氏墓志》。④揆诸本志，足证及至唐代，可朱浑作为姓氏，仍在继续使用，此志是笔者所知时代最晚的用例。可朱浑定远曾担任凉州刺史，任职时间应在太宗、高宗年间。《唐刺史考全编》⑤未收录此人，可补遗。依唐制，一品文武官之妻为国夫人。郭虔瓘于开元十四年（726）九月二日病逝，享年八十三岁。兹后不久，可朱浑氏亦亡故，于是年"十二月卅日合葬于河南府洛阳县邙山北原"。

兹简列郭虔瓘世系表如下：

七世祖献（409年或稍后由太原迁居临淄）→六世祖（失载）→五世祖（失载）→四世祖（佚名，隋世由临淄迁居洛阳，故称大祖，即始祖）→曾祖慎（隋文帝时期任青州临淄、兖州任城县令）→祖晟（唐金紫光禄大夫、太常卿）→父庆（唐云麾将军、右监门卫将军）→郭虔瓘。

综上，郭虔瓘家族原籍太原，东晋义熙五年七世祖献随刘裕讨伐南燕慕

① 李永．洛阳新出唐李孟德墓志研究[M]//苗长虹．黄河文明与可持续发展：第6辑．长沙：河南大学出版社，2013：141．

② 〔唐〕林宝．元和姓纂：卷6"十二蟹可足浑氏条"[M]．岑仲勉，校记．郁贤皓，陶敏，整理．北京：中华书局，1994：965．

③ 姚薇元．北朝胡姓考[M]．北京：科学出版社，1958：226—229．

④ 章红梅．"可足浑氏"考辨[J]．北方文物，2018（1）：88—90．

⑤ 郁贤皓．唐刺史考全编：卷39 凉州（武威郡）[M]．合肥：安徽大学出版社，2000：465—481．

容超，迁居临淄。至四祖时再由临淄迁居洛阳。在隋唐时期，其祖上自曾祖起数代为官，可称世宦之家。

第三节　延载元年唐与吐蕃、西突厥之战中的郭虔瓘

志文记载了郭虔瓘一生的历官事迹："拜都护、大都护、都督、刺史七，将军、大将军九，总管、大总管五，节度副大使、大使八，加拜冠军大将军、御史大夫、上柱国、封潞国公、食邑三千户、实赋百户、同紫微黄门平章兵马事"。

郭虔瓘善战，显赫战绩被归为四端，即"破阿波啜二万帐，克拔汗那十六城，斩同俄特勤，枭吐蕃赞普"。志文所言郭虔瓘破阿波啜事，史无明载。这里的阿波，使人很容易想起西突厥汗国的建立者阿波可汗[①]。阿波可汗名大逻便，阿史那氏，乃突厥汗国木杆可汗之子。关于西突厥汗国建立，学界有不同意见，其中早期占主流的为法国学者沙畹的观点，指汗国的建立者为达头可汗，时当隋开皇二年（582）[②]。后来，日本学者松田寿男再予考证，称建立者应为阿波可汗，具体时间应在开皇三年[③]，此说颇得学术界支持[④]，可以信从。值得提点的是，"阿波"在汉文史乘中一般称"可汗"，这里却被称为"啜"。"啜"乃突厥语"Čor"之音译，为一部之长。[⑤] 如果将之与阿波可汗勾连，自应在 583 年称汗之前，而郭虔瓘出生于贞观十八年（644，详后），时代相差

---

① 也有人认为阿波可汗为东突厥分裂出来的小可汗，"阿波系政权与西突厥汗国是两个不同的政权……西突厥汗国是室点密系射匮可汗去住了东突厥阿波系处罗可汗之后建立的突厥政权"，见吴玉贵 . 西突厥新考——兼论《隋书》与《通典》两《唐书》之"西突厥" [J]. 西北民族研究，1988（1）：130.

② Chavannes É.Documents sur les Tou-Kiue Turcs Occidentaux[M].Paris:Librairie d' Am é rique et d' Orient Adrien Maisonneuve,1903：220；〔法〕沙畹 . 西突厥史料 [M]. 冯承钧，译 . 北京：中华书局，1958：246.

③ 〔日〕松田寿男 . 西突厥王庭考 [J]. 史学雑誌，1929，40（1）：51、63.（收入氏著 . 古代天山の歷史地理学の研究 [M]. 東京：早稻田大学出版部，1970：252、260.）

④ 〔日〕内田吟風 . 西突厥初世史の研究 [M]// 收入氏著 . 北アジア史の研究：鲜卑柔然突厥篇 . 京都：同朋舍，1975：448—450；王讜 . 阿波可汗是西突厥汗国的创始者：兼论突厥汗国的分裂与西突厥汗国的形成 [J]. 历史研究，1982（2）：24—28.

⑤ CLAUSON G. An Etymological Dictionary of Pre-Thirteenth-Century Turkish[M].London:Oxford University Press,1972:427.

甚远，志文中的"阿波啜"与阿波可汗无干，也与阿波所创西突厥汗国无涉，汗国亡于显庆二年（657）。由是以观，对阿波啜的解释，尚需另辟蹊径。

西突厥汗国崩溃后，唐与西突厥之间大规模的征战暂告终止，直到长寿二年（693）。

长寿元年（692），阿史那元庆被酷吏来俊臣诬杀，其子俀子逃亡吐蕃。翌年，阿史那俀子被吐蕃立为十姓可汗，同时，西突厥诸部亦共推俀子为汗。延载元年（694）二月：

> 武威道总管王孝杰破吐蕃勃论赞刃、突厥可汗俀子等于冷泉及大岭，各三万余人。[1]

对这次战役，两唐书有着大致相同的记载，如《新唐书·突厥传》载曰：

> 其明年（694年），西突厥部立阿史那俀子为可汗，与吐蕃寇，武威道大总管王孝杰与战冷泉、大领谷，破之。[2]

这里的勃论赞刃，在《新唐书·吐蕃传》作"勃论赞"，脱"刃"字，《旧唐书·吐蕃传上》简作"勃论"[3]，乃禄东赞第五子，亦即吐鲁番出土文书《张怀寂墓志铭》中所见之"贼头跋论"[4]。依敦煌本吐蕃历史文书《大事纪年》，此人曾于685年至689年间出兵占领于阗[5]。在敦煌本吐蕃文《于阗国悬记（Li yul lun-bstan-pa）》中有噶尔·赞辗恭顿（mgar-blon-btsan-nyen-gung-ston）[6]，其中的"blon"，应为"论"的音译，"blon bstan-ñen"指的就是勃论赞[7]。他在

---

① 〔宋〕司马光.资治通鉴：卷205　则天后延载元年（694）二月条 [M]. 北京：中华书局，1956：6493.

② 〔宋〕欧阳修，宋祁.新唐书：卷215下　突厥传下 [M]. 北京：中华书局，1975：6065.

③ 〔后晋〕刘昫，等.旧唐书：卷169上　吐蕃传上 [M]. 北京：中华书局，1975：5223.

④ 黄文弼.吐鲁番考古记 [M]. 北京：科学出版社，1954：图版五八图60；侯灿，吴美琳.吐鲁番出土砖志集注 [M]. 成都：巴蜀书社，2003：596；戴良佐.西域碑铭录 [M]. 乌鲁木齐：新疆人民出版社，2013：99.

⑤ 〔日〕森安孝夫.吐蕃の中央アジア進出 [M]// 金沢大学.金沢大学文学部論集·史学科篇：第4號.1984：17.

⑥ Emmerick R E.Tibetan Texts concerning Khotan[M].London：Oxford University Press,1967：58.

⑦ 〔日〕森安孝夫.吐蕃の中央アジア進出 [M]// 金沢大学.金沢大学文学部論集·史学科篇：第4號，1984：20.

统治于阗期间曾于当地建立佛教寺院①。

王孝杰在冷泉及大岭打败吐蕃论赞刃、突厥可汗阿史那俀子等各三万多人，大获全胜，勃论赞刃也因此役之败而伏诛②。

战争发生地冷泉与大岭，顾祖禹认为前者在焉耆东南③，后者在西宁西境④。杨铭亦主此说⑤。苏晋仁则将冷泉、大岭考在青海东部⑥。朱悦梅对二地之所在进行了认真的考证，认为其地皆应在塔里木盆地北沿西段，理由是王孝杰于长寿元年（692）冬十月击破吐蕃，"复取四镇"。如果冷泉和大岭在青海东，则王孝杰从取四镇到长寿三年二月，由西域战场赶赴河湟战场并击破吐蕃勃论赞刃与突厥可汗的联军，其间只有 14 个月时间，而且大多数时间是在严寒的冬季，是根本不可能实现的⑦。此说有一定道理，然而若将冷泉和大岭都推定在西域，那势必又会带来新的疑问。阿史那俀子被吐蕃立为可汗是在 693 年，从其组织兵马，然后由吐蕃远征西域，最后战于焉耆，于延载元年（694）二月兵败，时间段比王孝杰的 14 个月还短。既然王孝杰不可能，那阿史那俀子也就更不可能了。

有幸的是，郭虔瓘墓志"破阿波啜二万帐"之语恰好为这一问题的解决打开了一个思路。尽管史书明载王孝杰与吐蕃、突厥战于冷泉、大岭，但王孝杰作为武威道总管，坐镇河西，未必亲临二地。大岭位处青海东，这里是唐军与吐蕃大战的地方，而冷泉则应为突厥与唐军作战的地方，地当焉耆一带。考虑到西突厥汗国于 657 年灭亡，而郭虔瓘赴拔汗那税甲马是在 700 年之前（详后），在此期间唐与西突厥之间小规模战事不断，如显庆四年（659）三月，昆陵都护阿史那弥射在双河击杀咄陆可汗之子珍珠叶护，同年十一月，

① Thomas F W.Tibetan Literary Texts and Documents concerning Chinese Turkestan Part I[M]. London：Royal Asiatic Society, 1935：125, note 6; 佐藤長 . 古代チベット史研究 [M]. 东京：同朋舍，1977：321—322.

② 王忠 . 新唐书吐蕃传笺证 [M]. 北京：科学出版社，1958：56; Li F k. Notes on Tibetan Sog[J]. Central Asiatic Journal, 1958, 3：141—142; 佐藤長 . 古代チベット史研究 [M]. 东京：同朋舍，1977：354, 358—358.

③〔清〕顾祖禹 . 读史方舆纪要：卷 65 "冷泉"条 [M]. 贺次君，施和金，点校 . 北京：中华书局，2005：3065.

④〔清〕顾祖禹 . 读史方舆纪要：卷 64 "大岭城"条 [M]. 贺次君，施和金，点校 . 北京：中华书局，2005：3016.

⑤ 杨铭 . 唐代吐蕃与西域诸族关系研究 [M]. 哈尔滨：黑龙江教育出版社，2005：14—15.

⑥ 苏晋仁 . 蕃唐噶尔（论氏）世家（下）[J]. 中国藏学，1991（4）：93.

⑦ 朱悦梅 . 吐蕃王朝历史军事地理研究 [M]. 北京：中国社会科学出版社，2017：65.

西突厥阿悉结俟斤都曼发动叛乱；调露元年（679）阿史那都支与李遮匐联合吐蕃进攻安西都护府被被裴行俭平定，永淳元年（682）又有阿史那车簿叛乱，被王方翼平定等，但最大战事莫过于延载元年（694）唐与吐蕃、西突厥的战争。将这一因素与郭虔瓘的志文所载郭虔瓘"破阿波啜二万帐"一事结合起来看，笔者觉得最大的可能是，王孝杰亲自指挥了唐军与吐蕃在青海东的战事，而郭虔瓘则指挥了唐军与突厥在焉耆的战事，郭虔瓘的对手不是突厥可汗阿史那俀子，而是其属下的"阿波啜"。《新唐书·突厥传》载：

> 其别部典兵者曰设，子弟曰特勒，大臣曰叶护，曰屈律啜、曰阿波、曰俟利发、曰吐屯、曰俟斤、曰阎洪达、曰颉利发、曰达干，凡二十八等，皆世其官而无员限。[①]

可以看出，阿波为突厥，而啜同为突厥官号。将不同官号连缀为人名，在突厥中是很常见的。如，陪葬昭陵的突厥贵族李思摩妻延陁氏墓志中记载："曾祖莫贺啜颉筋、祖莫汗达官、父区利支达官。"[②] 其中，"啜颉筋"为啜（Čor）+俟斤（Irkin）之音译，二者皆官号；区利支达官为屈律啜（Kül Čor）+达干（Tarqan）之音译[③]，其名同样由两个官号组成，其构成与阿波啜完全一致，是证阿波啜必为突厥将军之名称也。

由于郭虔瓘属王孝杰部下，其功被记于王孝杰名下是符合常理的。否则，延载元年之战就很难理解。况且，史载王孝杰破吐蕃、突厥各三万余人，而墓志载郭虔瓘破突厥"二万帐"，二者间存在着明显可供比对的空间。

第四节　郭虔瓘"破拔汗那十六城"史事考实

延载元年之战，勃论赞刃以战败而伏诛，阿史那俀子却以突厥可汗之特殊身份幸免于难。据敦煌本吐蕃文《大事纪年》，延载元年之后阿史那俀子在吐蕃帮助下返回西域，在 700 年以后，继续在拔汗那掌权[④]。

---

① 〔后晋〕欧阳修，宋祁.新唐书：卷 215 上　突厥传上 [M].北京：中华书局，1995：6028.

② 胡蓉，杨富学.长安出土《统毗伽可贺敦延陁墓志》考释 [J].青海民族研究，2017（1）：116.

③ 胡蓉，杨富学.长安出土《统毗伽可贺敦延陁墓志》考释 [J].青海民族研究，2017（1）：117.

④ Petech l. Glosse agli Annali di Tun–huang[J].Rivista agli Studi Orientali,1967（3）:241–279.

拔汗那，即今乌兹别克斯坦、塔吉克斯坦和吉尔吉斯斯坦交界地区之费尔干纳（Ferghāna），位于锡尔河上游。《史记》《汉书》《三国志》《晋书》称作"大宛"，《魏书》作"破洛那"，唐代文献多作"拔汗那"，玄奘《大唐西域记》作"沛捍国"，敦煌写本 P.3532 慧超《往五天竺国传》作"跋贺那国"①。

延载元年之战，王孝杰、郭虔瓘分别在青海东和焉耆击败吐蕃、突厥联军，吐蕃统帅勃论赞刃因为战败而被赞普诛杀，突厥可汗阿史那俀子却以特殊身份而幸免于难。阿史那俀子为西突厥兴昔亡可汗阿史那元庆之子。长寿元年（692），寓居长安的阿史那元庆被酷吏来俊臣诬杀，俀子逃亡吐蕃。翌年，阿史那俀子被吐蕃立为十姓可汗，同时西突厥诸部亦共推俀子为汗。为报复唐朝，阿史那俀子与吐蕃联手，袭扰河西与西域，导致了延载元年之战的爆发。

关于延载元年以后阿史那俀子的活动，敦煌本吐蕃文《大事纪年》有多次记载：

第四十五条："及至马年（延载元年，甲午，694）……东叶护前来致礼。"②

第五十条："猪年（圣历二年，己亥，699）……东叶护前来致礼。"③

第五十一条："及至鼠年（久视元年，庚子，700），遣送东叶护可汗往突厥地（Dru gu yul）。"④

这里的东叶护可汗，与汉籍史乘所载阿史那俀子能够比对上，故而意大利学者伯戴克将其推定为阿史那俀子。伯戴克还推定，此人战败后，在吐蕃帮助下返回西域，在 700 年以后，继续在拔汗那掌权。⑤ 这种说法得到学术界

---

① 桑山正進. 慧超往五天竺國傳研究 [M]. 京都：京都大学人文科学研究所，1992：24；慧超. 往五天竺国传笺释 [M]. 张毅，笺释. 北京：中华书局，2000：130.

② Bacot J, Thomas F W, TOUSSAINT C. Documents de Touen-houang Relatifs a l'Histoire du Tibet[M].Paris:Libraire orientaliste Paul Geuthner, 1940:38；王尧，陈践，译注. 敦煌本吐蕃历史文书 [M]. 增订本. 北京：民族出版社，1992：143.

③ Bacot J, Thomas F W, TOUSSAINT C. Documents de Touen-houang Relatifs a l'Histoire du Tibet[M].Paris:Libraire orientaliste Paul Geuthner, 1940:39；王尧，陈践，译注. 敦煌本吐蕃历史文书 [M]. 增订本. 北京：民族出版社，1992：144.

④ Bacot J, Thomas F W, TOUSSAINT C. Documents de Touen-houang Relatifs a l'Histoire du Tibet[M]. Paris:Libraire orientaliste Paul Geuthner, 1940:39；王尧，陈践，译注. 敦煌本吐蕃历史文书 [M]. 增订本. 北京：民族出版社，1992：144.

⑤ PETECH L. Glosse agli Annali di Tun-huang[J].Rivista agli Studi Orientali,1967（3）:241-279.

广泛支持①。

《大事纪年》中的 "Dru gu yul" 意为 "突厥地"，相当于今天所谓的突厥斯坦②，拔汗那则位处突厥斯坦的中部。乌瑞认为，在吐蕃的帮助下，阿史那俀子在 700 年以后一段时间内一度执掌拔汗那政权，认为藏文文献中的突厥地（Dru gu yul）应特指拔汗那③。王小甫进一步考证认为，《资治通鉴》所载拔汗那与吐蕃勾结，重扰四镇的时间应在久视元年（700）七月至九月间④。

《资治通鉴》卷 207 久视元年条载：

> 阿悉吉薄露叛，遣左金吾将军田扬名、殿中侍御史封思业讨之。军至碎叶，薄露夜于城傍剽掠而去，思业将骑追之，反为所败。扬名引西突厥斛瑟罗之众攻其城，旬余，不克。九月，薄露诈降，思业诱而斩之，遂俘其众。⑤

阿史那俀子由吐蕃回到拔汗那是在 700 年，而西突厥阿悉吉薄露发动叛乱袭扰碎叶正好就发生在此年，其间应存在某种关联。是年九月，阿悉吉薄露被唐将封思业诱斩，叛乱平定，阿史那俀子随之不知所终，其间似乎亦应存在某些关联。职是之故，笔者推测，郭虔瓘 "克拔汗那十六城" 之事即应发生于此年。推而论之，阿史那俀子执掌拔汗那的时间应在久视元年九月之前而非伯戴克和乌瑞所说的 "700 年以后"。

墓志所谓 "拔汗那十六城"，文献失载。玄奘《大唐西域记》卷一 "沛捍国" 条对该国有详细记录，言其 "周四千余里，山周四境"⑥，蔚为西域大国，但无郭虔瓘墓志 "拔汗那十六城" 之谓。揆诸史籍，唯《新唐书·西域传》有言 "宁

① G. Uray, The old Tibetan Sources of the History of Central Asia up to 751 AD: A Survey[M]//Harmatta J.Prolegomena to the Sources on History of Pre-Islamic Central Asia,Budapest, 1979:281;〔日〕森安孝夫.吐蕃の中央アジア進出 [M]// 金沢大学.金沢大学文学部論集·史学科篇: 第 4 號，1984: 17; 杨铭.吐蕃统治敦煌研究 [M]. 台北：新文丰出版公司，1997: 224.

② BECKWITH C I. The Tibetan Empire in Central Asia: A History of the Struggle for Great Power among Tibetans, Turks, Arabs, and Chinese during the Early Middle Ages[M].New Jersey:Princeton University Press,1987:63.

③ URAY G. The old Tibetan Sources of the History of Central Asia up to 751 AD: A Survey[M]//Harmatta J. Prolegomena to the Sources on History of Pre-Islamic Central Asia,Budapest, 1979:281.

④ 王小甫.唐、吐蕃、大食政治关系史 [M].北京：北京大学出版社，1992: 134.

⑤〔宋〕司马光.资治通鉴: 卷 207 则天后久视元年（700）秋七月庚申条[M].北京：中华书局，1956: 6550.

⑥〔唐〕玄奘，辩机.大唐西域记校注: 卷 1[M].季羡林，等，校注.北京：中华书局，1985: 84.

远者，本拔汗那……有大城六，小城百。人多寿。"① 如此看来，"十六城"之谓，有可能为确数，即郭虔瓘击破拔汗那大城、小城共计十六座，也有可能为"六城"之讹。

这次拔汗那之战与郭虔瓘有着直接关联，导火索就是郭虔瓘在拔汗那税甲马。《旧唐书》载，景龙二年（708），时任检校安西大都护的郭元振因突骑施部将忠节事而给朝廷的上书，论及十姓与四镇问题，其中提及郭虔瓘曾赴拔汗那税甲马之情事：

> 欲令郭虔瓘入拔汗那税甲税马以充军用者，但往年虔瓘已曾与忠节擅入拔汗那税甲税马，臣在疏勒其访，不闻得一甲入军，拔汗那胡不胜侵扰，南勾吐蕃，即将俀子重扰四镇。②

其中的俀子，即前文所述西突厥可汗阿史那俀子，十姓指西突厥，以其有五弩失毕部和五咄陆部而得名。西突厥汗国存在于 583 年至 657 年之间，在汗国灭亡后，其后裔继续活跃于中亚地区，俀子即其一。四镇即安西四镇。贞观十四年（640）唐灭麴氏高昌，置安西都护府于西州（治今新疆吐鲁番西交河故城遗址），统辖西域军政事务。贞观二十二年（648），唐军进驻龟兹（今新疆库车），遂移治安西都护府于此，同时在龟兹、焉耆（今新疆焉耆西南）、于阗（今新疆和田西南）、疏勒（今新疆喀什）四城修筑城堡，建置军镇，由安西都护兼统，故简称安西四镇。贞观以后，安西四镇时置时罢，军镇也随之变动。调露元年（679），安抚大使裴行俭平定匐延都督阿史那都支等人的反叛，以碎叶镇（今吉尔吉斯斯坦托克马克市附近）取代焉耆。阿史那俀子联合吐蕃所袭扰的四镇，即应为碎叶、龟兹、于阗和疏勒。此事发生的具体时间，郭元振未名言，仅知在 708 年以前。结合前文所述拔汗那与吐蕃勾结，重扰四镇事，则可定其时当在久视元年（700），旨在报复郭虔瓘之税甲马举措。学界另有一说，将郭虔瓘受命赴拔汗那税甲马系于景龙二年（708），则明显有误③，此说法不可取。拔汗那的反抗使郭虔瓘徒费周章，"不闻得一甲入军"，且导致拔汗那因"不胜侵扰"而寇安西四镇。至于最终结局如何，史无明载，

---

① 〔宋〕欧阳修，宋祁.新唐书：卷 221 下　西域传下 [M].北京：中华书局，1975：6250.

② 〔后晋〕刘昫，等.旧唐书：卷 97　郭元振传 [M].北京：中华书局，1975：3047.

③ 薛宗正.北庭历史文化研究：伊、西、庭三州及唐属西突厥左厢部落 [M].上海：上海古籍出版社，2010：255.

但从安西四镇在此期间不曾丢失，而进攻四镇的西突厥可汗阿史那俀子在此战后销声匿迹二因素看，应该是唐朝取得了胜利。上引《资治通鉴》卷207久视元年西突厥阿悉吉薄露曾率军攻打碎叶，被殿中侍御史封思业讨平[①]。此事与《旧唐书》卷97《郭元振传》所言俀子扰四镇发生在同一年，所指应为同一战事，亦可与之相印证。

在这一战役中，郭虔瓘"克拔汗那十六城"。看来，郭虔瓘在拔汗那税甲马惹出祸端后，并未远离中亚，在阿史那俀子帅兵袭扰四镇时，抄其后路，攻破十六城，占领了阿史那俀子在中亚的大本营。阿史那俀子的战败，很可能与这一因素息息相关。质言之，墓志的这一记载是可信的，填补了唐与中亚关系历史记载的空白，弥足珍贵。

第五节　郭虔瓘斩突厥王子事及其履任北庭都护行实

至于郭虔瓘斩后突厥王子同俄特勤事，两唐书本传佥载，《新唐书》卷133本传载：

开元初，录军阀，迁累右卫骁将军，兼北庭都护、金山道副大总管。明年，突厥默啜子同俄特勤围北庭，虔瓘饬垒自守。同俄单骑驰城下，勇士狙道左突斩之。虏亡酋长，相率乞降，请悉军中所资赎同俄死，闻已斩，举军恸哭去。虔瓘以功授冠军大将军、安西副大都护，封潞国公。

两唐书玄宗纪亦有大体相同的记载。前文已经提及，开元元年（713），大食兵逼锡尔河，西突厥胡禄屋部首领都担叛唐归附之，同时，后突厥兵亦发兵攻西域，占领庭州东部重镇蒲类县（今新疆奇台县城东北墩古城）[②]，对唐朝在西域的势力，尤其是对北庭构成了严重威胁。开元二年（714），北庭大都护阿史那献亲率西突厥精骑西征叛附大食的胡禄屋部，北庭都护郭虔瓘率领汉军精锐坚守庭州，伊吾军使郭知运守柳中。当年，后突厥王子同俄特勤

---

① 〔宋〕司马光.资治通鉴：卷207 则天后久视元年（700）秋七月庚申条 [M].北京：中华书局，1956：6550.

② 〔唐〕李吉甫.元和郡县图志：卷40 庭州·蒲类县 [M].贺次君，点校.北京：中华书局，1983：1034.

率军来犯，郭虔瓘率副将郭知运等以攻为守，大败突厥，斩杀同俄特勤。突厥既败，进攻柳中的吐蕃兵亦接踵而退，柳中遂得解。①这场战争，进行得非常艰苦，1912 年吐鲁番阿斯塔纳唐墓出土写本《李慈艺授勋告身》有如下记载：

瀚海军破河西阵、白涧阵、土山阵、双胡丘阵、伍里堠阵、东胡袄阵等总陆阵，准开元三年三月廿二日敕，并于凭洛城与贼斗战，前后总叙陆阵，比类府城及论台等功人叙勋，则令递减，望各酬勋拾转。②

当时郭虔瓘率领瀚海军，先通过河西阵、白涧阵等六阵，击破突厥后，接着又在凭洛城"与贼斗战"，前后历经十六阵，终于击破突厥的进攻。对这次战役，突厥卢尼文碑铭《阙利啜碑》西面第 11—12 行也有记载：

Bašbalïqda tort s［üŋüš s］üŋüšdükdä külič oplayu tägip，bulγayu … ［tab］γačqa bunča süŋüšüp alpïn ärdämïn üčün kü bunča tutdï.

在北庭的四次战役中，阙利啜冲乱了（敌人）……他由于……与唐朝多次作战英勇顽强而声名大振。③

看来开元二年的北庭之战艰苦卓绝而又影响巨大。有人以唐五代时期的《旧唐书》《通典》《唐会要》未载关于北庭大捷的"献俘礼"而怀疑其真实性，认为《册府元龟》对北庭大捷的评价有点夸大④。《郭虔瓘墓志》明载郭虔瓘有"斩同俄特勤"之功勋。斩突厥王子，不能不言为大捷。可证《册府元龟》所言不虚。

志文所载"枭吐蕃赞普"事，当有夸张成分。开元二年（714）以后，唐

---

① 薛宗正.安西与北庭：唐代西陲边政研究 [M].哈尔滨：黑龙江教育出版社，1995：187；薛宗正.北庭历史文化研究：伊、西、庭三州及唐属西突厥左厢部落 [M].上海：上海古籍出版社，2010：257—258.

② 罗福苌.沙州文录·附录　上虞罗氏甲子仲冬编印本 [M]// 罗振玉.罗雪堂先生全集：第四编第 12 册.台北：大通书局，1972：5845；王国维.观堂集林：卷 17[M].北京：中华书局，1959：877；小田義久.唐代告身の一考察：大谷探検隊将来李慈芸及び张懷寂の告身を中心として [J].東洋史苑，2000（56）：6；陈国灿.〈唐李慈艺告身〉及其补阙 [J].西域研究，2003（2）：41.

③ Tekin T. A Grammar of Orkhon Turkic（Uralic and Altaic Series Vol.69）[M].Bloomington：Indiana University Publications, Mouton and Co.,1968：257, 293；耿世民.古代突厥文碑铭研究 [M].北京：中央民族大学出版社，2005：179.

④ 盖金伟."献俘礼"与"北庭大捷"质疑 [J].西域研究，2010（1）：57.

与吐蕃战争频繁，其中，开元三年的战事明确提到郭虔瓘：

> （开元）三年二月，郭虔瓘为北庭都护，累破吐蕃及突厥默啜，斩获不可胜计，以其俘来献。玄宗置酒劳之，及将士等并赐帛。手诏谓曰："虔瓘心蕴六奇，折冲千里，追奔迈于三搜，受降逾于万计，建功若此，朕实嘉之。"[1]

开元四年（716）正月乙酉，"陇右节度使郭虔瓘奏，奴石良才等八人皆有战功，请除游击将军"[2]。可见郭虔瓘之部下石良才等八人在开元三年之战中皆立有战功。此后至726年郭虔瓘病逝，唐蕃战事虽多，但均不曾提及郭虔瓘，更无吐蕃赞普被杀之事。自705年至755年，吐蕃赞普一直是赤德祖赞，当无可疑。墓志好虚声，于此可见一斑。

对于开元三年之战事，刘安志先生有如下评述：

> 郭虔瓘身为北庭都护，驻防北庭，破东突厥默啜实有其事，破吐蕃则于史无征。所谓"累破吐蕃"，可能是指郭知运率伊、西二州军队南下御吐蕃之事，因为当时伊、西等州兵由郭虔瓘统辖，郭知运是其麾下，战功显然由主帅郭虔瓘统一申报，所以才会出现郭虔瓘破吐蕃之记载。[3]

揆诸墓志，郭虔瓘"破阿波啜二万帐"事被记于王孝杰名下，推而论之，郭知运作为属下，其破吐蕃战功由主帅郭虔瓘统一申报也是于理可通的。

第六节　郭虔瓘履任安西大都护行实及其与拔汗那局势之关联

继郭虔瓘在北庭获得针对东突厥、吐蕃的大捷后，北庭大都护阿史那献于开元二年三月讨平西突厥胡禄屋部的叛乱。四月初二日，玄宗颁诏嘉奖，郭虔瓘官拜"冠军大将军，行右骁卫大将军"[4]，又"封郭虔瓘为太原郡

---

① 〔宋〕王钦若，等.册府元龟：卷133 帝王部·襃功二 [M].北京：中华书局，1960：1607.

② 〔宋〕司马光.资治通鉴：卷211 玄宗开元四年（716）正月乙酉条 [M].北京：中华书局，1956：6715.

③ 刘安志.伊西与北庭：唐先天、开元年间西域边防体制考论 [M]// 武汉大学中国三至九世纪研究所.魏晋南北朝隋唐史资料：第26辑.武汉：武汉大学文科学报编辑部，2010：160.

④ 〔唐〕苏颋.授郭虔瓘右骁卫大将军等制 [M].〔清〕董诰，等编.全唐文：卷252[M].上海：上海古籍出版社，1990：1123—1124.

开国公，食邑二千户；封郭知运为介林（休）县开国公，食邑一千户，以赏功也"①。同月初四，再颁诏，"以虔瓘为左骁卫大将军，知运为右骁卫将军，并赐衣、带等物"②。此战之后，唐朝意为边疆暂时无虞，加上郭虔瓘与主政西域的西突厥首领阿史那献矛盾较深，故而唐玄宗决定调遣郭虔瓘东归，故而于七月壬寅颁诏，"以北庭都护郭虔瓘为凉州刺史、河西诸军州节度使"③。郭虔瓘受命主持河西，加强对吐蕃的防御，原凉州都督杨执转任原州都督。由于斯时有大批西突厥部落投奔庭州降唐，郭虔瓘一直忙于对他们的安抚与处置，一直未能赴凉州履任，唐政府顺水推舟，收回成命，郭虔瓘、杨执依旧各守原任。④

开元三年二月，郭虔瓘入朝献俘，"玄宗置酒劳之，及将士等，并赐帛"⑤。亲自撰写诏书予以嘉勉，留之不遣，意在另委重任。《资治通鉴》载："（玄宗开元三年）三月，胡禄屋酋长支匐忌等入朝。上以十姓降者浸多，夏，四月，庚申，以右羽林大将军薛讷为凉州镇大总管，赤水等军并受节度，居凉州；左卫大将军郭虔瓘为朔州镇大总管，和戎等军并受节度，居并州，勒兵以备默啜。"⑥《册府元龟》亦载："（开元三年）夏四月庚申……虔瓘可持节充朔州镇大总管，和戎、大武及并州以北，缘边州军并受节度。"⑦看来，玄宗是有意安排左卫大将军、北庭都护郭虔瓘主兵并州，负责讨伐后突厥汗国（682—745）默啜事宜。但此时由于西域形势骤变，默啜以郭虔瓘离任，意为有机可乘，遂于开元三年（715）四月"发兵击葛逻禄、胡禄屋、鼠尼施等，屡破之。玄宗乃敕北庭都护汤嘉惠、左散骑常侍解琬发兵救之。五月，又敕嘉惠等与三姓及定边道大总管阿史那献互相应援。"⑧战争进行得非常艰苦，直到七月份方

①〔宋〕王钦若，等.册府元龟：卷128 帝王部·明赏二 [M].北京：中华书局，1960：1533.

②〔唐〕李隆基.封郭虔瓘、郭知运制 [M]//〔清〕董诰，等编.全唐文：卷20.上海：上海古籍出版社，1990：101.

③〔宋〕司马光.资治通鉴：卷211 唐玄宗开元二年七月壬寅条 [M].北京：中华书局，1956：6703.

④ 薛宗正.北庭历史文化研究：伊、西、庭三州及唐属西突厥左厢部落 [M].上海：上海古籍出版社，2010：258.

⑤〔宋〕王钦若，等.册府元龟：卷133 帝王部·褒功二 [M].北京：中华书局，1960：1607.

⑥〔宋〕司马光.资治通鉴：卷211 唐玄宗开元二年三月条 [M].北京：中华书局，1956：6710.

⑦〔宋〕王钦若，等.册府元龟：卷119 帝王部·选将 [M].北京：中华书局，1960：1428.

⑧〔宋〕司马光.资治通鉴：卷211 唐玄宗开元三年三月条 [M].北京：中华书局，1956：6710.

结束 ①。在此情况下，郭虔瓘又一次与新任命失之交臂。

　　郭虔瓘未能赴并州履任，表面原因似乎在于默啜发动了对西域的进攻，但这并非根本，因为玄宗东调郭虔瓘的主因就在于对付默啜，意欲彻底剪除之。以此策略计之，默啜是否对西域展开攻击，并不会对郭虔瓘的并州差使造成重大影响，因为命郭虔瓘坐镇并州正是冲着默啜大本营而去的。默啜进攻西域，后方空虚，郭虔瓘正好可乘虚而入，夺其漠北巢穴。是以，笔者认为，郭虔瓘之改任，应另有原委。开元三年（715），大食倭玛亚王朝军已占领锡尔河流域部分区域，对唐军在西域构成了巨大威胁。唐政府意识到这一问题的严重性，不得不收回成命，继续由郭虔瓘主兵西域，毕竟在唐军高级将领中，只有他对拔汗那的情况最为谙熟，毕竟他在拔汗曾有那有税甲马之活动，并有"破拔汗那十六城"之功业。

　　关于大食军在拔汗那的存在，慧超《往五天竺国传》有明确记载：

　　跋贺那国，有两王，缚又大河当中西流。河南一王属大寔，河北一王属突厥所管。土地亦出驼骡羊马叠布之类，衣着皮裘叠布，食多饼㝢，言音各别，不同余国。不识佛法，无有寺舍僧尼。②

　　其中的"缚又"为"缚叉"之误，缚叉亦即《大唐西域记》"缚刍"③，乃Vaksa（瓦赫什河）之音译④。瓦赫什河乃阿姆河（Amu-Daria）北面发源于阿赖山的支流，被视为阿姆河的正源，故而古雅利安以之称呼阿姆河。⑤然而，慧超所言之河应为锡尔河（Syr Darya，又作Jaxartes）而非瓦赫什河。正如张毅先生笺注《往五天竺国传》"跋贺那国"条所言："此处恐慧超记载有误，流经该处之大河为药杀水，即锡尔河。"⑥慧超经过的跋贺那地区位于锡尔河上游，毗邻阿姆河发源地帕米尔高原或者瓦赫什河发源地阿赖山，导致慧超产

　　① 薛宗正.北庭历史文化研究：伊、西、庭三州及唐属西突厥左厢部落[M].上海：上海古籍出版社，2010：258.

　　② 〔日〕桑山正进.慧超往五天竺國傳研究[M].京都：京都大学人文科学研究所，1992：24；慧超.往五天竺国传笺释[M].张毅，笺释.北京：中华书局，2000：130—131.

　　③ 〔唐〕玄奘，辩机.大唐西域记校注：卷1[M].季羡林，等，校注.北京：中华书局，1985：39.

　　④ PELLIOT P. Les noms propres dans les traductions chinoises du Milindapañha[J]. Journal Asiatique,1914(Sept.–Oct.):409.

　　⑤ Barthold W. Turkestan Down to the Mongol Invasion[M]. London, 1928:65.

　　⑥ 慧超.往五天竺国传笺释[M].张毅，笺释.北京：中华书局，2000：131.

生误会，用阿姆河名字 Vaksa（缚叉）来称呼锡尔河上游了。

慧超言拔汗那国位于瓦赫什河（其实是锡尔河）以南者属大食，河北属突厥。慧超于 723 年至 727 年间西行印度求法，在此之前，大食帝国呼罗珊总督（杜环《经行记》称"大食东道使"[①]）屈底波（Qutayba）于开元元年（713）兵逼锡尔河，至 715 年已占领锡尔河流域大片领土。[②] 阿拉伯、波斯史料对此也有记载，正可与慧超的记载相印证。

开元三年十月十八日，郭虔瓘官拜"右羽林大将军兼安西大都护、四镇经略大使、上柱国、太原郡开国公郭虔瓘，忠壮超伦，智谋绝等……可晋封潞国公，食邑三千户，仍赐实封一百户，余并如故。"[③] 说明郭虔瓘至迟于开元三年十月已升任安西大都护，与北庭大都护阿史那献分庭抗礼。

郭虔瓘和阿史那献二人本来关系不睦，在对待突骑施的问题上，意见也相左，郭虔瓘主张安抚，而阿史那献则主张讨伐，二人各自上书朝廷，表述自己的主张。《册府元龟》记载：

开元五年六月，突骑施酋长苏禄潜窥亭障，安西东（都）护郭虔瓘及十姓可汗阿史那献皆反侧不安，各以表闻。乃遣使斋玺书慰喻之，并降书谓处虔及献曰："……史献一十姓酋长，先拜可汗。一方黎庶共知。所属突骑施部落，虽云稍众，当应履信思顺，安可恃力争高。虔瓘顷将嘉言，且以忠道，此际尤资，史献未可即来入朝。苏禄先是大将军，未经制命，今故遣左武卫翊府中郎将王惠充使，宣我朝恩，册为国公，令职朝序，并赐物二千段及器物等。务于绥怀得所，不欲征讨示威。"[④]

从唐玄宗敕书看，郭的主张被视作"忠道""嘉言"，值得"尤资"，固有"当应履信思顺，安可恃力争高"之言，对郭虔瓘所主张的安抚并倚重突骑施可汗苏禄之策予以支持，从后来西域情势的发展看，这一主张对于阻遏大食势力的进一步东进起到了关键作用。

715 年，倭玛亚王朝哈里发瓦利德一世（Khalid ibn al-Walid）亡，苏莱曼（Sulaymān）继立，屈底波失势，铤而走险，发动兵变，被杀。721—722 年间，

---

① 〔唐〕杜佑. 通典：卷 193[M]. 王文锦，等，点校. 北京：中华书局，1988：5280. 呼罗珊总督领属范围甚广，伊朗东部、布哈拉撒马尔罕、拔汗那、土库曼斯坦、阿富汗等地，皆归其管辖。

② GIBB H A R. The Arab Conquets in Central Asia[M]. New York：AMS Press, 1923：47—53.

③ 〔宋〕宋敏求. 唐大诏令集：卷 63[M]. 洪丕谟，等，点校. 北京：中华书局，2008：349.

④ 〔宋〕王钦若，等. 册府元龟：卷 157 帝王部·诚励二 [M]. 北京：中华书局，1960：1902.

屈底波旧将赛义德（Sa'id b 'Amr al-Harashi）被任命呼罗珊总督。723 年，其职位由木思里穆（Muslim ibn Sa'id al-Kilabi）取代。翌年，大食军在锡尔河北岸击败突骑施苏禄汗军队。嗣后，拔汗那位处锡尔河南者由大食呼罗珊总督统治，河北岸依然归突厥系突骑施势力。[①] 其状与慧超的记载可互证。看来，自715年至8世纪20年代，锡尔河长期充任突骑施苏禄与大食势力的分界线，[②]大食军未能继续越过锡尔河流域向东方推进，突骑施成为遏制其前进步伐的关键因素。这些说明郭虔瓘主张倚重突骑施以对抗大食帝国的方略是正确的，也是行之有效的。

第七节　郭虔瓘历官事迹辨析

综上可以看出，郭虔瓘英勇善战，在与突厥、吐蕃、拔汗那等国的战争中军功卓著，而且谋略超人，借突骑施以抗大食，取得良好效果，故而受到朝廷特别的优待，志文记载道："皇帝嘉公大勋，前后制 使 ，送敕书二百册八，并赐袍带、金银器物、口马鹰狗等，有倍其数。自元勋佐命，立功异域，亦无以过也。公以日暮途远，知止不殆，固请 阳 元之骨，以归充国之老。有制优许，禄俸等并令全给。"

史书、志文罗列郭虔瓘官职甚多，《旧唐书》卷 103 本传对其历官事迹有如下记载："开元初，累迁右骁卫将军，兼北庭都护。二年（714）……拜冠军大将军，行右骁卫大将军。"在此之前，郭虔瓘已拥有"云麾将军、检校右骁卫将军、兼北庭都护、瀚海军经略使、金山道副大总管、招慰营田等使、上柱国、太原县开国子"之官职。

其中的北庭都护需予以特别说明，北庭都护府与北庭大都护府属于不同的军府建置。据《唐六典》："大都护府：大都护一人，从二品；副大都护二

①　LITVINSKY B A. History of civilizations Central Asia, Vol. III：The crossroads of civilizations：A. D. 250 to 750[M].Delhi：Motilal Banarsidass Publisher,1999:460；〔日〕前嶋信次.東西文化交流の諸相 [M].东京：誠文堂新光社，1971：159.

②　Esin E. Tabari's report on the warfare with Turgish and the testimony of eighth century Central Asian art[J]. Central Asiatic Journal, 1973（17）:130–148; 桑山正進.慧超往五天竺國傳研究 [M]. 京都：京都大学人文科学研究所，1992：173.

人，从三品；副都护二人，正四品上……上都护府：都护一人，正三品。"①《新唐书·百官志》有同载。北庭都护府属上都护府，长官称都护，官阶正三品，而北庭大都护府的主政长官是官阶从二品的大都护。《资治通鉴》卷207载："长安二年（702）十二月……戊申，置北庭都护府于庭州。"②郭虔瓘任北庭都护的时间，两唐书本传皆言开元元年（713），但景龙四年（710）五月十五日唐中宗李显颁发的《北伐制》中却有这样的话头：

北庭副都护郭虔瓘、安处哲等，怀才抱器，蓄锐俟时，惯习军容，备知边要，并可为副大总管，领瀚海、北庭、碎叶等汉兵，及骁勇健儿五万骑。③

这说明，至迟在景龙四年，郭虔瓘已充任北庭副都护，受命为北伐西路军副大总管。这次北伐尽管未能付诸实施，但这段文字说明郭虔瓘斯时已任北庭副都护，为正四品上。《册府元龟》卷133《帝王部·褒功二》载："（开元）三年二月，郭虔瓘为北庭都护"。④还领云麾将军、检校右骁卫将军，兼瀚海军经略使、金山道副大总管、招慰营田等使，上柱国、太原县开国子等官衔与爵号⑤。开元三年（715）十月，郭虔瓘擢升安西大都护。质言之，景龙四年五月至开元三年二月，郭虔瓘任北庭副都护，开元三年二月升任北庭都护，直至开元三年十月。《新唐书》卷133本传言郭虔瓘"开元初，录军阀"，则属于明显的误记。

在郭虔瓘一生历官甚多，墓志铭文总结为"九拜将军，五迁都护。四为元帅，八居节度"，其中，最重要的莫过于安西大都护、安西副大都护。《唐大诏令集》卷63收录有苏颋执笔《加郭虔瓘食实封制》，曰：

右羽林大将军兼安西大都护、四镇经略大使、上柱国、太原郡开国公郭虔瓘，忠壮超伦，智谋绝等……可晋封潞国公，食邑三千户，仍赐实封一百户，余并如故。⑥

①〔唐〕李林甫，等.唐六典：卷30[M].陈仲夫，点校.北京：中华书局，1992：754.

②〔宋〕司马光.资治通鉴：卷207则天后长安二年（702）十二月戊申条[M].北京：中华书局，1956：6561.

③〔宋〕宋敏求.唐大诏令集：卷130[M].洪丕谟，等，点校.北京：中华书局，2008：705.

④〔北宋〕王钦若，等.册府元龟：卷133帝王部·褒功二[M].北京：中华书局，1960：1607.

⑤〔后晋〕刘昫，等.旧唐书：卷103郭虔瓘传[M].北京：中华书局，1975：3188.

⑥〔宋〕宋敏求.唐大诏令集：卷63[M].洪丕谟，等，点校.北京：中华书局，2008：349.

该制文署明日期为开元三年十月十八日，足证斯时郭虔瓘已履安西大都护之职。次年正月，唐政府调整西域边防措施，玄宗第三子陕王李亨"升为安西大都护、安抚河西四镇诸番大使，以安西都护虔瓘为之副……诸王遥领节度自此始。"①《旧唐书》卷103列传亦载："虔瓘俄转安西副大都护、摄御史大夫、四镇经略安抚使，进封潞国公，赐实封一百户。"②同时，郭虔瓘还兼任陕王府长史、安抚河西四镇诸番副大使之职③。

在陕王遥领安西大都护之前，阿史那献身兼"招慰十姓兼四镇经略大使、定远道行军大总管、北庭大都护、瀚海军使、节度巴（已）西诸蕃国、左骁卫大将军摄鸿胪卿、上柱国、兴昔（亡）可汗"④等多种要职，权力很大，统领整个西域军政。陕王任安西大都护，势必会对阿史那献形成制约。从表面上看，郭虔瓘的职务由正降为副，实则仍为主持"安西讨击"的主帅，代行陕王的安西大都护之权。如是，则北庭大都护自然受制于郭虔瓘。郭职务不降反升，并非"官职骤降"⑤那么简单。这与当时西域局势的变化息息相关，意在对阿史那献有所牵制。⑥

关于郭虔瓘最后的任官和卒年，两唐书本传记载略有不同。《旧唐书》记载："寻迁右威卫大将军，以疾卒。其后，又以张嵩为安西都护以代虔瓘。"《新唐书》亦载"卒军中。以张孝嵩为安西副都护"。二本传皆言郭虔瓘卒于军中，故而学界每每断言郭虔瓘卒于开元五年⑦。然而，郭虔瓘墓志载："奄以开元十四年九月二日遘疾薨于京大宁之私第。"大宁之名又见于《唐嘉会墓志铭》："粤以大唐仪凤三年（678）正月六日薨于西都大宁里之官舍，春秋六十

① 〔宋〕司马光.资治通鉴：卷211玄宗开元四年（716）正月丙午条[M].北京：中华书局，1956：6715—6716.

② 〔后晋〕刘昫，等.旧唐书：卷103郭虔瓘传[M].北京：中华书局，1975：3188.

③ 〔宋〕宋敏求.唐大诏令集：卷35郯王嗣直安北大都护等制[M].洪丕谟，等，点校.北京：中华书局，2008：152.

④ 〔宋〕李昉，等.文苑英华：卷417[M].北京：中华书局，1966：2112.

⑤ 薛宗正.北庭历史文化研究：伊、西、庭三州及唐属西突厥左厢部落[M].上海：上海古籍出版社，2010：261.

⑥ 盖金伟.论北庭大都护阿史那献与郭虔瓘之争：以唐代西域军政管理模式为中心[J].昌吉学院学报，2008（5）：71—72.

⑦ 〔日〕伊濑仙太郎.中国西域经营史研究[M].东京：岩南堂书店，1955：314；薛宗正.安西与北庭：唐代西陲边政研究[M].哈尔滨：黑龙江教育出版社，1995：198；盖金伟.论北庭大都护阿史那献与郭虔瓘之争：以唐代西域军政管理模式为中心[J].昌吉学院学报，2008（5）：71—72.

有五。"①《韦承庆墓志铭》亦有"粤以神龙二年十一月十九日寝疾薨于京师万年县大宁里第"之语②。说明郭虔瓘墓志中的"京大宁之私第"在长安万年县（今陕西长安县）之大宁里。郭虔瓘开元十四年（726）九月二日病逝于长安，后归葬洛阳，享年八十三岁，则其当生于唐太宗贞观十八年（644）。是证，两唐书对其卒年的记载是有误的。

那么，郭虔瓘是何时致仕并离开西域返回长安的，史无所载。《册府元龟》载：

开元五年六月，突骑施酋长苏禄潜窥亭障，安西东（都）护郭虔瓘及十姓可汗阿史那献皆反侧不安，各以表闻。③

说明，截止开元五年（717）六月，郭虔瓘尚在安西副大都护任上，但次月情况就发生了变化，《新唐书·突厥传》曰：

开元五年七月，方册拜突骑施都督车鼻施啜苏禄为顺国公，而突骑施已围拨换、大石城，将取四镇。会嘉惠拜安西副大都护，即发三姓葛逻禄兵与献共击之。④

《资治通鉴》卷211玄宗开元五年（717）七月条也有大致相同的记载。这些记载足以说明，汤嘉惠于开元五年七月已接任安西副大都护之职，说明郭虔瓘已于是年七月离任。郭虔瓘的最后职衔为安西副大都护，代行安西大都护职权。郭虔瓘经营西域，剿抚并用，颇有成效。汤嘉惠继其位后，对西域的经略，大体也采用了郭虔瓘之遗策。

---

① 张沛.昭陵碑石[M].西安：三秦出版社，1993：195.
② 周绍良，赵超.唐代墓志汇编续集[M].上海：上海古籍出版社，2001：421.
③ 〔宋〕王钦若，等.册府元龟：卷157 帝王部·诚励二[M].北京：中华书局，1960：1902.
④ 〔宋〕欧阳修，宋祁.新唐书：卷215下 突厥传下[M].北京：中华书局，1975：6065.

第五章 大唐西市博物馆藏
《回鹘米副使墓志》考释 ①

第一节 墓志概况与录文

2013 年 8 月，"中国敦煌吐鲁番学会成立三十周年国际学术研讨会"在北京召开，胡戟先生提交《西迁前的回鹘与唐的关系》一文，利用西安大唐西市博物馆收藏的两方唐代墓志，以探讨唐与回鹘之间的密切关系。发覆创新，颇受关注。② 第一方为《石解墓志》，其中记载有"贞元七年（791）夏鸿胪卿庾征充册回鹘公主使"之事；第二方为《回鹘葛啜王子墓志》，志文记载了贞元十一年（795）回鹘葛啜王子入唐，一年后在长安去世一事。两方墓志虽然内容都比较简略，但价值特殊，颇值得关注。

首先，两方墓志都为唐与回鹘关系史的研究提供了重要的实物证据，非常难得。对此，前贤已多有发覆 ③，兹不复赘。

其次，《回鹘葛啜王子墓志》在志文左侧靠近志石左端处刻有 17 行卢尼文，是我国迄今为止发现的唯一的一块唐代汉文、突厥卢尼文双语石刻墓志，对

---

① 本文原刊于《民族研究》2015 年第 2 期，第 78—86 页。行文略有改动，尤其是原文的"米副侯"这里改作"米副使"，以"副侯"之意不若"副使"通达，而原石模糊不清。

② 胡戟. 西迁前的回鹘与唐的关系 [C]. 北京：中国敦煌吐鲁番学会成立三十周年国际学术研讨会，2013.

③ 罗新. 大唐西市博物馆汉文鲁尼文双语回鹘王子葛啜墓志简介 [M]// 吕建中，胡戟. 大唐西市博物馆藏墓志研究续一. 西安：陕西师范大学出版总社有限公司，2013：1—4；李宗俊. 唐回鹘葛啜王子墓志反映的几个问题 [M]// 杜文玉. 唐史论丛：第 17 辑. 西安：陕西师范大学出版总社有限公司，2014：253—261.

于研究回鹘与唐朝的关系和回鹘历史文化具有重要意义，故而特别引人注目，不少学者投入研究①。

　　其三，墓志的发现，为确定"回纥"改名为"回鹘"之具体时间提供了强有力的证据。关于这一问题，史乘有三种不同的记载。《旧唐书》《旧五代史》等记为唐宪宗元和四年（809）；《新唐书》记在唐德宗贞元四年（788）；《唐会要》《册府元龟》等又记为唐德宗贞元五年（789）。至司马光等纂修《资治通鉴》时采用了《新唐书》的说法，定在贞元四年，而将其他两种说法放在《通鉴考异》中，并做了如下考证：

　　《邠侯家传》：四年七月，可汗上表请改"纥"字为"鹘"，与李繁《北荒君长录》及《新回鹘传》同。按李泌明年春薨，若明年七月方改，《家传》不应言之。今从《家传》《君长录》《新书》。②

　　司马光的主张，始终未能成为学界通识。近期，刘美崧先生撰文指出回纥更名回鹘是在元和四年，而非贞元四年③。宋肃瀛先生进一步考证认为元和四年改名"是完全可靠的，不容怀疑的"④。

　　然揆诸《石解墓志》，其中有言："贞元七年（791）夏，鸿胪卿庚伾充册回鹘公主使，奏公为副，授监察御史里行，加章服。"⑤而《回鹘葛啜王子墓志》刻写于贞元十二年（796），志文题作"故回鹘葛啜王子守左领军卫将军墓志并序"。正文则有"回鹘葛啜王子，则可汗之诸孙"⑥之语。这些记载表

　　① 张铁山.《故回鹘葛啜王子墓志》之突厥如尼文考释[J].西域研究，2013（4）：74—80；白玉冬.回鹘王子葛啜墓志鲁尼文志文再释读[M]//中国蒙古史学会.蒙古史研究：第11辑.北京：科学出版社，2013：45—52；芮跋辞，吴国圣.西安新发现唐代葛啜王子古突厥鲁尼文墓志之解读研究[M]//荣新江.唐研究：第19卷.北京：北京大学出版社，2013：425—442；成吉思.《葛啜墓志》突厥文铭文的解读[M]//荣新江.唐研究：第19卷.北京：北京大学出版社，2013：443—446.
　　② 〔宋〕司马光.资治通鉴：卷233 德宗贞元四年条[M].北京：中华书局，1956：7515.
　　③ 刘美崧.回纥更名回鹘考[J].江西师范学院学报，1980（1）：77—81.
　　④ 宋肃瀛.回纥改名"回鹘"的史籍与事实考[J].民族研究，1995（6）：84.
　　⑤ 胡戟，荣新江.大唐西市博物馆藏墓志[M].北京：北京大学出版社，2012：755.
　　⑥ 李宗俊.唐回鹘葛啜王子墓志反映的几个问题[M]//杜文玉.唐史论丛：第17辑.西安：陕西师范大学出版总社有限公司，2014：253；胡戟.西迁前的回鹘与唐的关系[C].北京：中国敦煌吐鲁番学会成立三十周年国际学术研讨会，2013.

明，至迟在德宗贞元七年以前，回纥就已经改称回鹘了，元和四年说是难以成立的。

贞元四年说与五年说仅有一年之差，依理度之，前者所见应为贞元四年十月回纥上表请求改名的时间，后者所记当为贞元五年德宗诏敕颁行回鹘的时间。

是见，胡先生揭橥的上述两方墓志对回鹘史研究具有相当重要的价值。在大作末尾，胡先生捎带提及的西安大唐西市博物馆新入藏的另一方唐代墓志——《回鹘米副使墓志》，引起了笔者极大的兴趣。由于此志汉文水平较差，文字有缺漏，水锈严重，虽经处理，字迹仍然模糊不清，不易释读，故胡戟先生为慎重起见，仅摘录了其中的个别文句。鉴于墓志所述摩尼教内容的重要性，为对其进行透彻研究，笔者二度亲赴西安对墓志进行了细致的考察。尽管经多方努力，仍有个别字未能辨识，所幸志文内容已大体完备。①

志石为青石质，正方形，边长46cm，厚8cm。志盖为盝顶，无题额，通体饰卷草花纹。志文首题《唐故回鹘云麾将军试左金吾卫大将军米副使墓志记》（图5-1），楷书，全文18行，满行19字，共321字。录文如下：

1. 唐故回鹘云麾将军试左金吾卫大将军米副使

2. 墓志记

3. 盖闻四海枯渴之想，目月有亏盈之时，五山尚有

4. 崩摧，人命刹那，焉能久住？光同尘内，花出淤泥。处

5. 俗时流，依师暮（慕）道，是我清净光明大师之也。净惠

6. 严洁，虚堂听而不掇，是我大哉之严师，唯米公年

7. 七十有三。住于唐国，奉于诏命，遂和而相滋。□

8. 从远蕃，质于信息。身虽蕃目，内典是常。闾里之间，

9. 敬奉如严师也。内外传则，共守典章，规门肃仪，示

10. 以训而不暇。四息二女，传孝道于盈街，处众推管。

11. 赞好能述，满路长月；诚次月晏，进直推亮。居家侍

12. 奉，曾参之不及；女事罗门，衔公贵之不失。苍旻何

---

① 对该墓志的考察与研究，均得到大唐西市博物馆胡戟先生的大力支持，在此表示衷心感谢。

图 5-1 西安大唐西市博物馆藏《回鹘米副使墓志》

13. 负，忽降疾兮，寻师百度，恁（荏）苒难瘥，转归宇。是日也，
14. 择兆良晨，安于邦国，迁布政乡静安里，庚于上
15. 地，施设千功，鸣沙氏之对棺，连玉堂而杳真，握于
16. 丈余，广施妙矣。亲戚同悲。长庆癸卯十二月十六
17. 日。奉勅京兆府长安、万年两县，官供棺椁、软□（车），
18. 设馔列于街，给仰街事，女（安）能不嗟兮？故隽（镌）记矣。

墓志出土地不详，但虑及葛啜王子墓志发现于西安市唐长安城德明门附近的一处唐代墓地中，简言之，这里有可能为唐代回鹘人的墓地。若然，则回鹘米副使墓志也有可能出土于该墓地，亦未可知。

该墓志尽管文字不多，但内容丰富，对研究回鹘宗教、回鹘与粟特关系，乃至唐与回鹘之关系等，都有极其重要的学术价值。故不惮其烦，兹予考述。

第二节 "墓主身份为回鹘摩尼师"说

志文第5—6行称墓主的身份为"清净光明大师"。该师"净惠严洁，虚堂听而不掇，是我大哉之严师"。尽管墓主来自胡人，却对"内典"非常了解，此即志文"身虽蕃目，内典是常"之所谓也。志文又继续写道，大师"内外传则，共守典章，规门肃仪，示以训而不暇"，同样说的是他对戒律的坚守和对经典的谙熟。职是之故而受到众人的尊崇，以致"闾里之间，敬奉如严师也"。下文又有"寻师①百度"之语。这些都说明，此人的身份为宗教法师和高僧无疑。

那么，此人应为何种宗教法师呢？胡戟先生接受张广达先生的意见，推测为摩尼教②，甚是。惜未做深入探究。

首先看"清净光明大师"。"清净光明"者，多见于敦煌本摩尼教文献，如中国国家图书馆藏摩尼教文献宇字 56（BD00256）《摩尼教残经》第 135—137 行云："《宁万经》云：'若电那勿具善法者，清净光明，大力智惠，皆备在身。即是新人，功德具足。'"③第 203—204 行亦云："第一日者，即是惠明；十二时者，即是胜相十二大王，以像清净光明世界无上记验。"④

敦煌写本 S.2659 摩尼教《下部赞》第 146 行："清净光明大力惠，我今至心普称叹。慈父明子净法风，并及一切善法相。"⑤第 151 行："清净光明力智惠，慈父明子净法风。微妙相心念思意，夷数电明广大心。"⑥

在近期新发现的霞浦本摩尼教文献《摩尼光佛》中，同样出现有"清净光明，大力智惠"之语（第 32 页第 1—2 行，总 248—249 行）。⑦

---

① 这里的"师"，也有可能为医师或治病的法师，未敢遽断。

② 胡戟. 西迁前的回鹘与唐的关系 [C]. 北京：中国敦煌吐鲁番学会成立三十周年国际学术研讨会，2013.

③ 中国国家图书馆. 国家图书馆藏敦煌遗书：第 4 册 [M]. 北京：北京图书馆出版社，2005：361；林悟殊. 摩尼教及其东渐·附录 [M]. 北京：中华书局，1987：219；芮传明. 东方摩尼教研究·附录 摩尼教汉语典籍校注 [M]. 上海：上海人民出版社，2009：370.

④ 中国国家图书馆. 国家图书馆藏敦煌遗书：第 4 册 [M]. 北京：北京图书馆出版社，2005：362；林悟殊. 摩尼教及其东渐·附录 [M]. 北京：中华书局，1987：224；芮传明. 东方摩尼教研究·附录 摩尼教汉语典籍校注 [M]. 上海：上海人民出版社，2009：372.

⑤ 中国社会科学院历史研究所，等. 英藏敦煌文献（汉文佛经以外部分）：第 4 卷 [M]. 成都：四川人民出版社，1991：147；林悟殊. 摩尼教及其东渐·附录 [M]. 北京：中华书局，1987：245；芮传明. 东方摩尼教研究·附录 摩尼教汉语典籍校注 [M]. 上海：上海人民出版社，2009：398.

⑥ 中国社会科学院历史研究所，等. 英藏敦煌文献（汉文佛经以外部分）：第 4 卷 [M]. 成都：四川人民出版社，1991：148；林悟殊. 摩尼教及其东渐·附录 [M]. 北京：中华书局，1987：245；芮传明. 东方摩尼教研究·附录 摩尼教汉语典籍校注 [M]. 上海：上海人民出版社，2009：398.

⑦ 杨富学，包朗. 霞浦摩尼教新文献〈摩尼光佛〉校注 [M]// 秋爽，李尚全. 寒山寺佛学：第 10 辑. 兰州：甘肃人民出版社，2015：94.

　　不惟古代写本，在福建泉州等地发现的摩尼教石刻中，亦不乏"清净光明"之语，如泉州晋江华表山草庵遗址有："劝念清净光明大力智慧无上至真摩尼光佛"题刻[①]。与之大体相同的十六字偈语又见于莆田涵江的一块断碑上[②]。近期，在霞浦盐田乡飞路塔的塔前，也发现有"清净光明，大力智慧"题刻（图5-2）[③]。

图 5-2　盐田飞路塔摩尼教八字偈

　　可以看出，在摩尼教文献中，"清净光明"四字常常联在一起出现，在不少情况下又与"大力智惠"并用。而《下部赞》中的"清净光明大力惠"与"清净光明力智惠"无疑应是"清净光明，大力智惠"之省，削足适履，意在适

　　① 吴文良.泉州宗教石刻[M].北京：科学出版社，1957：44；怀华.福建晋江华表山摩尼教遗址[J].文物参考资料，1958（4）：28；BRYDER P. Cao'an Revisited[M]//TONGRELOO A V，GIVERSEN S. Manichaica Selecta. Studies Presented to Profesor Julien Ries on the Occasion of His Seventieth Birthday, Louvain, 1991:35—42.

　　② 陈长城.莆田涵江发现摩尼教碑刻[J].海交史研究，1988（2）：117—118；Lin W S. On the Spreading of Manichaeism in Fujian,China[M]//WIESSNER G,KLIMKEIT H J.Studia Manichaica. II. Internationaler Kongreβ zum Manichäismus, 6—10. August 1989 St.Augustin/Bonn, Wiesbaden：Otto Harrassovitz, 1992:342—355.

　　③ 陈进国，林鋆.明教的新发现：福建霞浦县摩尼教史迹辨析[M]//李少文，雷子人.不止于艺：中央美院"艺文课堂"名家讲演录.北京：北京大学出版社，2010：377.

应七言诗形式的要求。①

清净、光明、大力、智惠这些字眼，在儒释道文献中比比皆是，但都分开单独使用。将其联为一体者，则惟摩尼教而已，其意在于表明伟大圣父——摩尼的四个方面：神圣、光明、大力、智慧②。需提醒注意的是，"神圣"二字在汉文中却变成了"清净"。何以如此？吉田丰给出了这样的解释：汉文的"清净"直接来自粟特语动词"wswc"（清净），而粟特语词又来自叙利亚语"qdš"（神圣）。③是证，汉语之"清净"当来自粟特语，而非摩尼教圣典的原始语——叙利亚语。这一事实有利于证明笔者所持福建摩尼教来自回鹘而非经由海路直接取法西亚的观点④。

尤有进者，在吐鲁番出土回鹘文文献 T. M. 417 中可见有"körtlä küsänčig, adinčïy yaruq, alp ärdämlig, bädük küčlüg"之语⑤。茨默先生睿智地指出，该语所含四个词汇，正是回鹘摩尼教徒对圣父四个方面，即神圣、光明、大力、智慧的称颂。有意思的是，回鹘语使用的"körtlä küsänčig"，其字面意思为"美丽的""合意的、希望的、理想的"，更接近"清净"而非"神圣"⑥。说明回鹘语如同汉语一样，直接来自粟特语。是故，该语可译作"清净光明，大力智惠"。

上述诸证，都指向一个结论，即《回鹘米副使墓志》中的"清净光明大师"非回鹘摩尼教大师莫属。志文第五行出现的"净惠"，抑或可视作"清净""智惠"甚或"清净光明，大力智惠"之省语，未可定也。

---

① 林悟殊. 福建明教十六字偈考释 [M]//《文史》编辑部. 文史：2004 第 1 辑. 北京：中华书局，2004：236（收入氏著. 中古三夷教辨证 [M]. 北京：中华书局，2005：8.）

② BRYDER P, The Chinese Transformation of Manichaeism:A Study of Chinese Manichaean Terminology[M].Löberöd：Bokforlaget Plus Ultra，1985:13—14,61—62,81—83; LIEU S N C. Manichaeism in the Later Roman Empire and Medieval China：a historical survey[M].Manchester,1992:254, 257; TONGERLOO A V. The Father of Greatness[M]// PREIßLER H，SEIWERT H. Gnosisforschung und Religionsgeschichte. Festschrift für Kurt Rudolph zum 65. Geburtstag.Marburg,1994:338—339.

③ YUTAKA Y. Review to Peter Bryder,The Chinese Transformation of Manichaeism,A Study of Chinese Manichaean Terminology[J].Bulletin of the School of Oriental and African Studies,1987,50（2）:403—404.

④ 杨富学. 回鹘摩尼僧开教福建及相关问题考 [J]. 西域研究，2013（4）：109—117.

⑤ A. von Le Coq, Türkische Manichaica aus Chotscho. III,Abhandlungen der Preussischen Akademie der Wissenschaften,phil.-hist.Kl.Nr.2,1922,Nr.15,S.35.

⑥ TAKAO M. On the Uigur čxšapt ay and the Spreading of Manichaeism into South China[M]// EMMERICK R E. Studia Manichaica. IV. Internationaler Kongress zum Manichäismus, Berlin, 14.—18. Juli 1997,Berlin,2000:434;〔日〕森安孝夫. 回鹘语 čxšapt ay 和摩尼教在中国东南的传播 [M]// 俄军，杨富学. 回鹘学译文集新编. 兰州：甘肃教育出版社，2015：174.

第三节　"墓主或为回鹘化粟特人"说

墓志主人为米姓，首题中已有明确标示，志文又有"唯米公年七十有三。住于唐国，奉于诏命，遂和而相滋。客（？）从远蕃，质子传息。身虽蕃目，内典是常"诸语。由其中的米姓观之，此回鹘摩尼师应为来自米国的粟特人无疑。

米国（Maymurgh）位处中亚，首府为钵息德城，很可能就是今天塔吉克斯坦境内的片治肯特，系昭武九姓中的一个小国。《大唐西域记》卷 1 写作"弭秣贺国"[①]。中古时代，中原地区所见安姓、康姓、米姓几乎为昭武九姓所专有，而安氏与米氏尤为独特，因为这两个姓氏此前均不见于华夏，是最明显的粟特胡人姓氏。米姓人氏史书记载甚少，"其中最驰名者，首推宪宗穆宗二代之名歌手米嘉荣。"[②] 其名见于段安节《乐府杂录》，唐代大诗人刘禹锡撰有《与歌者米嘉荣》诗。[③] 米嘉荣之子米和长于琵琶，《乐府杂录》"琵琶"条云："咸通中，即有米和即嘉荣子也，申旋尤妙。"[④] 在西安碑林博物馆保存有《米继芬墓志》（又作《米萨宝墓志》），系永贞元年（805）之物，1955 年出土于西安西郊三桥[⑤]，其中有言："公讳继芬，字继芬，其先西域米国人也，代为君长，家不乏贤……夫人米氏，痛移夫之终，恨居孀之苦。公有二男，长曰国进，任右神威军散将，宁远将军，守京兆府崇仁府折冲都尉同正。幼曰僧思圆，住大秦寺。"[⑥] 据《米继芬墓志》之记事，学者推断其当为中原粟特家族信仰景教的一个典型例证。[⑦]

---

① 〔唐〕玄奘、辩机原著，季羡林等校注．大唐西域记校注 [M]．北京：中华书局，1985：89.

② 〔日〕桑原骘藏．隋唐时代西域人华化考 [M]．何健民，编译．台北：新文丰出版公司，1979：81.

③ 〔清〕彭定求．全唐诗：卷 365[M]．北京：中华书局，1960：4116.

④ 〔唐〕段安节．乐府杂录 [M]．罗济平，点校．沈阳：辽宁教育出版社，1998：32.

⑤ 高峡．墓志拓片载西安碑林全集：9 函 84 卷 [M]．广州：广东经济出版社，1999：3334—3338；王仁波．隋唐五代墓志汇编（陕西卷）：第 1 册 [M]．天津：天津古籍出版社，1991：25. 录文载周绍良，赵超．唐代墓志汇编续集 [M]．上海：上海古籍出版社，2001：796.

⑥ 阎文儒．唐米继芬墓志考释 [J]．西北民族研究，1989（2）：154；葛承雍．唐代长安一个粟特家庭的景教信仰 [J]．历史研究，2001（3）：181—182（收入氏著．唐韵胡音与外来文明 [M]．北京：中华书局，2006：232—233）.

⑦ 葛承雍．唐代长安一个粟特家庭的景教信仰 [J]．历史研究，2001（3）：185（收入氏著．唐韵胡音与外来文明 [M]．北京：中华书局，2006：239）.

米继芬，据考，其中的"芬"字，是粟特语人名之常用词尾，有"荣幸、运气"之意①。"芬"作为粟特最通行的男名之一，复现率很高，有时又作"忿""盆"，其意一也，如石演芬，见于《新唐书·石演芬传》②；石宁芬，见于《唐石崇俊墓志》③；石失芬、安胡数芬、唐羯师忿、何伏帝忿、石勃帝芬，均见于敦煌写本 P. 3559《从化乡天宝十载（751）前后差科簿》④；康失芬，见于吐鲁番文书 73TAM509：8/1（a），8/2（a）《唐宝应元年（762）六月康失芬行车伤人案卷》⑤；曹莫盆，见于吐鲁番文书 65TAM42：80《唐西州高昌县授田簿》⑥和 64TAM35：47《唐神龙三年（707）高昌县崇化乡点籍样》⑦，等等。是故，可以推定，上述诸米姓人物皆为粟特人无疑⑧。

与之可相互印证的还有另外三方米姓墓志。其一为《米氏女墓志铭》，惜仅存"米氏九娘□，其先盖□□郡人也"寥寥数字⑨；其二为 2002 年于河北省大名县发现的《米文辩墓志铭》，内容丰富，为研究魏博镇粟特人集团的存在提供了新证据。⑩尤其重要的是第三方，即西安出土的天宝三载（744）米国大首领米萨宝墓志。志文称："公讳萨宝，米国人也。"⑪"萨宝"又作"萨薄"，乃梵语 sārthavāha 的音译，为"队商首领"之意。林悟殊先生指出："迄今所

① HENNING W B. Sogdica. James G. Forlong Fund:Vol.XXI[M].London：The Royal Asiatic Society,1940:6.

② 〔宋〕欧阳修, 宋祁 . 新唐书：卷 193 石演芬传 [M]. 北京：中华书局，1975：5555.

③ 向达 . 唐代长安与西域文明 [M]. 北京：生活·读书·新知三联书店，1957：21.

④ 录文见唐耕耦，陆宏基 . 敦煌社会经济文献真迹释录：第 1 辑 [M]. 北京：北京图书馆出版社，1986：208—261. 有关研究可参见池田温 8 世纪中葉における敦煌のソグド人聚落 [J]. ユーラシア文化研究，1965（1）：49—92（〔日〕池田温著 . 辛德勇译 . 八世纪中叶敦煌的粟特人聚落 [M]// 刘俊文 . 日本学者研究中国史论著选译：第 9 卷 民族交通卷 . 北京：中华书局，1993：140—219）.

⑤ 武汉大学历史系，新疆维吾尔自治区博物馆，国家文物局古文献研究室 . 吐鲁番出土文书：第 9 册 [M]. 北京：文物出版社，1990：130—132.

⑥ 武汉大学历史系，新疆维吾尔自治区博物馆，国家文物局古文献研究室 . 吐鲁番出土文书：第 6 册 [M]. 北京：文物出版社，1985：266.

⑦ 武汉大学历史系，新疆维吾尔自治区博物馆，国家文物局古文献研究室编 . 吐鲁番出土文书：第 7 册 [M]. 北京：文物出版社，1986：475.

⑧ 蔡鸿生 . 唐代九姓胡与突厥文化 [M]. 北京：中华书局，1998：39—40.

⑨ 周绍良 . 唐代墓志汇编：下册 [M]. 上海：上海古籍出版社，1992：2244.

⑩ 孙继民，李伦，马小青 . 新出唐米文辩墓志铭试释 [J]. 文物，2004（2）：90.

⑪ 向达 . 唐代长安与西域文明 [M]. 北京：生活·读书·新知三联书店，1957：92.

出土的墓志所提到的萨宝都是九姓胡，即粟特人。"①

上述事实可以证明，大凡米姓者，皆出自昭武九姓，即中亚粟特人。《回鹘米副使墓志》中的米公，显然同为粟特人无疑。然而，其头衔却被冠作"回鹘云麾将军试左金吾卫大将军"，说明该米姓粟特人，经过融合与同化，有可能已经变成回鹘大家庭之一员了。无独有偶，近似的情况还见于以下记载：

其一，唐德宗建中初年（780），遣源休出使回纥，回纥可汗遂"遣散支将军康赤心等随休来朝"②。

其二，五代后唐明宗应顺元年（934）闰正月，"瓜州入贡牙将唐进、沙州入贡梁行通、回鹘朝贡安摩诃等辞，各赐锦袍银带物有差"③。

其中的康赤心、安摩诃，同样都为粟特人，其身份也都是回鹘使者。与米副使颇有一些相类之处。

米副使作为回鹘摩尼教高僧，以使者身份客居于唐都长安，这是史书未见记载的逸事。这一碑刻的发现，填补了回鹘摩尼教史和唐与回鹘关系史上的一个空白点。

第四节　米公之使唐与唐回关系

志文载"清净光明大师"亡于"长庆癸卯十二月十六日"。按，长庆为唐穆宗年号，时当821—824年，癸卯为823年。米公享年七十有三，则应生于天宝十年（751）。其青壮年时代，正是摩尼教炽盛之时。

志文载米公"住于唐国，奉于诏命，遂和而相滋"。说明该摩尼师是以回鹘使者的身份入住于唐都长安的。尤其是志文所言"质子传息"一事，史书未载，但可与前文所引《回鹘葛啜王子墓志》的记载相印证。

如所周知，回鹘接受摩尼教并以之为国教，始自763年，回鹘文《牟羽可汗入教记》和汉文《九姓回鹘可汗碑》都有比较详尽的记载。当时，来自粟特的摩尼师极受牟羽可汗的信任，重用有加，"常与摩尼议政"④。久而久之，

---

① 林悟殊. 火祆教在唐代中国社会地位之考察 [M]// 蔡鸿生. 澳门史与中西交通研究：戴裔煊教授九十华诞纪念文集. 广州：广东高等教育出版社，1998：183.

② 〔后晋〕刘昫，等. 旧唐书：卷127 源休传 [M]. 北京：中华书局，1975：3575.

③ 〔宋〕王钦若，等. 册府元龟：卷976 外臣部·褒异三 [M]. 北京：中华书局，1960：11469.

④ 〔唐〕李肇. 唐国史补：卷下 [M]. 上海：上海古籍出版社，1979：66.

回鹘摩尼僧竟发展至能左右国家政局的地步，以至于形成"可汗常与（之）共国"的局面①。

牟羽可汗曾"令明教僧进法于唐"②，经常派遣摩尼僧充当使节，出使唐朝，"无论来朝，无论去国，非摩尼不成行"③。元和八年（813），唐与回鹘和亲，双方都相当重视，其中有八位回鹘摩尼僧，皆充任回鹘可汗派往唐朝请婚的使者④。长庆元年（821）"五月，回鹘宰相、都督、公主、摩尼等五百七十三人入朝迎公主，于鸿胪寺安置"⑤。

上述摩尼僧的活动都有着外交使节的官方性质，明显被赋予了国教统治权位⑥。而唐朝为了维护与回鹘的友好关系，对这些摩尼师格外重视，充分关照，以至于回鹘摩尼教在两京形成了相当大的势力，"其在京师也，瑶祠云构，甲第棋布，栋宇轮奂，衣冠缟素……蝎蠹上国，百有余年"⑦。

及至漠北回鹘汗国灭亡，部众西迁之后，甘州以摩尼僧为使者的传统仍然得到延续。史载：应顺元年（934）正月，"赐回鹘入朝摩尼八人物有差。闰正月，瓜州入贡牙将唐进、沙州入贡梁行通、回鹘朝贡安摩诃等辞，各赐锦袍银带物有差"⑧。

从志文看，米公以摩尼师的身份出使唐朝，长期客居长安并终老于那里，这种情况此前史无所载，志无所记，孤此一例，诚可谓贵。作为使者和大将军，这位米姓回鹘摩尼师于长庆三年（823）亡故后，唐政府为他隆重安排了后事，葬之于布政乡静安里，"庚于上地，施设千功"，又"勅京兆府长安、万年两县，官供棺僦、顿□（车），设馔列于街，给仰街事"。葬礼规格甚高，体现了唐政府对回鹘摩尼教的优渥，是回鹘与唐友好关系的具体体现。此状恰可与《回鹘葛啜王子墓志》的记载形成呼应。

---

① 〔宋〕司马光.资治通鉴：卷237胡三省注文[M].北京：中华书局，1956：7638；〔宋〕欧阳修，宋祁.新唐书：卷217上 回鹘传上[M].北京：中华书局，1975：6126.

② 〔宋〕司马光.资治通鉴：卷237[M].北京：中华书局，1956：7638.

③ 陈垣.摩尼教入中国考[J].国学季刊，1923，1（2）：211（收入氏著.陈垣学术论文集：第1集[M].北京：中华书局，1980：339）.

④ 〔后晋〕刘昫，等.旧唐书：卷195 回纥传[M].北京：中华书局，1975：5210—5211.

⑤ 〔后晋〕刘昫，等.旧唐书：卷195 回纥传[M].北京：中华书局，1975：5211.

⑥ 葛承雍.唐两京摩尼教寺院探察[M]//饶宗颐.华学：第8辑.北京：紫禁城出版社，2006：238（收入氏著.唐韵胡音与外来文明[M].北京：中华书局，2006：278）.

⑦ 〔唐〕李德裕.李德裕文集校笺：卷2 幽州纪圣功碑铭并序[M].傅璇琮，周建国，校笺.石家庄：河北教育出版社，2000：11.

⑧ 〔宋〕王钦若，等.册府元龟：卷976 外臣部·褒异三[M].北京：中华书局，1960：11469.

陈垣先生曾言:"回鹘在唐之盛衰,即摩尼在唐之盛衰。"①一语中的,点明了二者关系实质问题之所在,此诚不移之高论也。

唐与回鹘关系密切,尤其是安史之乱发生后,回鹘应唐朝之邀,出兵助战,帮助唐朝收复长安、洛阳两京,为唐朝平定安史之乱建立了殊勋。前引《回鹘葛啜王子墓志》有言:"回鹘葛啜王子则可汗之诸孙。我国家讨平逆臣禄山之乱也,王子父车毗尸特勒实统戎左右有功焉。故接待之优,宠锡之厚,殊于他国。"②通过一方墓志,间接表达出唐政府对回鹘汗国出兵助战的感恩之情和对回鹘的特殊待遇。这些举措都可看作是对二者密切关系的真实写照。

第五节　米公之俗家生活及其与景教之别

回鹘摩尼师出使唐朝者不少,但不闻哪位高僧常驻于唐都长安,如果说有,米公为其唯一。志文记载,米公"住于唐国",生有"四息二女",即四男二女,其中一女嫁于罗门。从中不难看出,回鹘摩尼僧是可以有家室的,可娶妻生子,与唐代已经汉化的景教颇有不同。

2006年5月,洛阳隋唐故城东郊出土了一件珍贵的唐代景教石刻,系八面体石灰岩棱柱,其中第五面第二行至第八面刻《大秦景教宣元至本经幢记》一篇,尾题如下文字:

> 大秦寺寺主法和玄应俗姓米、威仪大德玄庆俗姓米、九阶大德志通俗姓康……检校莹及庄家人昌儿。故题记之。
> 其大和三年二月十六日壬寅迁举大事。③

三位大秦寺领导者中,两位俗姓米(法和玄应和玄庆),一位俗姓康,此

---

① 陈垣.摩尼教入中国考 [J].国学季刊,1923,1(2):211(收入氏著.陈垣学术论文集:第1集 [M].北京:中华书局,1980:339).

② 李宗俊.唐回鹘葛啜王子墓志反映的几个问题 [M]// 杜文玉.唐史论丛:第17辑.西安:陕西师范大学出版总社有限公司,2014:253;胡戟.西迁前的回鹘与唐的关系 [C].北京:中国敦煌吐鲁番学会成立三十周年国际学术研讨会,2013.

③ 张乃翥.跋河南洛阳新出土的一件唐代景教石刻 [J].西域研究,2007(1):66;罗炤.洛阳新出土《大秦景教宣元至本经及幢记》石幢的几个问题 [J].文物,2007(6):34;殷小平,林悟殊.《幢记》若干问题考释:唐代洛阳景教经幢研究之二 [J].中华文史论丛,2008(2):274—275.

外还有一个定居于洛阳的安国景教家庭，见于《幢记》第13行："亡姪安国安氏太夫人神道及亡师伯和□……"这些姓氏的集中出现，表明该幢应为粟特景教徒所立。可印证韦述《两京新记》卷3①、王溥《唐会要》卷49②和元《河南志》卷1③有关唐时洛阳修善坊有景教"波斯胡寺"记载的可靠。米姓景教徒的存在，恰与葛承雍先生揭示的西安所出《米继芬墓志》所述之米姓景教家庭相表里。

《大秦景教宣元至本经幢记》提到大秦寺寺主法和玄应时，称其俗姓米，提到威仪大德玄庆时，言其俗姓米，提及九阶大德志通时，言其俗姓康。既言俗姓，也就意味着他们一旦出家，就像佛教那样舍俗姓。④佛教流行中国之初，受戒体例未备，故早期僧侣没有法号，如"中国出家人中真正沙门的第一人"朱士行即是如此⑤。东晋时代，高僧道安为增进佛僧的认同意识，首倡以"释"为姓，得到响应，"遂为永式"⑥。兹后汉僧皆舍俗姓。景教僧之舍俗姓，显然是受汉传佛教影响所致。米公作为回鹘摩尼教高僧，尽管常住长安，但摩尼教并无舍俗姓之说，故不仅未舍姓，而且儿女成群。

同为夷教，景教和摩尼教何以会有如此巨大的差异呢？

景教之入唐，约始于唐太宗贞观九年（635），由于受到唐初统治者的支持，发展很快，迄高宗时，已是"法流十道……寺满百城"⑦了。贞观二十七年（638），唐太宗颁诏，称景教"济物利人，宜行天下"，于是，命"所司即于义宁坊建寺一所，度僧二十一人"。⑧易言之，景教不仅被允准在唐朝境内传播，而且还受到唐政府的恩遇，助其建立寺庙，尤有进者，景教可以度华人为僧，这是摩尼教流播唐境以来始终不曾享有的恩惠。摩尼教入华始于武则天延载元年（694），但不久便遭到禁断。玄宗开元二十年（732）七月颁敕称："末摩尼法本是邪见，妄称佛教，诳惑黎元，宜严加禁断。定以其西胡等即是

---

① 〔唐〕韦述著，陈子怡校正. 校正两京新记 [M]. 西安：西京筹备委员会，1936：13.

② 〔宋〕王溥. 唐会要：卷49 大秦寺 [M]. 北京：中华书局，1955：864.

③ 〔清〕徐松，辑. 高敏，点校. 河南志：卷1[M]. 北京：中华书局，1994：12.

④ 殷小平，林悟殊.《幢记》若干问题考释：唐代洛阳景教经幢研究之二 [J]. 中华文史论丛，2008（2）：285.

⑤ 劳政武. 佛教戒律学 [M]. 北京：宗教文化出版社，2001：63.

⑥ 〔梁〕释慧皎. 高僧传：卷3 义解 [M]. 北京：中华书局，1992：181；白化文. 僧人姓"释"[J]. 文史知识，1998（2）：112—113.

⑦ 佐伯好郎. 景教の研究 [M]. 东京：东方文化学院，1938：598；朱谦之. 中国景教：中国古代基督教研究 [M]. 北京：东方出版社，1993：224.

⑧ 〔宋〕王溥. 唐会要：卷49 大秦寺 [M]. 北京：中华书局，1955：864.

乡法，当身自行，不须科罪者①。虽然允许外来的胡人可以信奉摩尼教，但杜绝华人皈依之。景教有华人加入，逐步华化，受汉传佛教影响而渐次形成舍俗姓的传统；而摩尼教因无华人加入，于是便更多地保存了原始特色，故而未能形成舍俗姓的传统。就这一点而言，米副使墓志为摩尼教史及其历史传统的研究提供了绝无仅有的新资料。

---

① 〔唐〕杜佑.通典：卷40　职官典二十二 [M].王文锦，等，点校.北京：中华书局，1988：1103；〔宋〕赞宁.大宋僧史略：卷下同载，但称其为八月十五日，见大正藏：第54卷，No.2126，页253b.

第六章 宁夏青铜峡出土《浑公夫人墓志铭》新探[①]

1991 年 9—10 月，宁夏文物考古研究所与青铜峡市文管所联合对位于宁夏回族自治区青铜峡市邵岗乡东方红村西北 1 公里的唐墓群进行了发掘清理。墓葬群地处贺兰山山前洪积荒滩上，东距市区十余公里处。由于早期被盗，随葬品几乎不存，仅在墓室门道处清理到墓志 M14《大唐左屯卫将军皋兰州都督浑公夫人契苾氏墓志铭并序》（以下简称《浑公夫人墓志铭》）一函（图6–1）[②]。

图 6-1　青铜峡出土《浑公夫人墓志铭》

---

①　本文原刊《宁夏社会科学》2017 年第 3 期，第 190—196 页。与路虹合撰。

②　宁夏青铜峡发现铁勒人墓志 [N]. 光明日报, 1991–09–19.

该墓志蕴涵着丰富的历史信息，不仅是考证唐代契苾氏家族世系①的重要材料，同时也是考证浑氏阿贪支家族承袭、活动范围以及两个部族关系的新材料。只是前贤的研究多囿于唐代契苾氏家族世系的考订而忽略其他，即使对世系的考订也值得进一步商榷；录文中失察及鲁鱼亥豕之处时有所见，标点断句也有待完善。有鉴于此，笔者不揣简陋，对墓志重做录校，并就志文所反映的若干问题略做探讨，冀以向学界同仁求教。

第一节　墓志铭录校与考释

《浑公夫人墓志铭》现存青铜峡市文管所。青石材质，方形，边长56厘米，厚1.8厘米。楷字行书，文字竖向镌刻，以方格相间，字体俊秀，共23行，行满23字，共530字。录文刊于《唐皋兰州都督浑公夫人墓志考释》(简称 "余本")②、《唐契苾浑公夫人墓志考析》(简称 "哈本")③、《唐皋兰州都督浑公夫人墓志铭考略》(简称 "丁本") ④、《全唐文补遗》第7辑《大唐左屯卫将军皋兰州都督浑公夫人契苾氏墓志铭并序》(简称 "吴本")⑤。今依拓本，并参考前贤研究成果，录文如下。

大唐左屯卫将军皋兰州都督浑[1]公夫人契苾氏墓志铭并序

夫人讳[2]，姓契苾氏，其先阴山人也。轩皇析胤，苗龙为赤狄之先；夏后分源，谷蠡启乌珠之胄。代雄边朔，人多桀骜。同盟诺水，韩昌立约于宝刀；入侍甘泉，汉主流恩于王剑。或推诚于保塞，或结好于和亲。祖德家风，芳凝前史，议能相质，岂俟言扬。

曾祖猎[3]，隋右武卫大将军、贺兰州都督。祖何力，唐辅国大将军、右

---

① 契苾家族世系表见于西村阳子.唐末五代代北地区沙陀集团内部构造再探讨：以《契苾通墓志铭》为中心 [M]//《文史》编辑部.文史：2005第4辑.北京：中华书局，2005：220；〔日〕西村阳子.唐末五代の代北における沙陀集团の内部構造と代北水運使一「契苾通墓誌銘」の分析を中心として [J].内陸アジア史研究：第23號，2008：10.

② 余军，卫忠.唐皋兰州都督浑公夫人墓志考释 [M]//许成.宁夏考古文集.银川：宁夏人民出版社，1994：157—162.

③ 哈彦成.唐契苾浑公夫人墓志考析 [J].中国历史文物，2005（6）：50—52.

④ 丁西林，哈彦成.唐皋兰州都督浑公夫人墓志铭考略 [J].文物世界，2011（1）：62—64.

⑤ 吴钢.全唐文补遗：第7辑 [M].西安：三秦出版社，2000：350.

金吾卫将军、驸马都尉、贺兰州都督、中国公[4]。父明，唐镇军大将军、行左屯卫将军[5]、贺兰州都督、凉国公。并位列衔珠，荣摞佩玉。有大功于天下，闻重名于域中。高飞八门，宠命光乎连率；拥旄千里，威武盛于元戎。亦由[6]乌孙款诚，环佩鸣于主第；秏侯忠孝，冠冕袭于公门。

夫人贞吉含章，淑慎清懿。闺风肃穆，闱德柔明。妙极缘情，掞妍词于柳絮；精穷体物，撝雅颂于树[7]花。爰自初笄，式歌迁贿；钟姬得配，礼洽同衾；忨氏待年，情欣偕老。呜呼！生涯何浅，与善无徵。龙门之桐，俄惊半死；虹梁之燕，忽叹孤飞。想鸾镜之朝妆，空留粉匣；摇凤楼之春怨，永绝箫声。神龙二年[8]十月[9]廿六日，遘疾，终于皋兰州之官舍，春秋廿有四。粤以景云二年四月九日，迁窆于贺兰山之南原，祔先茔，礼也。长河界其南，崇峰峙其北。穷泉一闭，古隧千秋。勒此松扃，期于不朽。铭曰：

峨峨阴山，千仞云间。悠悠大漠，万里烟廓。翎[10]侯嗣兴，贤王继作。韫彼忠孝，怀来正朔。其一。

登坛礼盛，分阃实隆。代承钟鼎，人擅材雄。诞兹贞淑，肃彼闺风。洁志中馈，含章内融。其二。

朝暾不留，夜壑藏舟。墓隧千古，松门几秋[11]。树寒风哭，陇暗云愁。勒颂泉户，恒照懿猷。其三。

【校记与考释】

[1]"督浑"二字，原石出土时尚存，后残，故先前发表拓片清晰可见①；后来发表的拓片缺此二字②。特此说明。

[2]此原石此处空一字。

[3]"挌"，余本、哈本、丁本皆木录出，吴本录作"挌"，是。《新唐书》《旧唐书》契苾何力本传皆言其父名葛③。"挌"同"格"，为"葛"之一音之转。

《旧唐书》卷109《契苾何力传》言契苾葛"隋大业中为莫贺咄特勤"。按："莫贺"又作"莫汗"，为突厥语baɣa的音转，意为"勇健"，"莫贺咄

---

① 宁夏文物考古所，青铜峡市文管所.青铜峡市邵岗唐墓发掘简报[M]// 许成.宁夏考古集.银川：宁夏人民出版社，1994：154.

② 哈彦成.唐契苾浑公夫人墓志考析[J].中国历史文物，2005（6）：51；丁西林，哈彦成.唐皋兰州都督浑公夫人墓志铭考略[J].文物世界，2011（1）：62.

③〔后晋〕刘昫，等.旧唐书：卷109 契苾何力传[M].北京：中华书局，1995：3291；〔宋〕欧阳修，宋祁.新唐书：卷110 契苾何力传[M].北京：中华书局，1975：4117.

（bayatur）"为部落首领之称号①。该词在古文献中多见，如《薛延陀真珠毗伽可汗诏》中有"其子沙耽弥叶护拔酌达度莫贺咄""颉利苾可汗達度莫贺咄叶护"等语②。陕西咸阳北昭陵出土《统毗伽可贺敦延陁墓志》言延陁氏曾祖为"莫贺啜颉筋"，"啜"即突厥语 Čor 之音转，为一部之长；"颉筋"又做"俟斤"，乃突厥语 Irkin 之音译，指代酋长，是部落首领③。

"特勤"，乃突厥官号。《旧唐书·突厥传》云："其子弟谓之特勤。"④关于"特勤（Tegin）"一词的起源，韩儒林先生曾做过详细考辩，认为"特勤"一词早在突厥汗国之前的 5 世纪下半叶就已用于嚈哒称号，并非源自突厥语⑤。

浑公夫人墓志铭又载，契苾葛曾为"隋右武卫大将军"，可补史阙。

[4]关于契苾何力的官职，《旧唐书》本传："授镇军大将军，行左卫大将军，徙封凉国公，仍检校右羽林军。仪凤二年卒，赠辅国大将军、并州都督，陪葬昭陵，谥曰烈。"⑥《浑公夫人墓志铭》更言其尚有右金吾卫将军、申国公等头衔。墓志铭又言何力曾为驸马都尉、贺兰州都督。"驸马都尉"与史书所记"尚临洮县主"相印证，可知碑铭记载不虚。而《新唐书》《旧唐书》中均未提到其任贺兰州都督一职，应该是沙门投薛延陀后何力承袭所得。史书中关于贺兰州之设有多种记载，有贞观十六年（643）、永徽元年（650）、永徽四年（654）三说。这里姑且不论其具体年份，仅就何力逝于仪凤二年（677），而此前贺兰州已置，再结合贞观年间何力母被封为姑臧夫人之史实，便不难观见碑铭所载何力为贺兰州都督之不虚。

[5]关于契苾明任职情况，《契苾明墓志铭》⑦《新唐书·契苾何力传》《旧唐书·契苾何力传》与《浑公夫人墓志铭》记载大体相同。不同之处在于，《契苾明墓志铭》与《新唐书·契苾何力本传》《旧唐书·契苾何力本传》记载契

---

①　韩儒林.突厥官号考释[M]//收入氏著.穹庐集：元史及西北民族史研究.上海：上海人民出版社，1982：305—306.

②　〔宋〕宋敏求.唐大诏令集：卷 128 封立薛延陀真珠毗伽可汗诏[M].北京：中华书局，2008：691.

③　胡蓉，杨富学.长安出土《统毗伽可贺敦延陁墓志》考释[J].青海民族研究，2017（1）：117.

④　〔后晋〕刘昫，等.旧唐书：卷 194 上 突厥传[M].北京：中华书局，1995：5153.

⑤　韩儒林.突厥官号考释[M]//收入氏著.穹庐集：元史及西北民族史研究.上海：上海人民出版社，1982：317—319.

⑥　后晋刘昫，等.旧唐书：卷 109 契苾何力传[M].北京：中华书局，1995：3294.

⑦　〔清〕董浩，等.全唐文：卷 187[M].上海：上海古籍出版社，1990：836—838.志石录文见王其英.武威金石录[M].兰州：兰州大学出版社，2001：30—34；周绍良.全唐文新编：卷 187[M].长春：吉林文史出版社，2000：2150—2153.

苾明曾任"左鹰扬卫大将军"。《浑公夫人墓志铭》阙载。从"左鹰扬卫大将军"之职可见《契苾明墓志铭》写于神龙元年之前①。而《浑公夫人墓志铭》所记"左屯卫将军",亦应为契苾明曾任之职。

［6］"由",余本、哈本、丁本皆误录作"有"。

［7］"树",余本、哈本、丁本、吴本皆录作"椒"。由原石拓片观之,应为"树"。"树花"与上句"柳絮"对仗,以二者存世之短暂以喻浑公夫人之早亡。

［8］神龙二年（706）,浑公夫人卒,春秋廿有四,按古人以虚岁计龄之传统,可推知其应生于683年。然,学界对其生年却存在不同说法。《唐皋兰州都督浑公夫人墓志考释》《唐契苾浑公夫人墓志考析》《唐代契苾家族研究》均称其生于永淳元年（682）;丁西林、哈彦成《唐皋兰州都督浑公夫人墓志铭考略》一文先言其生于弘道元年（683）,后文又作永淳元年（682）,自相矛盾;苏忠深通过《浑公夫人墓志铭与隋唐时期的契苾族》指其生于弘道元年（683）。永淳二年比较特殊,十二月唐高宗亡,中宗继位,改元弘道。一年之中有两个年号,前贤或有不辨,致生误判。

［9］"月",余本、哈本、丁本皆录作"月墟"。观原石,并无"墟"字,当系笔误,径删。

［10］"翎",余本、哈本、丁本、吴本皆录作"翎"。"翎侯",不词。观拓片并结合文意,此处应为"翖"。"翖侯"者,西域古国乌孙官号之一。《汉书·张骞传》:"大月氏攻杀难兜靡,夺其地,人民亡走匈奴。子昆莫新生,傅父布就翖侯抱亡,置草中。"颜师古注:"翖侯,乌孙大臣官号……翖与翕同。"另外,迁入中亚地区的大月氏也有翖侯之设,为部落首领。《汉书·西域传上》记载:"大夏本无大君长,城邑往往置小长,民弱畏战,故月氏徙来,皆臣畜之,共禀汉使者。有五翖侯。"后世泛指外族首领,如《旧唐书·武宗纪》:"河东节度使刘沔料敌伐谋,乘机制胜,发胡貉之骑以为前锋,搴翖侯之旗伐彼在穴。"

［11］"墓隧千古,松门几秋",余本、哈本、丁本皆录作"□隧千古,松□□秋";吴本录作"墓隧千古,松门□秋"。文中的"几"字,原石不清,依其笔画走势,可暂录定为"几"之繁体"幾"。"几秋"与"千古"恰成对仗。笔者录文可与前文所见"穷泉一闭,古隧千秋。勒此松门松扃,期于不朽"语互证。"松门"即"松扃"也。

---

① 〔宋〕司马光.资治通鉴:卷203载光宅元年改左、右武卫为左、右鹰扬卫;卷208神龙元年条又载:复国号曰唐,百官等皆如永淳以前故事。

第二节　浑公夫人居地"皋兰州官舍"之所在

据《浑公夫人墓志铭》记载，浑公夫人原居于"皋兰州官舍"，景云二年（711）四月九日，灵柩由皋兰州迁往贺兰山南原，原因是"祔先茔，礼也"。斯时"皋兰州官舍"何在呢？武则天时，后突厥汗国辖下的回纥、契苾、思结、浑四部不堪其压迫，纷纷南下，迁徙到河西地区的甘、凉二州之地。《旧唐书》卷40《地理志三》凉州都督府条记载：

吐浑部落，兴昔部落，阁门府，皋兰府，卢山府，金水州，蹛林州，贺兰州，以上八州府，并无县，皆吐浑、契苾、思结等部，寄在凉州界内。[1]

开元十五年（727），诸部酋长因与当时的河西节度使、凉州都督王君㚟结怨，均被流放，"由是，瀚海大都督回纥承宗长流瀼州，浑大德长流吉州，贺兰都督契苾承明长流藤州，卢山都督思结归国长流琼州"[2]。是见，当时浑大德被流放吉州。浑大德乃阿贪支孙辈，可见承袭皋兰州都督的浑部阿贪支后裔正是在武则天时迁徙到甘、凉地区的，具体时间当在683—684年[3]。是知，从浑公夫人出生的683年至过世的706年再到迁窆的711年这段时间，皋兰州官舍之所在地应为凉州。契苾明身为贺兰州都督，"以证圣元年腊月廿三日遘疾，薨于凉州姑臧县之里第"[4]。是证夫人居所凉州之不虚。当然，也有学者持不同意见，认为此时的皋兰州设在灵州。不确，详后。

至于浑公夫人何以迁葬贺兰山南原（即青铜峡市之所在）之原因，墓志仅言"祔先茔"。对此，学界有不同理解，一种意见认为浑公夫人归葬之处为浑部祖坟，主要依据是浑部活动范围以及基于皋兰州设置于灵州的判断，以地望来推断青铜峡邵岗唐墓群应是铁勒浑部家族墓地[5]；另一种意见推断浑公

---

① 〔后晋〕刘昫，等.旧唐书：卷40 地理志三 [M].北京：中华书局，1975：1641.

② 〔后晋〕刘昫，等.旧唐书：卷103 王君㚟传 [M].北京：中华书局，1975：3192.

③ 段连勤.丁零、高车与铁勒 [M].上海：上海人民出版社，1988：526.

④ 〔清〕董诰，等.全唐文：卷187[M].上海：上海古籍出版社，1990：837.志石录文见王其英.武威金石录 [M].兰州：兰州大学出版社，2001：32；周绍良.全唐文新编：卷187[M].长春：吉林文史出版社，2000：2152.

⑤ 宁夏文物考古所，青铜峡市文管所.青铜峡市邵岗唐墓发掘简报 [M]// 许成.宁夏考古文集.银川：宁夏人民出版社，1994：155.

夫人归葬之处为娘家契苾氏祖茔①。第二种说法较为可取，惜未做论证。兹略做考析。

"祔先茔"，亦即归葬于先人坟墓之意。按照汉族的一般传统，女子一旦嫁出，其死后便要葬于夫家祖坟，但并不绝对，本文所述契苾家族便属于明显的例外。

笔者之所以做出这种推断，主要依据有二。首先，据碑文内容推断。《浑公夫人墓志铭》与一般墓志铭相比有特异之处。碑文用大篇幅内容来详细地描述浑公夫人契苾氏家族渊源久远、出身高贵，乃"轩皇析胤……夏后分源"；又歌颂其祖辈守卫边疆、英勇不凡的传统；再追溯到其父、祖、曾祖三代的名讳、任官情况以及忠心耿耿的祖德家风和威震八方的赫赫功绩，真可谓"有大功于天下，闻重名于域中"。而墓志铭中几乎没有关于契苾氏之夫浑公及夫家的记载，只有"大唐左屯卫将军皋兰州都督浑公"寥寥数字，甚至连浑公具体为何人都没有讲明，唯知这位浑公当时官至大唐左屯卫将军、皋兰州都督。墓志铭中鲜少提及的浑公与着力渲染的契苾氏显赫的世家背景恰成鲜明对比，暗示浑公夫人乃是下嫁于浑部的。推而论之，浑公夫人墓志铭应该处于契苾氏家族墓地更为合理，惟此，碑文内容才与所处场景相匹配。

其次，契苾氏家族有嫁出姑娘亡后归葬娘家祖坟之传统，如《唐故契苾夫人墓志铭并序》言，契苾夫人作为何力第六女，嫁于唐右金吾卫将军、常山县开国公史氏为妻②。与《浑公夫人墓志铭》一样，该墓志铭对于其娘家契苾氏的记述比较详细，对其夫也只有官职记载，也是仅有姓而无名。契苾夫人亡于开元八年（720）居德里私第，享年六十六岁，"即以九年二月廿五日归厝，陪于昭陵旧茔。从先，礼也"③。据《新唐书》本传，契苾何力死后，"赠辅国大将军、并州大都督，陪葬昭陵，谥曰毅"④。是知，契苾夫人死后次年归葬于昭陵先茔，乃契苾氏祖坟，而非夫家史氏祖坟。另外，契苾后裔归葬于咸阳祖坟者为数不少，从出土墓志看，契苾何力之子明，其墓在咸阳市北郊

---

① 丁西林，哈彦成.唐皋兰州都督浑公夫人墓志铭考略 [J].文物世界，2011（1）：63；苏忠深.浑公夫人墓志铭与隋唐时期的契苾族 [J].宁夏史志研究，2001（2）：58.

② 张沛.昭陵碑石 [M].西安：三秦出版社，1993：214；吴钢.全唐文补遗：第 2 辑 [M].西安：三秦出版社，1995：442；周绍良.全唐文新编：卷 996[M].长春：吉林文史出版社，2000：14956—14957.

③ 吴钢.全唐文补遗：第 2 辑 [M].西安：三秦出版社，1995：442；周绍良.全唐文新编：卷 996[M].长春：吉林文史出版社，2000：14956.

④ 〔宋〕欧阳修，宋祁.新唐书：卷 110 契苾何力传 [M].北京：中华书局，1975：4120.

渭阳镇双泉村，墓前有巨碑①；何力孙（明之子）嵩之墓志原石遗失，但有拓片传世，记嵩"葬于咸阳洪渎原先茔之侧"②，则其墓必在咸阳北原附近；何力曾孙尚宾"殡于咸阳北原"③，墓在咸阳市渭城区周陵镇黄家寨子村北；何力来孙通墓志④亦出自咸阳市北郊渭阳镇双泉村。契苾氏五代五方碑志（四男一女）同出一地，可以肯定咸阳北原双泉村、黄家寨村一带就是契苾氏祖茔所在地，最初由契苾何力陪葬昭陵而生成。职是之故，可以确认，显赫一时的契苾家族已形成亡人归葬祖坟的传统，即使女性也不例外。当然，所归葬之祖坟并非止咸阳一处，还有贺兰山。

有学者称浑公夫人归葬处为浑部祖坟，秉持依据主要是浑部曾活动于灵州以及浑部皋兰州隶属灵州都督府，以灵州距墓葬发掘地青铜峡较近的地望判断，从而推断青铜峡邵岗唐墓群应是铁勒浑部家族墓地。此论点史料来源如下：

其一，为事关灵州大都督府下设皋兰州用以安置铁勒浑部之史料。史载："（贞观）二十年，铁勒归附，于州界置皋兰、高丽、祁连三州，并属灵州都督府。"⑤学界有人仅基于此条记载便推定贞观二十年唐朝在灵州设置了皋兰州，未免显得武断，因其所载皋兰州的设置及归属时间问题都值得推敲。据《新唐书·回鹘传》《唐会要》卷73、《旧唐书·回纥传》《册府元龟》卷109以及《资治通鉴》卷198贞观二十一年春正月丙辰条等史料记载，包括浑部在内的铁勒诸部于贞观二十年归附唐朝，次年设置皋兰州等六府七州用来安置降众，属燕然都护府。而《旧唐书·地理志三》所谓贞观二十年铁勒归附并于同年设置了隶属灵州都督府管辖的皋兰州一事，却无任何其他史料可以佐证，是为孤证。虽然，铁勒部落的归附时间不存在分歧，但皋兰州的设置

---

① 岑仲勉.突厥集史·契苾明碑拓本校注 [M].北京：中华书局，1958：803—804；〔清〕董诰，等.全唐文：卷187[M].上海：上海古籍出版社，1999：837.

② 岑仲勉.突厥集史·契苾嵩墓志拓本校注 [M].北京：中华书局，1958：826；吴钢.全唐文补遗：第6辑 [M].西安：三秦出版社，1999：412；周绍良.全唐文新编：卷997[M].长春：吉林文史出版社，2000：15064.

③ 吴钢.全唐文补遗：第8辑 [M].西安：三秦出版社，2005：27；王晓谋，李朝阳.唐代契苾尚宾墓志考释 [J].文博，2002（1）：75.

④ 张鸿杰.咸阳碑石 [M].西安：三秦出版社，1990：97—99；吴钢.全唐文补遗：第1辑 [M].西安：三秦出版社，1994：358—359；陈根远.唐《契苾通墓志》及相关问题 [M]// 西安碑林博物馆.碑林集刊：第6辑.西安：陕西人民美术出版社，2000：100—106.志文虽未提及契苾通归葬事，但其墓志出土于契苾家族之咸阳祖坟.

⑤ 〔后晋〕刘昫，等.旧唐书：卷38 地理志三 [M].北京：中华书局，1975：1415.

及归属却各有千秋。《旧唐书·地理志三》何以此言？参证其他史料或可得到答案。《唐会要》载："贞观二十三年二月四日，西蕃沙钵罗叶护率众归附。以阿史德特建俟斤部落置皋兰、祁连二州，隶灵州都督府，至永徽元年废。"[①] 经岑仲勉考证，皋兰、祁连二州的设置时间应在贞观二十二年[②]。是年设置皋兰州，旨在安置归降的薛延陀阿史德时健俟斤部落，属灵州都督府管辖，与燕然都护府辖下的浑部皋兰州无干。显而易见，《旧唐书·地理志三》误把浑部皋兰州与延陀皋兰州混为一谈了，前半句是浑部的归附时间，后半句是薛延陀部皋兰州的设置及归属。与《旧唐书》不同，《新唐书》则将二者做了明确区分，在关内道条言："东皋兰州，以浑部置。"[③] 在陇右道条又曰："皋兰州，贞观二十二年以阿史德特健部置。"[④] 由是以观，无论是贞观二十年还是二十二年，在灵州都督府辖域均不曾有浑部皋兰州之设。《旧唐书》的记载前后抵牾、混乱，不足以作为判断墓葬属于铁勒浑部家族的所谓地望依据。

其二，东皋兰州的设置时间、治所及归属的相关史料。关于东皋兰州的设置时间，其他史料只称开元初，唯《唐会要》明确载曰："开元元年，复以九姓部落置皋兰、燕然、燕山、鸡田、奚（鸡）鹿、烛龙等六州，并属灵州。"[⑤] 其治所所在，《新唐书》言："东皋兰州，以浑部置……后复置东皋兰州，侨治鸣沙。"[⑥] 鸣沙位于今宁夏中宁县鸣沙镇。开元元年（713），因后突厥汗国（682—745）默啜可汗率军进攻葛逻禄部，漠北铁勒的许多部族乘机逃离后突厥控制，逾大漠南下附唐，唐政府遂复置东皋兰州以安置之。虽东皋兰州隶灵州都督府所辖，且治所位处宁夏中宁，距墓葬发掘地青铜峡较近，但这并不能作为判断此墓葬即为铁勒浑部地望的依据。关键在于东皋兰州的设置时间要晚于契苾夫人过世与迁葬的时间。而墓葬群的形成，又在契苾夫人亡故之前。于是乎，关于东皋兰州的相关史料，便无法成为判断墓葬群归属的理据支撑。

其三，关于铁勒浑部活动于灵州的相关记载，最早者为《旧唐书》崔知温本传，曰："麟德中，累转灵州都督府司马。州界有浑、斛薛部落万余帐，

① 〔宋〕王溥.唐会要：卷73 灵州都督府[M].北京：中华书局，1955：1316.

② 岑仲勉.突厥集史[M].北京：中华书局，1958：260.

③ 〔宋〕欧阳修，宋祁.新唐书：卷43下 地理志七下[M].北京：中华书局，1975：1121.

④ 〔宋〕欧阳修，宋祁.新唐书：卷43下 地理志七下[M].北京：中华书局，1975：1130.

⑤ 〔宋〕王溥.唐会要：卷73 灵州都督府[M].北京：中华书局，1955：1317.

⑥ 〔宋〕欧阳修，宋祁.新唐书：卷43下 地理志七下[M].北京：中华书局，1975：1121.

数侵掠居人,百姓咸废农业,习骑射以备之。"① 崔知温奏请徙铁勒二部于黄河以北,高宗准其请。可见,在麟德年间(664—665)甚至更早,便有浑部活动于灵州界内,然当时未设府州用以安置,人数应不会太多。这些铁勒浑人何时迁灵州,是否为阿贪支部,皆无史料可考。是以,这条史料不足以作为判断墓葬群为浑部阿贪支家族墓地的依据。

第三节　契苾氏所嫁浑公之身份

墓志铭对契苾氏所嫁浑公之记载,仅有"大唐左屯卫将军皋兰州都督"寥寥数字。由于缺乏相关信息,学界对浑公的解释人言言殊,说法有三。其一,浑元庆说,余军、卫忠和丁西林、哈彦成主之②;其二,浑大德(得)说,董春林持此说③;其三由日本学者西村阳子提出,疑为浑大寿,但未给出任何证据④。

关于浑部承袭皋兰州都督,《旧唐书》有记:"浑瑊,皋兰州人也,本九姓部落之浑部也。高祖大俟利发浑阿贪支,贞观中为皋兰州刺史。曾祖元庆、祖大寿、父释之,皆代为皋兰州都督。"⑤《新唐书》卷217下《浑传》:"以阿贪支为右领军卫大将军、皋兰州刺史……阿贪支死,子回贵嗣。回贵死,子大寿嗣。大寿死,子释之嗣。"⑥《新唐书》中浑回贵即浑元庆,学者已论明⑦,兹不复赘。是见,浑部皋兰州都督世次为:阿贪支→浑元庆(回贵)→浑大寿→浑释之(惟明)。

主张浑公为元庆者,皆首先排除了其为释之的可能性,主要根据为《旧

---

① 〔后晋〕刘昫,等.旧唐书:卷185 崔知温传[M].北京:中华书局,1975:4791.

② 余军,卫忠.唐皋兰州都督浑公夫人墓志考释[M]//许成.宁夏考古文集.银川:宁夏人民出版社,1994:161;丁西林,哈彦成.唐皋兰州都督浑公夫人墓志铭考略[J].文物世界,2011(1):63.

③ 董春林.唐代契苾家族研究[D].湖南:湘潭大学,2008.

④ 〔日〕西村阳子.唐末五代代北地区沙陀集团内部构造再探讨:以《契苾通墓志铭》为中心[M]//《文史》编辑部.文史:2005年第4辑[M].北京:中华书局:2005:220;〔日〕西村阳子.唐末五代の代北における沙陀集团の内部構造と代北水運使一「契苾通墓誌銘」の分析を中心として[M].内陸アジア史研究:第23號,2008:10.

⑤ 〔后晋〕刘昫,等.旧唐书:卷134 浑瑊传[M].北京:中华书局,1975:3703.

⑥ 〔宋〕欧阳修,宋祁.新唐书:卷217下 浑传[M].北京:中华书局,1975:6141.

⑦ 张玉玮.铁勒浑部与唐代浑氏家族世系[J].文博,2005(6):89.

唐书》卷 134《浑瑊传》的记载："广德中，（释之）与吐蕃战，没于灵武，年四十九。"[1] 广德年间为 763—764 年，则其生年应该是 714—715 年，而浑公夫人亡于神龙二年（706），此时浑释之尚未出生，因此浑公不可能为释之。然后，"从世系衔接年代来讲，墓志所言浑公为元庆的可能性较大，浑公夫人疑为元庆之妻"[2]。持此主张者皆在排除释之后，以世系衔接年代为依据而推测浑公夫人契苾氏为浑元庆之妻，却无史料佐证其观点。

关于浑元庆其人，史载极为有限，仕宦情况仅见于《浑瑊碑》和《浑偘碑》。前者言："曾祖元庆，皇豹韬卫将军灵邱县开国伯。"[3] 后者载："（阿贪支）生回贵，以兵从我高祖神尧皇帝，佐平暴乱，拜豹韬卫大将军。生元庆，为右玉钤将军灵邱伯。"[4] 另《新唐书·宰相世系表》中也有回贵为豹韬卫大将军的记载[5]。宋人司马光曰："龙朔改左右屯卫为左右武威卫，光宅又改为左右豹韬卫。"[6]"[光宅元年]是年，改左、右领军卫为左、右玉钤卫。"[7]"（神龙元年）二月甲寅，复国号曰唐。郊庙、社稷、陵寝、百官、旗帜、服色、文字皆如永淳以前故事。"[8] 按回贵与元庆实为一人，浑元庆曾为右玉钤将军、豹韬卫大将军，应殁于神龙元年之前。依碑文，浑公夫人契苾氏神龙二年过世，要早于浑公，浑公之过世要晚于神龙二年，如是，则庶几可定皋兰州都督浑公定非浑元庆。

另，龙门石窟西山龙华寺南崖有武周像一龛，龛楣有造像题记，文曰："维大周载初元年（689）二月十日，右玉钤卫大将军、行皋兰州都督兼 使 持节左羽林军上下 灵 丘县开国 伯 浑元庆并夫人京兆史，敬佛龛一所。"[9]（图 6-2）由造像题记可知浑元庆夫人乃是京兆史氏，而非契苾氏。以契苾家族的显荣程度，刚过及笄之龄的契苾氏断然不能嫁于垂暮的浑元庆为续弦。尤有进者，从时间上看，造像题记早于墓志铭，若所记为一人，墓志铭所记官职应与造

① 〔后晋〕刘昫，等.旧唐书：卷 134 浑瑊传 [M].北京：中华书局，1975：3703.

② 丁西林，哈彦成.唐皋兰州都督浑公夫人墓志铭考略 [J].文物世界，2011（1）：63.

③ 〔清〕董诰，等.全唐文：卷 498[M].上海：上海古籍出版社，1990：2250.

④ 〔清〕董诰，等.全唐文：卷 792[M].上海：上海古籍出版社，1990：3677.

⑤ 〔宋〕欧阳修，宋祁.新唐书：卷 75 下 宰相世系表五下 [M].北京：中华书局，1975：3380.

⑥ 〔宋〕司马光.资治通鉴：卷 205 通天元年九月庚申条注文 [M].北京：中华书局，1956：6510.

⑦ 〔宋〕司马光.资治通鉴：卷 203 光宅元年九月甲申条注文 [M].北京：中华书局，1956：6424.

⑧ 〔宋〕司马光.资治通鉴：卷 208 神龙元年二月甲寅条 [M].北京：中华书局，1956：6583.

⑨ 录文见张乃翥.龙门所见两《唐书》人物造像补正 [J].洛阳师范学院学报，2007（1）：15（收入氏著.佛教石窟与丝绸之路 [M].兰州：甘肃教育出版社，2014：128）。其中"伯"字系笔者依据《浑瑊碑》和《浑偘碑》补出。二碑文分别见董诰，等编.全唐文：卷 498，卷 792，第 2250，3677 页。

像题记相同甚至更高，而事实却恰好相反。是故，照常理推断，二者定非一人。以上确凿证据皆可推翻浑公元庆说。

图6-2　龙门石窟浑元庆造像题记

　　基于以上推断，墓志铭中的浑公必为浑元庆之子，最有可能者便是浑大德（得）或者浑大寿。主张浑大德者称，浑大寿是否曾任皋兰州都督还值得商榷，即便任此职也必在开元十五年其兄浑大德被流放之后，故称此处皋兰州都督绝非浑大寿①。浑大德（《新唐书》作"得"），此仅出现在两唐书《王君㚟传》与《资治通鉴》中，且内容完全一致。开元十五年，浑大德因与当时的河西节度使、凉州都督王君㚟结怨，"由是瀚海大都督回纥承宗长流瀼州，浑大德长流吉州，贺兰都督契苾承明长流藤州，卢山都督思结归国长流琼州"②。这是关于浑大德生平活动的唯一记载，在被流放的四部酋长中，唯有浑大德未记官衔，当非简单的漏记，浑大德极有可能只是河西浑部首领而并未承袭皋兰州都督。另，《新唐书·宰相世系表》虽提及此人，但只能看出其与元庆的父子关系及官职③。至于是否承袭皋兰州都督，未可知也。若据此便判定浑大德曾任皋兰州都督，且称浑大寿在大德流放后方继任皋兰州都督一职④，证据显得不足。

　　如前所述，《旧唐书》卷134《浑瑊传》与《新唐书》卷217下《浑传》所记之皋兰州都督的承袭关系完全一致，即："回贵死，子大寿嗣。"已明确了

①　董春林.唐代契苾家族研究[D].湘潭：湘潭大学，2008.

②　〔后晋〕刘昫，等.旧唐书：卷103 王君㚟传[M].北京：中华书局，1975：3192.

③　〔宋〕欧阳修，宋祁.新唐书：卷75下 宰相世系表五下[M].北京：中华书局，1975：3380.

④　张玉玮.铁勒浑部与唐代浑氏家族世系[J].文博，2005（6）：89.

浑大寿继袭浑元庆而为皋兰州都督的史实,并有《浑瑊碑》与《浑偘碑》互为佐证。相反,无确凿史料证明浑大德曾任皋兰州都督。可见,《浑公夫人墓志铭》中的浑公应系浑大寿无疑。

浑公夫人为铁勒名将契苾明之女,其家族显赫,却下嫁于皋兰州都督浑大寿,不幸英年早逝,年仅24岁。虽一生短暂,但其墓志铭却为研究契苾氏及浑氏家族传承以及这两个铁勒部族的活动范围和关系提供了重要史料,可为史乘的记载提供佐证与补充,弥足珍贵。

第七章　洛阳出土的几通唐代安定胡氏墓志①

安定临泾（今甘肃镇原县东南）为胡氏郡望。在魏晋南北朝时期，尤其是在北魏宣武帝妃、孝明帝母胡灵太后临朝听政时期（516—528），安定胡氏家族的权势更大。在武泰元年（528）的"河阴之变"中，胡氏家族虽受到致命打击，但余烬未熄，不少成员在以后的历史中仍扮演过重要的角色。胡氏家族的兴衰对研究南北朝至隋唐时代的政治以及士族与寒门之兴衰、升降都有典型意义，值得注意。河南洛阳出土的四通胡灵太后家族成员的墓志即可为这一研究提供有意义的资料。

第一节　洛阳出土的四通隋唐胡氏墓志

至今，这四通墓志中有三通都收藏于河南省新安县铁门镇的千唐志斋博物馆中。

其一为《胡质墓志》②。志文题《安定胡公墓志铭》，称墓主"讳质，字孝质，安定临泾人也"，"祖邕，东魏骠骑将军、南青州刺史……父永，北齐兖州司马、东莱太守"。胡质本人于隋仁寿二年（602）以举方正而得任燕州司马参军。大业三年（607）迁巴郡司功书佐。唐时仍受重用。贞观元年（627）六月，除北澧州司法参军。贞观三年（629）八月十一日病卒。第二年正月葬于河南

---

①　本文原刊《文献》2003 年第 3 期，第 54—61 页，与杜斗城合撰。

②　河南省文物研究所，河南省洛阳地区文管处 . 千唐志斋藏志 [M]. 北京：文物出版社，1984：11 号；毛汉光 . 唐代墓志铭汇编附考（共 18 册）[M]. 台北：中央研究院历史语言研究所，1984—1994.（以下简称《附考》：第 1 册，第 21 号）；北京图书馆金石组 . 北京图书馆藏中国历代石刻拓本汇编：第 11 册，第 25 号（共 100 册）[M]. 郑州：中州古籍出版社，1989—1991.（以下简称《拓本》）；陈长安 . 隋唐五代墓志汇编（洛阳卷）：第 2 册 [M]. 天津：天津古籍出版社，1991；周绍良 . 唐代墓志汇编 [M]. 上海：上海古籍出版社，1992.

县千金里芒山。世子苏州崐山县丞伯远等为之"刊石"。《志》谓胡质任北澧州司法参军时,"举直错枉,狱治无冤,感德怀恩,吏民咸悦"。

其二为《胡俨墓志》[①]。志文题《大唐故文林郎新喻县丞胡府君墓志铭》,称墓主"讳俨,字长威,安定临泾人也……祖永,魏东平、雁门二郡太守;父质,巴郡功曹、北澧州司法参军事"。胡俨"以孝廉举授登仕郎,武德五年(622)除吏部文林郎,选袁州新喻县丞……贞观五年(631)六月□日终于县,春秋卌六。以六年岁次壬辰九月辛巳朔四日,葬于河南邙山"。

其三为《胡宝墓志》[②]。志文题《唐故郓州参军事胡府君墓志铭并序》,谓墓主"讳宝,字令珍,安定临泾人也……祖永,隋东莱、雁门二郡太守;父质,燕州司户、唐北澧州司法参军事"。胡宝"以贞观十九年诏授登仕郎行郓州参军"。贞观廿二年(648)卒于京(长安),享年仅35岁。亦归葬于河南邙山。

从以上三通墓志可以看出,其墓主为父子关系。胡质为父,胡俨、胡宝为长幼二子。同时碑中提到的还有其先祖胡邕和胡永父子。值得庆幸的是,胡永的墓志在洛阳竟也有出土[③]。

《胡永墓志》原碑未见,但墓志拓本庋藏于周绍良先生家内,可以参见。题《安定胡府君墓志》,谓墓主"讳永,字敬延,安定临泾人也……祖亮,夏[④]中书侍郎,魏镇北司马,赐爵临泾子、徐州牧,才称贞干,见重当时。父邕,魏开府、祭酒、通直常侍、骠骑将军、南青州刺史,识度淹雅,流芳后世"。胡永本人,初仕魏朝,武定中任相国府中兵,不久官升至司徒府咨议,又提升为南兖州司马、齐州长史,"爱及老成,悬车致仕,发轫蓟北,税驾燕南,以为河冀沃壤,贤圣所宅,遂家于清河郡,因构第焉"。隋大业五年(609)三月七日,终于私第,享年88岁。夫人清河张氏,东海太守之女,唐贞观二年(628)十一月三十日与夫合葬于洛阳千金里。

《胡永墓志》称其祖为胡亮,父名胡邕。《胡质墓志》谓其祖为胡邕,父

① 千唐志斋藏志:第14号;附考:第1册,第31号;拓本:第11册,第42号;隋唐五代墓志汇编(洛阳卷):第2册,第22号;唐代墓志汇编:贞观第27号.

② 千唐志斋藏志:第48号;附考:第2册,第134号;拓本:第11册,第181号;隋唐五代墓志汇编(洛阳卷):第2册,第128号;唐代墓志汇编:贞观第158号.

③ 附考:第1册,第18号;拓本:第11册,第16号;隋唐五代墓志汇编(陕西卷):第1册[M].天津:天津古籍出版社,1991:8号;唐代墓志汇编:贞观第8号.

④ 夏,又称赫连夏,为十六国之一。407年匈奴贵族赫连勃勃称天王大单于,国号夏,建都统万城(今陕西横山西北)。418年,赫连勃勃攻取长安,即帝位。其疆域范围大致包括今陕西北部和内蒙古的一部分。431年亡于吐谷浑。

名胡永。《胡俨墓志》《胡宝墓志》则称其祖为胡永，父为胡质，其祖孙关系至为明了。墓志中提到的胡邕，职衔是东魏"南青州刺史"，胡永任过北齐的"南兖州司马"，胡质曾任北澧州司法参军事，各碑所述一致，说明这些名字的出现都不是偶然的巧合，况且，他们不管亡于何地，最终都归葬于河南邙山（或作"芒山"）。说明邙山有该家族的墓地。

《胡永墓志》尾部还有如下话头：

> 伯祖国珍，后魏司徒安定公。兄长粲，陇东王。

这是非常值得珍视的信息。按，胡国珍其人，在《魏书》卷83、《北史》卷80均有专传，系安定胡灵太后之父，是北魏晚期政坛上一度炙手可热的人物。

胡国珍、胡灵太后父女虽出身西北望族，但在北魏鲜卑贵族与北方汉族高门当政的政治背景下，他们家族并未取得显赫地位。胡国珍一直赋闲在家。其祖胡略，仅在后秦①姚兴时期（394—416）出任过渤海公姚逵之"平北府咨议参军"。其父胡渊，在赫连夏时出任过赫连屈丐的"给事黄门侍郎"。入北魏后"以降款之功赐爵武始侯。后拜河州将军"。门第不显，应属寒门阶层。宣武帝时，其女胡氏入宫，为充华嫔，也属宫中地位较低者。后以胡氏子元诩（魏孝明帝，516—528年在位）登上皇帝宝座而被尊为皇太妃，进而被尊为皇太后。"临朝听政，犹称殿下，下令行事。后改令称诏②，群臣上书曰陛下，自称曰朕……亲览万机，手笔决断"③。国珍以女而贵。在女儿被尊为皇太后之初，国珍充闲散之职光禄大夫。胡灵太后临朝后，国珍地位飙升，"加侍中，封安定郡公，给甲第，赐帛布绵谷奴婢车马牛甚厚……寻进位中书监、仪同三司，侍中如故，赏赐累万。又赐绢岁八百匹，妻梁四百匹，男女姊妹兄弟各有差，皆极丰赡……熙平初，加国珍使持节、都督、雍州刺史、骠骑大将军、开府……迁司徒公，侍中如故"④。安定胡氏家族成了北魏后期统治阶级最高权力的核心所在。从名称、职官到地位，都可以肯定《胡永墓志》中的"国珍"

---

① 后秦，又称姚秦，为十六国之一。淝水之战后，羌族酋长姚苌于384年称王，两年后称帝，国号秦，建都长安，史称后秦。据有今陕西、甘肃、宁夏、山西一部分。417年为东晋刘裕所灭。

② 据魏书：卷9 肃宗纪及司马光.资治通鉴：卷148 梁武帝天监十八年（519）正月条，该年正月改令为诏。

③〔北齐〕魏收.魏书：卷13 宣武灵皇后胡氏传 [M].北京：中华书局，1974：337—338.

④〔北齐〕魏收.魏书：卷83 胡国珍传 [M].北京：中华书局，1974：1833.

就是胡灵太后之父胡国珍。

至于胡长粲其人,《北齐书》卷 48 及《北史》卷 80 均有传。《北齐书》卷 48 云:

父僧敬,即魏孝静帝之舅,位至司空。长粲少而敏悟,以外戚起家给事中,迁黄门侍郎。后主践祚,长粲被敕与黄门冯子琮出入禁中,专典敷奏……后主即位,富于春秋,庶事归委长粲,长粲尽心毗奉,甚得名誉。

后为其从祖兄胡长仁所害忧郁而死。按,胡长仁为北齐武成皇后之兄,官至"右仆射及尚书令。世祖崩,预参朝政,封陇东王……后主纳长仁女为后,重加赠谥,长仁弟等前后七人并赐王爵,合门贵盛"[1]。其父胡延之,官至魏中书令、兖州刺史。

《胡永墓志》称胡长粲曾受封"陇东王",但《北史》与《北齐书》均未言及之,未详孰是。从墓志称长粲为胡永之兄而实为从兄一事看,《胡永墓志》对胡长粲的记载似不甚准确。以此推之,墓志称长粲为"陇东王"与正史所载不合,亦应有误。正确的表述应为"从兄长仁,陇东王"。

第二节　墓志所见北魏至唐胡氏世系

综合各种记载,我们可勾勒出千唐志斋墓志所涉胡灵太后家族之七代世系:

第一代为胡略。第二代为胡渊。第三代为胡国珍、胡真、胡亮兄弟。其中,胡国珍无男,养其兄胡真子僧洗(？—537)[2]为嗣。胡僧洗生胡祥[3]。

胡真生有四男一女,其中,僧洗过继于胡国珍。其余三子,一为长子胡宁,

---

① 〔唐〕李百药. 北齐书:卷 48 胡长仁传 [M]. 北京:中华书局,1972:668.

② 胡僧洗,字湛辉,封爱德县公,位中书监、侍中,改封濮阳郡公。见〔北齐〕魏收. 魏书:卷 83 胡僧洗传 [M]. 北京:中华书局,1974:1836;〔唐〕李延寿. 北史:卷 80 胡僧洗传 [M]. 北京:中华书局,1974:2689.

③ 胡祥,字元吉,官至殿中尚书、中书监、侍中,改封东平郡公。见〔北齐〕魏收. 魏书:卷 83 胡祥传 [M]. 北京:中华书局,1974:1836;〔唐〕李延寿. 北史:卷 80 胡祥传 [M]. 北京:中华书局,1974:2689.

字惠归，袭胡国珍先爵，改为临泾伯，后进为公，官至岐泾二州刺史。二为胡盛，字归兴，位左衞将军，赐爵江阴男。官至幽、瀛二州刺史、冀州刺史。胡灵太后以其女嫁孝明帝，被立为皇后。其三为胡虔，字僧敬，以助胡灵太后反对元乂专权而受重用，任"泾州刺史，封安阳县侯。兴和三年，以帝元舅超迁司空公"[①]。其子即前文所述的胡长粲。长粲生二子，长子仲操，位陈留太守；次子叔泉，任通直散骑常侍[②]。一女为清河王元亶妃，生北齐孝静皇帝。

胡亮生胡邕。前文述及的胡延之或为其子，亦未可知。

胡延之生胡长仁、胡长雍等。长仁又生君璧、君璋及女齐后主皇后胡氏等。

胡邕生胡永（522—609）。胡永又生胡质。胡质（563—629）再生胡俨（586—631）和胡宝（614—648）兄弟。

这一关系可简要表述如下：

宁

僧洗→祥

真→盛→魏孝明帝皇后

虔→长粲→仲操、叔泉

清河王元亶妃

略→渊→国珍→魏胡灵太后

邕→永→质→俨、宝

亮→

长仁→君璧、君璋及齐后主皇后等

延之→

齐武成皇后

胡氏一门，在北朝时期地位显赫，单皇后就出过多人。在北魏，除胡灵太后外，尚有胡灵太后从兄冀州刺史胡盛之女曾嫁于魏明帝，立为皇后。不过此氏未有大的作为，武泰元年（628）于瑶光寺出家为尼[③]。在北齐，也出过两位皇后，一为武成皇后，另一为后主皇后。其中，前者在武成皇帝驾崩后被尊为皇太后[④]。

在4位皇后中，影响最大者莫过于胡灵太后。她曾临朝听政达12年之久，

---

① 〔北齐〕魏收.魏书：卷83 胡虔传 [M].北京：中华书局，1974：1836.

② 〔唐〕李延寿.北史：卷80 胡虔传 [M].北京：中华书局，1974：2691.

③ 〔北齐〕魏收.魏书：卷13 孝明皇后胡氏传 [M].北京：中华书局，1974：340.

④ 〔唐〕李百药.北齐书：卷9[M].北京：中华书局，1972：126—127.

"位总机要，手握王爵"，在北魏晚期的政治生活中扮演过极为重要的角色。但由于她"轻重在心，宣淫于朝，为四方之所厌秽"①；又佞教成性，主政期间大兴土木，不遗余力地修建寺、塔、石窟等②；为了满足穷奢极欲的生活，不顾人民死活，预征6年租调，导致民不聊生。这些倒行逆施很快引起了人民的不满，波澜壮阔的农民起义和士兵暴动此起彼伏，撼动了北魏王朝的统治基础，使之处于风雨飘摇之中。永安元年（528），为了挽救自己的颓势，胡灵太后毒死了孝明帝，立年仅3岁的元钊为傀儡皇帝。三月，秀容川（山西忻县境）契胡酋长尔朱荣以此为借口，向洛阳进军。四月，尔朱荣立元子攸为帝（孝庄帝），马踏洛阳，沉胡灵太后与元钊于黄河，在河阴之陶渚（河南孟津）围杀北魏王公大臣两千余人。胡氏家族由此而走向衰落。

在"河阴之变"爆发之前，胡国珍即已以80高龄于神龟元年（518）去世。其临终前的情况，《魏书》本传有如下记载：

> 始国珍欲就祖父西葬旧乡，后缘前世诸胡多在洛葬，有终洛之心。崔光尝对太后前问国珍："公万年后为在此安厝，为归长安？"国珍言当陪葬天子山陵。及病危，太后请以后事，竟言还安定，语遂昏忽。太后问清河王怿与崔光等，议去留。怿等皆以病乱，请从先言。太后犹记崔光昔与国珍言，遂营墓于洛阳。太后虽外从众议，而深追临终之语，云："吾公之远慕二亲，亦吾之思父母也。"

这段记载透露了如下重要信息：其一，胡国珍之父母均归葬于故土安定，所以胡国珍亦有归葬祖茔之心；其二，在胡国珍之前，已有不少随孝文帝迁至洛阳的安定胡氏在亡故后都随地就葬了，而未还归安定祖茔。而胡灵太后家族墓地在洛阳的出现，则自胡国珍始③。

今天存世的唐代墓志中还有一些墓主也姓胡，同来自安定，如圣历三年（700）《大周洛州合宫县故陪戎副尉胡君（讳哲，字仁感）之墓志铭并序》④、

① 〔北齐〕魏收.魏书：卷13 宣武灵皇后胡氏传[M].北京：中华书局，1974：339.
② 关于胡灵太后的佛事活动，可参见杨富学，朱悦梅.胡灵太后与北魏晚期佛教[C]// 少林文化研究所.少林文化研究论文集.北京：宗教文化出版社，2001：86—91.
③ 据传，今甘肃庆阳亦有胡国珍墓，当非。或为胡国珍的衣冠冢。
④ 附考：第13册，第1268号；拓本：第18册，第180号；陈长安.隋唐五代墓志汇编（洛阳卷）：第7册，第171号；唐代墓志汇编，圣历第47号。

开元三年（715）《大唐处士故君胡君（讳佺，字尚真）墓志并序》[①]、天宝五载（746）《唐故宣节校尉守左卫河南府灞梁府左果毅都尉胡府君（讳肃，字元暹）墓志铭并序》[②]、天宝八载（749）《大唐安定郡参军陆丰妻胡夫人墓志铭并序》[③]、元和十二年（817）《唐故横野军判官朝请大夫试虔王府长史胡府君（讳者，字子方）墓志》[④]、大和七年（833）《唐胡府君夫人朱氏墓志铭》[⑤]、年代不明《胡氏墓志》[⑥]等。不过需要申明的是，这些墓主虽与胡灵太后一样也来自安定，但他们属于另外的家族，与本文所论的胡灵太后家族并无关联，故此略而不赘。

综上所述，可以看出，洛阳出土的几通安定胡氏墓志对唐代历史研究在一定程度上具有证史、补史的价值，尤有进者，对认识北魏胡灵太后家族及其后裔的历史活动具有重要的史料价值。如何挖掘利用这些地下出土资料以填补我们的知识空白，尚需今后更多的努力。

①　杨殿珣.石刻题跋索引 [M].北京：商务印书馆，1940：186；附考：第 16 册，第 1563 号；拓本：第 21 册，第 50 号；隋唐五代墓志汇编（山西卷）：第 87 号；唐代墓志汇编：开元第 35 号.

②　李希泌.曲石精庐藏唐志 [M].济南：齐鲁书社，1986；拓本：第 25 册，第 108 号；隋唐五代墓志汇编（洛阳卷）：第 11 册，第 75 号；唐代墓志汇编：天宝第 91 号.

③　千唐志斋藏志，第 847 号；拓本：第 26 册，第 9 号；隋唐五代墓志汇编（洛阳卷）：第 11 册，第 123 号；唐代墓志汇编：天宝第 148 号.

④　唐代墓志汇编：元和第 111 号.

⑤　杨殿珣.石刻题跋索引 [M].北京：商务印书馆，1940：204—205；唐代墓志汇编：大和第 56 号.

⑥　唐代墓志汇编：残志第 13 号.

第八章　新见唐瓜州刺史魏远望墓志考屑 [①]

第一节　魏远望墓志概说与录文

《秦晋豫新出墓志蒐佚续编》收录有一方唐代瓜州刺史魏远望的墓志拓片，有志有盖。盖呈正方形（图 8–1），长 31 厘米，篆书"大唐故魏府君墓志铭"。志石四方形（图 8–2），长、宽均为 59 厘米，20 行，满行 27 字。出土时间不详，据言出土于河南洛阳市孟津县宋庄镇 [②]。志石现藏洛阳张海书法艺术馆，惜志盖去向不明。尽管墓志内容着墨不多，然而根据墓志记载志主魏远望的戎旅一生，主要活动在唐代的东北和西北边疆地区。为便于研究，谨移录墓志如下。

图 8–1　洛阳孟津出土魏远望墓志志盖

---

① 本文原刊《敦煌研究》2018 年第 5 期，第 85—91 页，与王庆昱合撰。

② 赵文成，赵君平 . 秦晋豫新出墓志蒐佚续编 [M]. 北京：国家图书馆出版社，2015：880—881.

图 8-2 洛阳孟津出土魏远望墓志志石

唐故安西大都护府长史瓜州刺史上柱国钜鹿魏府君墓志铭并序

公讳远望，字云期。盖周之同姓，分珪祚土，其来尚矣。曾祖利贞，皇昌平县令，祖宝，皇妫州刺史，考操，皇幽州良乡县丞。公生而惠和，幼则齐敏，年才志学，经史尤精。文可以济时，武可以静难。长寿初有诏旁求，时登科，授左执戟，从其志也。累迁营府别驾，檀、蓟、砂（即沙）、瓜四州刺史，凡历职一十八政，未展其足也。三副节制，再秉戎旃，凡理军使十三政，虽执兵权，耻在攻袭，伐谋以智料敌，未尝劳师。芳声益闻，政颂尤著。中年妄遭流谤，谪居陇外。朝廷知其非罪，寻授安西大都护府长史，转沙、瓜二州刺史。公以悬车之岁，屡乞骸骨。有诏许留长安，惜其老也。其年遘疾，薨于长安胜业里之私第，春秋七十有一。朝野感叹，羌胡恸哭。夫人安平郡君李氏，广平郡夫人程氏，令淑素著，德行早闻。自公谪居，忧心成疾。郡君夫人李氏先公云亡，时年五十有二。夫人程氏后相次亡殁，合葬于定州恒阳县之南原。以大历九年夏五月四日壬寅，改葬于洛阳邙山之东原，礼也。息八人，广之、敏、端、演、崿、峋、直、坚等，象其贤也。气殒萱裳，悲缠荒圮，恭惟休烈，咸愿鼎铭，惧陵谷之迁移，刊贞石而为固。铭曰：

奕奕魏宗，侯王继轨；爰洎府君，将复其始。且武且文，知足知止；天不愍遗，永居蒿里。哀哀八子，令问不已；刻石铭勋，永存厥美。

该墓志的出土，为唐代边疆史，尤其是瓜、沙历史的研究提供了新材料。此前，甘肃合水曾出土与魏远望属于同一家族的唐右将军魏哲之墓志铭（图8-3）^①，此外，在传世文献中还有初唐杨炯所撰《唐右将军魏哲神道碑》^②。笔者拟以上述资料为依据，结合史书记载，对《魏远望墓志》涉及的家族史事以及唐代东北边疆、西北边疆、瓜沙二州地位等问题略做考证。

图8-3 甘肃合水出土魏哲墓志志石（局部）

① 甘肃省文物考古研究所，等. 甘肃合水唐魏哲墓发掘简报 [J]. 考古与文物，2012（4）：48—54；张存良. 新出《魏哲墓志铭》及其相关问题 [J]. 敦煌学辑刊，2014（1）：76—84.

② 〔清〕董浩，等. 全唐文：卷194 唐右将军魏哲神道碑 [M]. 北京：中华书局，1983：1967—1971；〔唐〕杨炯. 杨炯集笺注：卷8[M]. 祝尚书，笺注. 北京：中华书局，2016：1041—1046.

第二节　魏远望家族史事考

　　关于魏氏的姓氏来源，《元和姓纂》《新唐书·宰相世系表》《古今姓氏书辩证》等都有详细记载①，此不赘述。志文用"盖周之同姓，分珪祚土，其来尚矣"一句进行了概括。关于魏氏的郡望，志文记作"钜鹿"。《唐右将军魏哲神道碑》载志主为"钜鹿曲阳人"②。根据《元和姓纂》记载，进入汉代之后，魏歆担任钜鹿太守，受封曲阳候，被尊为钜鹿魏氏之始祖③。郡望的形成与发展，有学者认为是地域性家族进入政治社会与地域性集团结合之后，然后家族代际仕宦最终形成的④。

　　根据《元和姓纂》《古今姓氏书辩证》，魏氏郡望不止钜鹿一地⑤。志文载魏远望去世后，"合葬于定州恒阳县之南原"。据《新唐书》，恒阳县在唐宪宗元和十五年（820）改称曲阳⑥。据新出《魏哲墓志》和杨炯撰《魏哲神道碑》，可以认定魏远望与魏哲当同出一个家族⑦。

　　《魏哲神道碑》载志主"七代祖靖非，前秦征北大将军，镇北地上郡，其后子孙因居于宁州"。《魏哲墓志》即出土于甘肃合水，在唐代属于宁州。然而魏远望卒于长安，但是在去世之后，葬于定州恒阳。既然魏哲与魏远望同属一个家族，那么，魏远望的出生地也当在宁州。魏哲墓志和魏远望墓志的出土，相互佐证，可以证实魏氏家族在十六国前秦时期已由定州迁居宁州之合水。下文所述新近发现的魏远望女魏渊墓志亦有"夫人讳渊，字阿诃，其

　　①〔唐〕林宝.元和姓纂：卷8　魏氏[M].岑仲勉，校.郁贤皓，陶敏，整理.北京：中华书局，1994：1191；〔宋〕欧阳修，宋祁.新唐书：卷72中　宰相世系表[M].北京：中华书局，1975：2655；〔宋〕邓名世.古今姓氏书辩证：卷29　魏氏[M].王力平，校.南昌：江西人民出版社，2006：440.

　　②〔清〕董诰，等.全唐文：卷194　唐右将军魏哲神道碑[M].北京：中华书局，1983：1968；〔唐〕杨炯.杨炯集笺注：卷8[M].祝尚书，笺注.北京：中华书局，2016：1048.

　　③〔唐〕林宝.元和姓纂：卷8　魏氏[M].岑仲勉，校.郁贤皓，陶敏，整理.北京：中华书局，1994：1191.

　　④　郭锋.晋唐士族的郡望与士族等级判定标准[M]//郭锋.唐史与敦煌文献论稿.北京：中国社会科学出版社，2002：126.

　　⑤〔唐〕林宝.元和姓纂：卷8　魏氏[M].岑仲勉，校.郁贤皓，陶敏，整理.北京：中华书局，1994：1191—1200；〔宋〕邓名世.古今姓氏书辩证：卷29　魏氏[M].王力平，校.南昌：江西人民出版社，2006：440.

　　⑥〔宋〕欧阳修，宋祁.新唐书：卷39　地理志三[M].北京：中华书局，1975：1019.

　　⑦　张存良.新出《魏哲墓志铭》及其相关问题[J].敦煌学辑刊，2014（1）：83—84.

先钜鹿人也"之语。这些说明，魏远望墓志志文所述郡望不虚，志主应为钜鹿魏氏。

关于魏远望之入仕，志文载曰："长寿初有诏旁求，时登科授左执戟，从其志也。"《资治通鉴》："〔武则天长寿元年（692）〕春，一月，丁卯，太后引见存抚使所举人，无问贤愚，悉加擢用，高者试凤阁舍人、给事中，次试员外郎、侍御史、补阙、拾遗、校书郎。"① 是见，长寿元年武则天擢用了很多试官，魏远望为其一，担任左执戟。左执戟在唐代品级为正九品下。随后墓志又云："累迁营府别驾，累迁檀、蓟、砂（即沙）、瓜四州刺史，凡历职一十八政。"也就是魏远望的仕宦生涯历官十八任，最后以瓜州刺史致仕。瓜州刺史为下都督府，品级为从三品，在唐代属于高层文官。

魏远望历官十八任，将近四十年。一般唐代士人一般理想的任官模式是为官二十任，大概四十年。从基层做起，到高层文官系列大概五十岁左右②。魏远望之任职情况基本合乎唐代士人所理想的任官模式。

魏远望的生卒年志文无载，仅知享年七十一岁，武则天长寿元年（692）入仕。唐代基层官员一般三十岁左右开始任职，高层官员五十岁左右③。按30岁计算，则魏远望应生于662年。果若是，则可以推测魏远望卒年当在732年左右。据墓志，魏远望"中年妄遭流谤，谪居陇外"。先任檀州（今北京密云区）刺史、蓟州（今天津蓟州区）刺史，后贬谪安西大都护府长史，后再升任沙州（今甘肃敦煌市）刺史与瓜州（今甘肃瓜州县）刺史。他是在蓟州刺史任上被贬，以理度之，其时当在五十开外。

另据网络资料，洛阳出土有《唐故钜鹿魏府君昆季墓志》，为魏远望两个儿子的合葬墓志。墓志言魏远望的第三子魏端"以至德二年（757）夏五月六日终于洛阳之官舍，享年四十有一"④。那么，魏端即生于开元五年（717）。距离魏远望入仕相隔25年，显然有悖常理。加上墓志除网络外别难睹其真容，未敢遽信，故这里只能暂略不论。

---

① 〔宋〕司马光.资治通鉴：卷205 武则天长寿元年一月丁卯条 [M].北京：中华书局，1956：6477.

② 赖瑞和.唐代中层文官 [M].台北：联经出版事业股份有限公司，2008：24—26.

③ 赖瑞和.唐代中层文官 [M].台北：联经出版事业股份有限公司，2008：26.

④ 张存良.新出《魏哲墓志铭》及其相关问题 [J].敦煌学辑刊，2014（1）：83.

第三节　魏远望与唐代东北经略

魏远望墓志载志主"三副节制，再秉戎旃，凡理军使十三政，虽执兵权，耻在攻袭伐谋，以智料敌，未尝劳师。"从墓志看，魏远望之任职主要在边疆地区。为官十八任，其中十三任为军职。"曾祖利贞，皇昌平县令，祖宝，皇妫州刺史，考操，皇幽州良乡县丞。"昌平县为幽州属县，属于望县；妫州为上州，人口万余；良乡县同为望县 ①。望县，在唐代县级建置中属于上县，而人口在两万户以下者属于下州 ②。魏利贞所任昌平县令为从六品上，魏宝所任刺史为正四品下，魏操所任县丞为从八品下 ③。根据魏哲神道碑，魏哲父魏宝所任文散官为正四品下的通议大夫，而魏远望墓志所载之祖父魏宝担任的正四品下的刺史，郡望相同，名字相同，官阶也相同，是故可以推定魏哲与魏远望当出自同一个家族，当无大误。魏哲乃魏远望之叔父辈也。

根据魏远望墓志、魏哲墓志以及神道碑可知，其家族在唐代前期主要在东北边疆任职。魏哲曾官至检校安东都护。总章元年（668），唐朝灭高句丽，设安东都护府于平壤城，以管理高句丽故地 ④。上元三年（676）二月，治所搬至辽东（今辽阳老城），成为唐朝管理辽东、高句丽故地、渤海国等地的军政机构。圣历元年（698），又改为安东都督府 ⑤。魏哲亡于总章二年（669）三月，是见，魏哲晚年主要应活动于今朝鲜半岛一带。

魏远望墓志载其以左执戟入仕，之后任营府别驾。唐代前期，营州乃唐朝政府管理东北边疆的政治、军事重镇，营州都督兼任营州刺史、安东都护等官职，在唐朝管辖东北边疆的体制中起到至关重要的作用 ⑥。据《新唐书》卷 39《地理志三》，营州为上都督府，不设别驾。在都督府之外，营州另有刺

---

① 〔宋〕欧阳修，宋祁.新唐书：卷 39 地理志三 [M].北京：中华书局，1975：1020—1021.

② 翁俊雄.唐代州县等级制度 [J].北京师范学院学报（社科版），1991（1）：11.

③ 〔宋〕欧阳修，宋祁.新唐书：卷 39 地理志三 [M].北京：中华书局，1975：1318.

④ 〔日〕池内宏.高句丽讨灭の役に與ける唐军の行动 [M]// 收入氏著.满鲜史研究：上世第 2 册.东京：吉川弘文馆，1960：386—387；〔日〕西嶋定生.中国古代国家と東アジア世界 [M].东京：东京大学出版会，1983：450—456.

⑤ 王怀中.唐代安东都护府考略 [J].禹贡，1937，6（3/4）：30—33；孙进己，冯永谦，等.东北历史地理：第 2 卷 [M].哈尔滨：黑龙江人民出版社，1989：264—267.

⑥ 宋卿.唐代营州都督略论 [M]// 杜文玉.唐史论丛：第 22 辑.西安：三秦出版社，2016：208—219.

史之设，二者合二为一。依《新唐书》卷55《百官志四下》，下州刺史之下设"别驾一人，从五品上"。魏远望墓志记其三副节制，似乎表明他曾在营州担任过三任别驾一级的官职。

魏远望入仕第四年，即万岁通天元年（696），契丹、奚唱乱东北，一度攻陷唐在东北之重镇营州。"营州是从京城去东北各地的交通必经之路"[①]，战略意义重要，尽管失而复得，但对唐朝的东北经营局势震动很大。此后，东北边疆一直不稳，迫使唐朝投掷大量军队，以求安边。据魏远望墓志，志主在中年因遭到流谤，而"谪居陇外"。在入西域之前，身为澶州、蓟州刺史。依唐制，能够出任刺史之类高官，一般都年至五十岁左右。推而论之，魏远望之入西域，应在唐玄宗开元时期。开元八年（720）契丹内乱，营州再度陷于其手。《资治通鉴》载：

> 契丹牙官可突干骁勇得众心，李娑固猜畏，欲去之。是岁，可突干举兵击娑固，娑固败奔营州。营州都督许钦澹遣安东都护薛泰帅骁勇五百与奚王李大酺奉娑固以讨之，战败，娑固、李大酺皆为可突干所杀，生擒薛泰，营州震恐。许钦澹移军入渝关，可突干立娑固从父弟郁干为主，遣使请罪。[②]

开元八年，契丹牙官可突干（《新唐书》《旧唐书》《唐会要》均作"可突于"）逐松漠都督李娑固，娑固被迫逃奔营州。可突干在击败营州唐军后杀娑固及奚王，立娑固从父弟郁干（《新唐书》《旧唐书》《唐会要》均作"郁于"）为松漠都督。魏远望很有可能就是因为受这一事件的牵连而被贬官陇外。

魏远望先后出任的澶州刺史、蓟州刺史，都和营州密切相关。唐朝政府经略东北首要的边防重镇为幽州城，周边设营州、平州、蓟州、檀州、妫州环列其侧，形成一个以幽州为中心的防御体系[③]。值得注意的是，五城之中的营州、蓟州、檀州三州皆为魏远望曾经任职的地方。另外，魏远望祖父魏宝曾任妫州刺史，父魏操曾任幽州良乡县丞。其叔父魏哲先后担任辽东道行军总管、检校安东都护，由是可观见魏氏家族与东北边防之关联。尤其是蓟州，为营州乃至整个东北的安全所系，"烟销蓟北，雾静辽西"[④]。在此情况下，开

---

①　孙进己，冯永谦，等.东北历史地理：第2卷[M].哈尔滨：黑龙江人民出版社，1989：263.

②　〔宋〕司马光.资治通鉴：卷212 唐玄宗开元八年十一月条[M].北京：中华书局，1956：6743.

③　程存洁.唐代城市史研究初篇[M].北京：中华书局，2002：175.

④　周绍良.唐代墓志汇编[M].上海：上海古籍出版社，1992：1031.

元八年营州的失守，蓟州当责无旁贷，作为蓟州刺史的魏远望自然难脱干系，遭贬谪为情理中事。

魏远望担任澶州刺史、蓟州刺史的时间当在唐玄宗开元前期，下限应在开元八年或其后不久。《唐刺史考全编》未予收录，可以通过墓志予以补充。

第四节　魏远望刺沙州、瓜州史事考

据志文，魏远望入西域后任安西大都护府长史，其时应在开元八年（720）或其后不久。据《唐六典》："大都护府：大都护一人，从二品；副大都护二人，从三品；副都护二人，正四品上，长史一人，正五品上。"①《新唐书·百官志》有同载。那么，魏远望当时的品级为正五品上，低于原任刺史之四品与三品，显然为贬谪之结果。

魏远望出任安西大都护府长史，其面临的对手主要为吐蕃，此外还有占据了西突厥故地的突骑施。敦煌出土吐蕃文 P.T.1288《大事纪年》载：

及至猴年（开元十八年，庚申，720）赞普驻于董（Duns）之虎园，默啜（'Bug-čor）[可汗]之使者前来致礼……冬……攻陷唐之索格松（So-ga-son）城。②

其中的 So-ga 乃古藏文对 Sogdag（Sogdians，粟特人）的简写形式③。So-ga-son 当系敦煌写本《寿昌县地境》和《沙州伊州地志》所见之石城④。果若是，则可推定，及至开元八年，吐蕃在东方已经打通了进入西域的东道⑤，在西方，其势力侵入葱岭地区，尤其是葱岭南部地带⑥。只是当时唐朝在西域力量尚强，

---

①〔唐〕李林甫，等.唐六典：卷30[M].陈仲夫，点校.北京：中华书局，1992：754.

② Bacot J,Thomas F W, TOUSSAINT C. Documents de Touen-houang Relatifs a l' Histoire du Tibet[M].Paris:Libraire orientaliste Paul Geuthner，1940:45—46；王尧，陈践，译注.敦煌本吐蕃历史文书[M].增订本.北京：民族出版社，1992：151.

③ BECKWITH C I. The Tibetan Empire in Central Asia: A History of the Struggle for Great Power among Tibetans, Turks, Arabs, and Chinese during the Early Middle Ages[M].New Jersey:Princeton University Press,1987:92.

④ 郑炳林.敦煌地理文书汇辑校注 [M].兰州：甘肃教育出版社，1989：61,65.

⑤ 王小甫.唐、吐蕃、大食政治关系史[M].北京：北京大学出版社，1992：166.

⑥〔日〕森安孝夫.吐蕃の中央アジア進出 [M]// 金沢大学.金沢大学文学部論集·史学科篇：第4號，1984：29.

有遏制吐蕃在西域进一步扩张的能力。终玄宗一朝，唐在西域大多时间和大部分地区都保持了优势地位①。当时的西域诸国，大都接受唐朝的册封。

然而，森安孝夫认为，勃律与护密属于例外，二者没有接受唐朝的册封②。揆诸历史记载，此言未必确当。史载小勃律"开元初，王没谨忙来朝，玄宗以儿子畜之，以其地为绥远军……诏册为小勃律王；遣大首领察卓那斯摩没胜入谢"③。关于护密，《新唐书》有如下记载："开元八年，册其王罗旅伊陀骨咄禄多毗勒莫贺达摩萨尔为王。十六年，与米首领米忽汗同献方物。"④说明，勃律与护密在开元年间也是接受唐朝册封的。与唐在西域的优势地位不同，在河西地区唐与吐蕃的较量中，虽各有胜负，就总体言，唐朝略处下风。

河西地区在 7 世纪以后呈现出复杂的居民结构，唐朝初年至武则天时期，铁勒部落大批迁徙到河西地区⑤，继之，吐谷浑、吐蕃等势力也逐步渗透进来⑥。开元初年，吐蕃开始向青藏高原的周边，尤其是东北和西北两个方向大规模向唐朝发难，先是占据了唐朝设置于青海山脉中的石堡城，继而于开元十五年（727）攻陷瓜州城，俘获唐瓜州刺史田元庆，接着进攻玉门和常乐县⑦。开元十六年（728），吐蕃军队进入肃州，势力甚张⑧。法国学者戴密微认为：开元十四年至十六年（726—728），吐蕃发动的这一系列攻势，乃嗣后吐蕃大举入寇河西地区之前奏⑨。为了对付吐蕃，大量唐朝官兵驻守河西，及至 8 世纪初，汉

---

① 王小甫.盛唐与吐蕃在西域的较量（720—755）[J].新疆大学学报（哲社版），1992（4）：70—75.

② 〔日〕森安孝夫.吐蕃の中央アジア進出 [M]// 金沢大学.金沢大学文学部論集·史学科篇：第4号，1984：29.

③ 〔宋〕欧阳修，宋祁.新唐书：卷221 西域传下 [M].北京：中华书局，1975：6251.

④ 〔宋〕欧阳修，宋祁.新唐书：卷221 西域传下 [M].北京：中华书局，1975：6255.

⑤ 荣新江.唐代河西地区铁勒部落的入居及其消亡 [M]// 费孝通.中华民族研究新探索.北京：中国社会科学出版社，1991：281—304；杨富学.回鹘与敦煌 [M].兰州：甘肃教育出版社，2013：241—255.

⑥ 陈国灿.武周瓜、沙地区的吐谷浑归朝事迹：对吐鲁番墓葬新出敦煌军事文书的探讨 [C]// 敦煌文物究所.1983 年全国敦煌学术讨论会文集（文史·遗书编上），兰州：甘肃人民出版社，1987：1—26；刘进宝.关于吐蕃统治经营河西地区的若干问题 [J].中国边疆史地研究，1994（1）：13—21；UEBACH H. On the Tibetan Expansion from Seventh to Mid–Eighth Centuries and the Administration（kh ō）of the Countries Subdued[M]//MCKAY A. Tibet and Her Neighbours:A History, London, 2003:21—27.

⑦ 〔后晋〕刘昫，等.旧唐书：卷196 上 吐蕃传上 [M].北京：中华书局，1975：5230.

⑧ 朱悦梅.吐蕃王朝历史军事地理研究 [M].北京：中国社会科学出版社，2017：185—189.

⑨ DEMIÉVILLE P. Le Concile de Lhasa. Une controverse sur le qui é tisme entre bouddhistes de l' Inde et de La Chine au VIIIe si è cle de l' è re chr é tienne I[M].Paris: Imprimerie Nationale de France, 1952:309.

人在河西居民中的比重明显有了增加①。新近出土材料也向我们揭示了这一时期唐与吐蕃等势力在河西的战争。根据新近出土的葛逻禄《炽俟思敬墓志》可知，在唐玄宗开元初年，由于后突厥汗国的逼迫，大批的铁勒部落内迁至瓜州一带，唐云麾将军、沁州安乐府折冲都尉葛逻禄人炽俟思敬奉命"流沙问罪"，抗击吐蕃，于开元三年（715）死于瓜州军中②。2015年酒泉新出《李礼墓志》则记载了开元十六年（728）唐与吐蕃的征战③。在这一错综复杂的形势下，魏远望先后出任沙州刺史、瓜州刺史，其首要任务应是对抗吐蕃的入侵。

关于魏远望刺瓜州事，在新近发现尚未刊布的魏远望之女的墓志中亦有所反映。墓志题《唐永固府别将张季伯故妻魏夫人墓志铭并序》，长42cm，宽41cm，其中有文曰：

夫人讳渊，字阿诃，其先钜鹿人也，家代冠冕，史荣（策）详之。父远望，皇朝瓜州都督，射穿七札，弯弧六钧；得玄女之兵符，习黄公之秘略；典郡则龚遂方驾，安边则李牧齐衡。

图8-4 新出魏远望女魏渊墓志

---

① 〔日〕前田正名 . 河西历史地理学研究 [M]. 陈俊谋，译 . 北京：中国藏学出版社，1993：92—93.

② 王庆昱，杨富学 . 洛阳新见唐葛逻禄炽俟思敬墓志研究 [J]. 文献，2019（2）：44.

③ 范晓东 . 新出《唐李礼墓志》释略 [J]. 档案，2017（1）：50—53；刘志华 . 新见《李礼墓志》所载的唐蕃肃州之战 [J]. 档案，2017（3）：53—57.

墓志对魏远望的军事才能多有描述，值得注意的是，其中提到魏远望的职务为瓜州都督而非瓜州刺史。唐初依隋制，在有些州设置总管府，武德七年（624）以后改为都督府，其总管或都督按照惯例皆兼任所在州刺史[①]。所以，这里魏远望之都督职和当州刺史相当。

遗憾的是，史书对魏远望在沙州、瓜州一带的任职与活动情况了无记载，故而无法得知其刺沙州、瓜州的具体时间。《唐刺史考全编》未提及魏远望刺沙州、瓜州事，可据魏远望父女墓志补阙。

第五节　从墓志看沙州刺史与瓜州刺史地位的差异

唐朝在西域与吐蕃的争夺，唐玄宗开元时期大体处于优势，但是在河西与吐蕃的争夺中，唐朝则是处于劣势，吐蕃在河西的势力逐渐加强，并于开元十五年（727）攻陷瓜州，"尽取城中军资及仓粮，仍毁其城而去"[②]。虽然唐朝加强了对这一地区的防御，数次更换河西节度使，但是吐蕃的势力占据优势则是不争的事实[③]。魏远望以"悬车之岁"即七十岁之龄请求致仕，志文载："公以悬车之岁，屡乞骸骨。有诏许留长安，惜其老也。"获得允准，惜魏远望回归长安一年即亡故。魏远望离开河西应在开元十九年（731）左右。在此之前，瓜州刺史先后为田元献（727）、张守珪（727—729）[④]。史载：

[开元十五年（727）] 九月，吐蕃大将悉诺逻恭禄及烛龙莽布支攻陷瓜州城，执刺史田元献及王君㚟之父寿……乃命兵部尚书萧嵩为河西节度使，以建康军使、左金吾将军张守珪为瓜州刺史，修筑州城，招辑百姓，令其复业。[⑤]
开元十六年（728）] 七月，吐蕃寇瓜州，刺史张守珪败之。[⑥]
开元十七年（729）……三月，瓜州刺史张守珪、沙州刺史贾师顺攻吐蕃

---

① 〔唐〕杜佑．通典：卷32 职官典十四 [M]．王文锦，等，点校．北京：中华书局，1988：894；郁贤皓．唐刺史考全编 [M]．合肥：安徽大学出版社，2000：29.

② 〔后晋〕刘昫，等．旧唐书：卷196上 吐蕃传上 [M]．北京：中华书局，1975：5230.

③ 〔日〕前田正名．河西历史地理学研究 [M]．陈俊谋，译．北京：中国藏学出版社，1993：78—82.

④ 郁贤皓．唐刺史考全编：卷42 瓜州（晋昌郡）[M]．合肥：安徽大学出版社，2000：494—495.

⑤ 〔后晋〕刘昫，等．旧唐书：卷196上 吐蕃传上 [M]．北京：中华书局，1975：5230.

⑥ 〔宋〕欧阳修，宋祁．新唐书：卷133 玄宗纪 [M]．北京：中华书局，1975：133.

大同军，大破之。①

是后，沙州刺史、瓜州刺史皆不见记载。魏远望很有可能在开元十七年以后出任瓜州刺史，并于开元十九年以瓜州刺史身份致仕。果如是，则魏远望任沙州刺史必在此前。唐开元年间沙州刺史见于记载的仅有开元二年杜楚臣、开元三年张孝嵩和开元十七年贾师顺②。魏远望西行始于开元八年，先任职西域，再转河西。唐代一任官大致二年左右，推而论之，其任沙州刺史时间应在开元十年至十七年之间。

魏远望有两房夫人："夫人安平郡君李氏，广平郡夫人程氏，令淑素著，德行早闻。"按照唐代制度，四品官员的妻子为郡君，三品以上为郡夫人。《唐六典》记曰：

一品及国公母、妻为国夫人；三品已上母、妻为郡夫人；四品若勋官二品有封，母、妻为郡君；五品若勋官三品有封，母、妻为县君；散官并同职事。③

根据志文记载李氏先亡，享年五十二岁，封号为"郡君"，说明李氏去世时魏远望为四品官。魏远望在西北先后任安西大都护府长史、沙州刺史和瓜州刺史。安西大都护府长史为正五品上④，之前魏远望先后担任檀州、蓟州刺史，《新唐书》载蓟州为下州⑤，檀州未载。依唐制，下州刺史为正四品下，李氏的"郡君"当是魏远望担任四品官时所封。程氏为郡夫人，则是其担任三品官之后，瓜州在唐代都为下都督府，沙州曾一度为都督府，但长安元年以后罢，为下州，故程氏受封郡夫人应在在魏远望担任瓜州刺史（从三品）之后。

有唐一代，瓜州总管府、瓜州都督府等名称不断变化，武周长安元年（701）至天宝时期一直都是瓜州都督府（晋昌郡都督府），武周长安元年（701）罢沙州都督府，隶属于瓜州都督府⑥。

① 〔宋〕司马光.资治通鉴：卷213 开元十七年（729）条 [M].北京：中华书局，1956：6848.

② 郁贤皓.唐刺史考全编：卷43 沙州（瓜州、敦煌郡）[M].合肥：安徽大学出版社，2000：501—502.

③ 〔唐〕李林甫，等.唐六典：卷2[M].陈仲夫，点校.北京：中华书局，1992：39.

④ 〔唐〕李林甫，等.唐六典：卷30[M].陈仲夫，点校.北京：中华书局，1992：754.

⑤ 〔宋〕欧阳修，宋祁.新唐书：卷39 地理志三 [M].北京：中华书局，1975：1023.

⑥ 郭声波.中国行政区划通史：唐代卷 [M].上海：复旦大学出版社，2012：1028—1031；艾冲.唐代河西地区都督府建制的兴废 [J].敦煌研究，2003（3）：50—54.

沙州人口四千多户，人口一万六千多口[①]，依唐制，20000户以下者为下州[②]。就人口户数而言，沙州自然属于下州。但如果州与都督府合二为一，则以都督府为准，地位较高，为从三品。若无都督府之设，则降为四品。魏远望由东北转徙西北，时当开元八年以后，此时沙州都督府已经撤销，只是一个下州而已，为正四品下。魏远望的第二任夫人为封号为郡夫人，在唐代适用于三品官员之夫人。那么，魏远望在履任正四品下的沙州刺史之后，又擢升从三品下的瓜州刺史，其夫人之"郡夫人"称号应系其担任瓜州刺史时所赐。职是之故，可以推定，有唐一代，瓜州之地位要高于沙州。《资治通鉴》卷213开元十七年（729）条在述及瓜沙二州时，写作"瓜州刺史张守珪、沙州刺史贾师顺"，抑或可视作上述结论的佐证。

通过对魏远望墓志的考释，再结合魏哲墓志和神道碑等相关材料，可以考知，志主本钜鹿魏氏，其家族于十六国前秦时期由定州迁居宁州，定居今甘肃合水一带。魏远望出生地即为合水。合水发现有《魏哲墓志》，志主与魏远望出自同一家族，魏哲乃魏远望之叔父。魏远望一生历官十八任，将近四十年，早期活动于东北边疆地区之营州、檀州和蓟州，因开元八年（720）营州失陷事之牵连而被贬谪西域，不久出任安西大都护府长史，随后升任沙州刺史（正四品下），最后官至瓜州刺史（从三品下），于开元十九年前后以瓜州刺史致仕，翌年逝于长安，享年七十一岁，于大历九年（774）改葬洛阳邙山。一生主要活动于唐代的东北边疆和西北地区，唯史书未见记载，该墓志填补了存世文献的某些空白。尤其重要的是，通过墓志与各种史料的比对，可以考见，开元之世，沙州刺史的品级应为正四品下，低于瓜州刺史的从三品下，说明当时瓜州的政治地位要高于沙州。

① 〔宋〕欧阳修，宋祁. 新唐书：卷40 地理志四 [M]. 北京：中华书局，1975：1044.

② 翁俊雄. 唐代州县等级制度 [J]. 北京师范学院学报（社科版），1991（1）：11.

第九章　党项拓拔驮布墓志及相关问题再研究 [①]

《拓拔驮布墓志》于2013年出土于陕西省吴起县洛源镇走马台，现存吴起县革命纪念馆。墓志全文1124字，阴刻篆书"大唐故特进拓跋（拔）府君墓志铭"，于开元十六年（728年）秋七月入葬，为目前所知较早的唐代党项人墓志之一，对研究唐代党项的迁徙等具有重要意义。近期，段志凌、吕永前撰文对墓志进行了研究，同时涉及党项拓拔氏的来源等问题，而且刊发了图版和录文 [②]。鉴于该墓志所涉问题较多，对探讨早期党项历史颇有价值，值得深入探讨，同时，对刊布者的一些观点我们有不同看法，故而特撰此文，拟在前贤研究的基础上，对相关问题进行进一步的探讨。

第一节　墓志所见党项拓跋氏族源

关于党项拓跋氏之族源，学界早有关注。根据目前的相关记载和研究可知，党项之名初见于北周时期，相关记载主要见于唐代所撰《隋书》《北史》《通典》，此外，五代北宋时期所修两《唐书》及元代所修《宋史》等对此也有不少涉及。正是借助于这些记载，我们可以大致了解党项的族源和原居地。根据传世史料的相关记载，我们可以得知党项应是由汉魏后居住于今青海、甘南和四川西北的西羌诸部发展而来，其得名应当始于北周时期 [③]。

然而关于党项拓跋氏的族源，历来都有多种说法。其中以源于西羌和源于鲜卑两说最为普遍。主张党项拓跋氏来源于鲜卑的主要有《关于西夏拓跋

---

① 拟刊《西夏研究》2019年第2期，与王庆合撰。

② 段志凌，吕永前.唐《拓拔驮布墓志》：党项拓跋氏源于鲜卑新证 [J].中国国家博物馆馆刊，2018（1）：49—56.

③ 周伟洲.党项西夏史论 [M].兰州：甘肃文化出版社，2017：3—4.

氏的族属问题》^①《论党项拓跋氏族属及西夏国名》^②《关于西夏拓跋氏族源的几个问题》^③《再论西夏拓跋氏的族属问题》^④《唐〈拓拔驮布墓志〉——党项拓跋氏源于鲜卑新证》^⑤ 等论文；主张党项拓跋氏源于羌族的主要有《西夏是不是羌族》^⑥《陕北出土三方唐五代党项拓跋氏墓志考释——兼论党项拓跋氏之族源问题》^⑦《党项西夏史论》^⑧、试论西夏党项族的来源与变迁》^⑨《再论西夏党项族的来源与变迁》^⑩ 等论文。

然而魏晋以来，鲜卑族大量从其原居地西迁，分布于西北的就有河西鲜卑、陇西鲜卑以及吐谷浑等多支^⑪。因而在魏晋十六国时期，西北地区广泛的分布有鲜卑是毋庸置疑的。然而西北地区特别是河湟地区原来就是古羌人的聚居地，因而在这一地区羌人和鲜卑人大量杂居，其文化状态应该是都有取舍。

新近出土的唐开元时期的《拓跋守寂墓志》以及《拓拔驮布墓志》，在党项拓跋氏的族源问题上，记载略有不同。《拓跋守寂墓志》记载源于羌族，然而《拓拔驮布墓志》记载源于鲜卑。由此可见，早在唐代，党项拓跋氏的族源问题，连党项拓跋氏族人本身都已经说不清楚了，故而不能简单地说党项拓跋氏到底来源于羌族还是鲜卑。河湟地区自古以来是羌族的聚居地，十六国南北朝时期鲜卑人大量的西迁，与当地的羌人混居，族源出现混乱是情理中事，不必强分之。

无论是党项拓跋氏还是鲜卑（主要是吐谷浑），无论是其人种还是其文化，都应该是既有本民族的成分，也有羌人的成分，是以，党项拓跋氏不能排除

① 唐嘉弘 . 关于西夏拓跋氏的族属问题 [J]. 四川大学学报（社科版），1955（2）.

② 吴天墀 . 论党项拓跋氏族属及西夏国名 [J]. 西北史地，1986（1）.

③ 汤开建 . 关于西夏拓跋氏族源的几个问题 [J]. 中国史研究，1986（4）.

④ 唐嘉弘 . 再论西夏拓跋氏的族属问题 [M]// 白滨，史金波，卢勋，等 . 中国民族史研究（2）. 北京：中央民族学院出版社，1989.

⑤ 段志凌，吕永前 . 唐《拓拔驮布墓志》：党项拓跋氏源于鲜卑新证 [J]. 中国国家博物馆馆刊，2018（1）：49—56.

⑥ 杨志玖 . 西夏是不是羌族 [J]. 历史教学，1956（4）.

⑦ 周伟洲 . 陕北出土三方唐五代党项拓跋氏墓志考释：兼论党项拓跋氏之族源问题 [J]. 民族研究，2004（6）.

⑧ 周伟洲 . 党项西夏史论 [M]. 兰州：甘肃文化出版社，2017：3—12.

⑨ 李范文 . 李范文西夏学论文集 [M]. 北京：中国社会科学出版社，2012：264—279.

⑩ 李范文 . 李范文西夏学论文集 [M]. 北京：中国社会科学出版社，2012：427—452.

⑪ 周伟洲 . 魏晋十六国时期鲜卑族向西北地区的迁徙及其分布 [J]. 民族研究，1983（5）：31—38.

有鲜卑的成分，也不能完全说其来源为羌人。尽管有学者认为党项拓跋氏来源于鲜卑，但是在论述拓跋鲜卑与羌族关系时，笔者认为党项羌不是纯粹的羌族，而是以鲜卑、羌人及其他民族融合成的新的民族共同体。拓跋鲜卑成为党项族的统治者，但是党项的成分为羌，因而又称"羌酋"，并且拓跋鲜卑长期受到羌文化的影响而"羌化"，鲜卑的印象消失，故称之为羌①。

第二节　从墓志看唐初党项的迁徙路线

传世史料记载"党项"一词最早出现的时间，一般认为是在北周武帝天和元年（566）②。周伟洲先生根据《杨文思墓志》认为"党项"一词最早出现在北周武帝天和四年（569）③。《新唐书》记载："党项，汉西羌别种，魏晋后微甚。周灭宕昌、邓至，而党项始强。"④因而《拓拔驮布墓志》虽然没有记载"党项"一词出现的时间，却言"有蒿头川王是称党项，徙湟中故地，与浑部杂居"。《唐会要》记载："南杂春桑、迷桑等羌，北连吐谷浑。其种每姓别自为部落，一姓之中，复分为小部落，大者万余骑，小者数千骑，不相统一。"⑤

易言之，党项在原住地时，其部落文明程度较低。根据《新唐书》记载："有拓拔赤辞者，初臣吐谷浑，慕容伏允待之甚厚，与结婚，诸羌已归，独不至。"⑥可见党项拓拔氏是在移居河湟之后，与吐谷浑混居，蒿头川王的名号应当来自于吐谷浑对党项拓跋氏首领的册封。因而结合相关研究，"党项"一词的出现当在北周时期，是党项拓跋氏从其故地迁徙至河湟地区。

蒿头川王徙湟中故地，那其之前生活在哪里呢？根据相关研究认为党项原分布地在今青海、甘南和四川西北一带⑦。则宕昌、邓至灭亡之后，党项原居地与吐谷浑居地之间就连通了。通过对南北朝时期西域与南朝之间陆路交往的研究，认为在西域与益州之间有一条与"河西走廊"并行的"河南道"，

①　汤开建.关于党项拓跋氏族源的几个问题 [M]// 党项西夏史探微.商务印书馆，2013：3—27.
②　韩荫晟.党项与西夏资料汇编（上）[M].银川：宁夏人民出版社，2012：607.
③　周伟洲.党项西夏史论 [M].兰州：甘肃文化出版社，2017：15.
④　〔宋〕欧阳修，宋祁.新唐书：卷 221 上 党项传 [M].北京：中华书局，1975：6214.
⑤　〔宋〕王溥.唐会要：卷 98 党项羌 [M].上海：上海古籍出版社，2006：2082.
⑥　〔宋〕欧阳修，宋祁.新唐书：卷 221 上 党项传 [M].北京：中华书局，1975：6215.
⑦　周伟洲.党项西夏史论 [M].兰州：甘肃文化出版社，2017：5.

加强了双方之间的交流 [1]。

西魏北周时期，四川地区相继归属西魏、北周。西魏、北周为加强对蜀地的管辖，阻断了从"河南道"前往南朝的交通，且加强了对河湟地区的治理和开拓 [2]。正是这一时期开始，"党项"一词开始出现在史籍之中。《拓拔驮布墓志》言："徙湟中故地，与浑部杂居。"可见党项迁徙到河湟地区是在北周时期。

根据《拓拔驮布墓志》记载："种落蕃殖，控弦十万，代修职贡，纳款王庭。"可知党项迁徙河湟之后，人口增长。按照古代游牧民族一帐五人计算，党项人的数量已经达到了五十万左右。《唐会要》："（贞观）五年，诏遣使开其河曲地为六十州，内附者三十四万口。" [3] 是见，隋唐时期党项已经与吐谷浑及隋唐中央政府有一定的接触和交往 [4]。

关于党项与吐谷浑的交往，《拓拔驮布墓志》有言："曾祖兀思，恢简多智，沉靖有谋，为浑人所怀，所居成聚，因共立为浑项王。"由前边的材料拓拔驮布卒于唐玄宗开元十六年（728），享年54岁，可知其生于唐高宗仪凤三年（675）。若按一代二十至三十年来推算，则其曾祖兀思当生活于唐初。根据墓志记载来看，浑项王也是党项接受吐谷浑的官职，处于其统治之下，时间当在唐初。至于蒿头川王到底是吐谷浑册封，还是后来拓拔党项追封的，那就不得而知了。

有研究认为党项隋初时处于吐谷浑之南，并且受吐谷浑役使者不在少数 [5]。《拓拔驮布墓志》记载："控弦十万"，恰好也说明了受到吐谷浑役使的党项人数量之多。至于党项"徙居湟中旧地"，根据相关研究认为主要居住于原吐谷浑占有的今甘肃、四川西北的广大地区 [6]。

隋末唐初在青藏高原地区吐蕃势力迅速的发展，使得居住于河湟之地的吐谷浑、党项诸部受到威胁。根据《敦煌本吐蕃历史文书》记载："与吐谷浑

① 唐长孺.南北朝期间西域与南朝的陆道交通 [M]// 魏晋南北朝史论拾遗.北京：中华书局，1983：168—195；陈良伟.丝绸之路河南道 [M].中国社会科学出版社，2002.

② 牛敬飞.论汉魏南北朝洮西地之开拓 [J].中国历史地理论丛，2017（3）：22—29.

③ 〔宋〕王溥.唐会要：卷98 党项羌 [M].上海：上海古籍出版社，2006：2082.

④ 周伟洲.党项西夏史论 [M].兰州：甘肃文化出版社，2017：15—19.

⑤ 周伟洲.党项西夏史论 [M].兰州：甘肃文化出版社，2017：16.

⑥ 周伟洲.党项西夏史论 [M].兰州：甘肃文化出版社，2017：17.

二地纳赋。"① 由于党项在吐谷浑辖下，因而受到崛起的吐蕃的威胁的吐谷浑部众也包括党项。众所周知吐蕃开始与唐发生官方联系，是在松赞干布时期。松赞干布因唐拒绝与其和亲，曾经侵伐松州。而《拓拔驮布墓志》记载："属隋室分崩，吐蕃承衅，伺我无援，大见侵伐。"则是党项拓拔氏在唐初仍有部众居住于松州地区的一个例证。

然而在其曾祖兀思时期，由于吐蕃的侵伐，党项开始迁居河湟地区，受到吐谷浑的役属。然而根据《拓拔驮布墓志》记载，其祖吴伽时期"利甲兵，搜车乘，闻吐蕃无备，与浑部潜谋，堕城十数，斩首万计"。则是唐初吐谷浑、党项反抗吐蕃，北向发展的一个例证，之后"以贞观七年款关内附，有诏封西平郡王、兼授西平州刺史。"根据相关研究可知在唐太宗贞观八年（634）前，许多党项部落归附唐朝，唐朝设置了一系列的羁縻府州于党项诸部②。拓拔吴伽受到唐朝的羁縻，受封西平郡王兼西平州刺史。则党项拓跋氏还是在河湟地区。

然而从唐太宗贞观七年（633）一直到武则天万岁年间（696—697），拓拔兀思去世，其子拓拔岳未见担任何职，唯拓拔驮布历官事迹见于墓志："万岁年，以大酋长检校党州司马。"是知，拓拔驮布从其祖父拓拔兀思之后，继续担任大酋长。党州是唐王朝在党项集聚地设置的羁縻州，以大酋长为羁縻州司马。羁縻州位处庆州辖境，隶属于安定州都督府③。唐高宗后期，势力日张的吐蕃逐渐占据了唐朝设置的大部分党项羁縻府州，一些党项部落开始向内地迁徙④。《新唐书》记载："后吐蕃寖盛，拓拔畏逼，请内徙，始诏庆州置静边等州处之。"⑤拓拔岳英年早逝，是否与吐蕃寖逼，党项拓跋氏战败有关，抑或墓志出于避讳没有记载？不得而知。

根据《拓拔驮布墓志》记载："长安（701—704）中，以破默啜贼功特授游击将军、右威卫郎将、敕留宿卫。"反映的是唐与后突厥汗国的战争。此事《新唐书》亦有载："明年（长安二年，702 年），寇灵、夏，掠羊马十万，攻

---

① Bacot J,Thomas F W，TOUSSAINT C. Documents de Touen-houang Relatifs a l'Histoire du Tibet[M]. Paris:Librairie orientaliste Paul Geuthner，1940:29；王尧，陈践，译注．敦煌本吐蕃历史文书[M]．增订本．北京：民族出版社，1992：145.

② 周伟洲．党项西夏史论[M]．兰州：甘肃文化出版社，2017：21.

③ 郭声波．中国行政区划通史·唐代卷[M]．复旦大学出版社，2012：1071.

④ 周伟洲．党项西夏史论[M]．兰州：甘肃文化出版社，2017：30.

⑤〔宋〕欧阳修，宋祁．新唐书：卷 221 上 党项传[M]．北京：中华书局，1975：6215.

石岭，遂围并州。"① 蒙古国鄂尔浑河流域和硕柴达木地方发现的突厥文《毗伽可汗碑》对此亦有反映：

> 当我十七岁时，我出征党项，我击溃了党项人，在那里获取其男儿、妇女、马匹、财物。②

由《新唐书》与《毗伽可汗碑》观之，这次战争的胜利者应是后突厥汗国，以劫掠唐边境而告终。《拓拔驮布墓志》所载，应指拓拔驮布在某次战斗中击破后突厥汗国默啜的侵犯，而非整体战争之结局。这一记载说明，拓拔党项在武则天长安年间即已经从河湟地区迁徙至灵、夏等州。对于此事，周伟洲先生指出"武则天统治时期，内徙的党项已经到达河套地区，并且与突厥等北方民族有了交往"③。作为拓拔党项大酋长的拓拔驮布，以功获赏，唐朝不仅授予其官职，并且敕留宿卫。据《拓拔驮布墓志》载，"先天初（712），改授右威卫将军、进爵居庸县开国公、食邑七百户"。

《元和姓纂》记载党项拓拔氏源于鲜卑拓拔部，众所周知，《元和姓纂》成书于唐宪宗时期。新近出土的《拓跋守寂墓志》记载其出自羌族，而《拓拔驮布墓志》不仅记载其出自鲜卑，而且唐朝政府给予其爵位居庸县开国公。居庸县在幽州，十六国时期是鲜卑聚居地，可看出朝廷承认党项拓拔氏源自鲜卑。

党项拓跋氏迁徙灵夏之后，拓拔驮布作为质子留在中央侍卫，墓志云："是以离散响集，帐下威怀。御史杨钦明表请封袭，开元二年，封右威卫将军、兼安定州都督，明继及也。"根据相关研究，安定州都督府在唐玄宗开元四年（716）割隶庆州都督府④。在唐玄宗开元二年（714），在长安居住的拓拔驮布回到安定州担任都督。

《拓拔驮布墓志》记载："河曲之役，羯胡称乱，同恶相济，如市贾焉，六州之人翕为仇敌。公闻鼙勇进，执锐先驰。"唐玄宗开元九年（721）四月，兰池胡人康待宾发动叛乱，攻陷六胡州（今内蒙古鄂托克旗一带），进逼夏州（今陕西靖边东北），势力颇盛，其中就有许多党项人参与。后来，六州胡败走，

---

① 〔宋〕欧阳修，宋祁. 新唐书：卷215上 突厥传上 [M]. 北京：中华书局，1975：6047.

② TEKIN T. A Grammar of Orkhon Turkic[M].Bloomington：Indiana University Publications, Mouton and Co., 1968:275；耿世民. 古代突厥文碑铭研究 [M]. 中央民族大学出版社，2005：158.

③ 周伟洲. 党项西夏史论 [M]. 兰州：甘肃文化出版社，2017：32—33.

④ 郭声波. 中国行政区划通史：唐代卷[M]. 上海：复旦大学出版社，2012：1070.

党项投降唐朝，得到妥善安置①。根据《拓拔驮布墓志》，这次战役其子丧生，朝廷进爵九原郡开国公，并且听其两年一朝，于唐玄宗开元十六年卒于长安，最后归葬本蕃。

《拓拔驮布墓志》出土陕西省吴起县，唐代属庆州，据墓志知，在唐玄宗开元时期拓拔驮布家族仍然居住在庆州地区。拓拔驮布家族从党项原居地迁徙河湟之后又迁徙至灵夏，再到庆州。从6世纪中期到8世纪初一百多年的历史中，党项拓跋氏从原居地（今四川、甘南、青海等地）最终迁徙到关内道北部的庆州，唐朝设立了党项羁縻府州，管辖安置迁徙而来的党项部众。

第三节　墓志所见内附拓拔氏的封号

根据《拓拔驮布墓志》记载，唐太宗贞观七年（633）内附的拓拔吴伽受封为西平郡王兼西平州刺史。然周伟洲先生经过对唐初党项羁縻府州的研究，发现没有西平州②。《拓跋守寂墓志》记载西平郡开国公的名号为其家族世袭传承。拓跋守寂的高祖立伽，墓志并没有说其爵位③。因而我们推测拓拔吴伽受封西平郡王，有可能还在河湟地区，然拓拔岳早逝。随着党项的内迁，最终"西平郡"的爵位号落在了拓拔守寂一支。西平州应当是作为松州都督府下的羁縻州。

拓拔吴伽是唐朝的西平郡王，然其孙子拓拔驮布在武则天万岁时期以大酋长检校党州司马。党州是庆州都督府下的羁縻州，唐朝的上州和中州才设立司马，下州没有司马。如果按照中州司马的品级只是正六品下，那么拓在唐代算作中层官员。相关研究认为党项的内迁主要是吐蕃的侵逼，开始于唐太宗贞观末，唐高宗仪凤至永隆前后是高峰期，并且党项的内迁是以姓氏、部落的形式内迁的，最后散居于陇右北部诸州和关内道北部的几个州④，因而武则天万岁年的党项拓拔驮布这一支可能才迁徙而来，朝廷给予其党州司马的官职。

然根据《拓拔驮布墓志》可知，武则天长安时期，拓拔驮布受封游击将军、

① 周伟洲. 党项西夏史论 [M]. 兰州：甘肃文化出版社，2017：33.

② 周伟洲. 党项西夏史论 [M]. 兰州：甘肃文化出版社，2017：23—28.

③ 王富春. 唐党项族首领拓跋守寂墓志考释 [J]. 考古与文物，2004（3）：73—75.

④ 周伟洲. 党项西夏史论 [M]. 兰州：甘肃文化出版社，2017：31—32.

右威卫郎将，并且敕留侍卫。游击将军是从五品下的武散官，右威卫郎将为正五品上[①]。至于让拓拔驮布敕留侍卫，很显然是作为质子。到唐玄宗先天时期，拓拔驮布改授右威卫将军，册封为居庸县开国公，食邑七百户。右威卫将军为从三品，然而拓拔驮布受封为居庸县开国公，食邑七百户。根据唐朝制度县公为从二品，食邑一千五百户。县伯为正四品，食邑七百户[②]。因而拓拔驮布尽管为县公，但是享受的待遇为县伯。唐玄宗开元二年（714）拓拔驮布以右威卫将军担任安定州都督，安定州是唐朝设立的党项羁縻州。从武则天时期到唐玄宗时期，短短的二三十年间，朝廷对其逐渐重视，应当是党项部众内迁增多的缘故。

在六胡州叛乱之中，拓拔驮布由于军功册封为右威卫大将军，九原郡开国公，食邑一千二百户。右威卫大将军为正三品，九原郡开国公为郡公，郡公食邑二千户，然而拓拔驮布为一千二百户。然揆诸《拓跋守寂墓志》，知西平郡开国公从拓跋思泰到拓跋守寂又传给拓拔澄澜，虽然拓拔澄澜还是幼童[③]。并且《拓跋守寂墓志》为夏州刺史郑宏之书写，只写了爵位而不记载食邑。也许内附的少数民族的爵位和食邑不同于唐朝的官员。从拓拔驮布受封为九原郡开国公，拓跋守寂祖孙三代受封西平郡开国公来看，尽管都属于党项拓跋氏，但是其当统领不同的部落。至于哪一支为正嫡，史料不足，难以遽断。

对《拓拔驮布墓志》的简单考释，为我们勾画了一支拓拔党项部族从原居地迁徙至陇右、关内道北部的图景。并且通过对其爵位等的分析，我们也可看出当时唐朝政府对其的态度和重视程度，因而拓拔驮布墓志的出土对于我们研究唐代党项的迁徙等问题都有帮助。

---

① 〔唐〕李林甫，等，唐六典：卷 24[M]. 陈仲夫，校 . 北京：中华书局，1992：622.

② 〔唐〕李林甫，等，唐六典：卷 2[M]. 陈仲夫，校 . 北京：中华书局，1992：37.

③ 王富春 . 唐党项族首领拓跋守寂墓志考释 [J]. 考古与文物，2004（3）：74.

第十章　甘肃省博物馆收藏的一件未刊北朝残塔 ①

第一节　残塔基本概况

甘肃省博物馆保存有 1 座石塔，不完整，现仅存 2 层，砂岩质（如图 10-1），至今未公开展出和刊布过。该塔由征集而来，发现情况不明，仅馆藏文物登记册对其有非常简略的描述："石塔为国家三级文物，北朝时期雕造，发现地不明，为征集文物。"

图 10-1　北朝残塔 a—b 面

① 本文原刊《敦煌研究》2014 年第 4 期，第 17—22 页，与俄玉楠合撰。其中，甘肃省博物馆藏北朝残塔图片由甘肃博物馆徐睿先生提供，特致谢忱。部分陇东北朝石刻造像图片由本文作者之一俄玉楠博士拍摄。

现存石塔第一层顶边 26.5 厘米，底边 30 厘米，高 37 厘米。a 面，二佛并坐龛像，素面莲瓣形龛楣，上方饰两身飞天；龛内释迦多宝二佛并坐，均跌坐，施无畏与愿印；台座形制颇为独特，类似于小几形制。b 面，佛三尊龛像，同样以飞天装饰佛龛上部空间，龛内主尊跌坐于须弥台座之上，两侧侍立菩萨，体态微丰。c 面，镌刻跌坐佛三尊龛像，主尊跌坐于须弥台座上，手印与塔上其他尊像有别，双手笼于袖中；二菩萨侍立两侧，素面莲瓣形龛楣上方刻两身飞天。d 面，佛三尊立像，拱形龛，龛楣饰以飞天；主尊立姿，跣足，施无畏与愿印相，两侧胁侍菩萨，头戴宝冠，头部有残缺，双手合十，体态于端庄中见飘逸之感。

第二层顶边 31.9 厘米，底边 35 厘米，高 41.4 厘米。所镌刻之四面图像分别为：a 面，倚坐佛龛像，素面莲瓣形龛楣，龛上方刻两身飞天，裙裾飞扬；龛内刻一铺佛三尊龛像，主尊倚坐姿，神格应为弥勒，两侧胁侍立姿菩萨；佛龛下方小格内刻一排计六身男性供养人像。b 面，龛内刻佛三尊立像，主尊胁侍均为立姿，均跣足立于虚空升起的莲台之上，主尊之莲台由夜叉托举，两侧胁侍比丘所立莲台下方各雕一身双手合十胡跪供养菩萨；画面上方同样饰以飞天。c 面，跌坐佛三尊龛像，拱形龛上方为减地平雕之手法雕刻的两身飞天，两身飞天正中还刻有盛开的莲花；龛内主尊跌坐姿，无畏与愿印相，两侧胁侍立姿菩萨，下方雕刻双狮。d 面，同样为跌坐佛三尊像，莲瓣形龛，龛楣阴刻火焰纹，龛上方饰以云纹装饰；龛内主尊跌坐于榻式台座之上，两侧胁侍立姿菩萨，其形体圆润中透出秀雅；龛下方小格内为牛车供养人出行图，牛车前后各有一仆从，无题记及发愿文。

第二节　残塔具体时代与原有规制

该塔被定为北朝时期，具体时代不详，这里谨依其佛龛式样与造型来进行推断。

佛龛样式基本符合甘肃西魏北周时期石刻造像特点，尤其与西魏末期北周初期的石刻造像颇为趋近。甘肃西魏至北周初期石刻造像之佛龛样式多为简洁明了的莲瓣形或拱形，龛楣亦极为朴素，大多素面无纹饰，如甘肃华亭发现的北周明帝二年（558）路为夫造像塔（图10-2）^①。相较而言，北周石刻成熟期的作品，其龛形多变且装饰华丽，如同样出自华亭的北周保定四年（564）张丑奴造像碑（图10-3）。从甘肃北朝时期石刻造像的尊像配置模式看，佛三尊以及佛五尊龛像也是北朝后期石刻造像常见模式，龛像中胁侍以及装饰元素的设置也呈现出北朝后期的特点，而不似北魏时期的配置模式。依据以上特征，我们推测该塔的雕造年代，约为西魏晚期至北周初期。

从造型看，人物轮廓饱满圆润，有别于北魏时期清瘦修长之风，衣饰亦与北魏时代风格有别，显得更为简洁流畅而贴体，体现出北朝后期风格转变的端倪。

图10-2　华亭发现北周　　图10-3　华亭发现北周保

明帝二年三层叠垒石塔　　　定四年造像碑

---

① 北周明帝二年（558）路为夫造像塔，通高77厘米，出土自甘肃华亭南川乡，原藏华亭县博物馆，现藏于平凉市博物馆。见张宝玺. 甘肃佛教石刻造像 [M]. 兰州：甘肃人民美术出版社，2000：154. 书中仅刊布了石塔的底层图像。

　　揆诸北朝时期保存完整的同一类型石塔，其石块叠垒层数均为单数，或三级，或五级。据载，古塔建造规制，"尤依天竺旧状而重构之，从一级至三、五、七、九"[①]。由是以观，该北朝残塔亦应采用这种奇数规制，而今见者仅有两层，不合仪轨，必有残缺。

　　残塔为梯形叠垒石塔，这种石塔在甘肃多有发现，其中保存比较完好的有北魏卜氏石塔（5层）、西魏大统二年（536）权氏塔（3层）、秦安西魏石塔（3层）以及北周明帝二年（558）路为夫塔（3层）等。

　　北魏卜氏石塔之规制在全国范围的北朝石塔中都属罕见，塔通高2.06米，五层石雕全部留存完整，雕刻极为精美（图10–6），具有很高的规格。揆诸全国同期方石叠垒石塔，具此规模者，仅卜氏塔一件。另外，以卜氏塔单层的数据对比考察甘博所藏北朝残塔，显示出较大的差异性，反映出卜氏塔独有的层次渐递规律。以此塔与甘博藏北朝后期残塔进行比较，可以看出，残塔不会多至5层。

　　天水秦安发现西魏大统二年（536）权氏造石塔[②]，共三层，基本形制亦为方石叠垒，只是在每层方石之间加入中国传统建筑之屋檐结构，又在塔顶放置具汉地审美因素的塔刹结构，成为中国楼阁式塔。该塔风格显示出甘肃北朝后期石刻特点[③]，单层石雕的体积，尤其是底层和中层石雕与甘博所藏北朝后期残塔相仿，在石块的渐递叠垒规律方面，两者亦极为相近。

　　平凉市博物馆收藏的北周明帝二年（558）路为夫塔（图10–2）同样为三层规制，塔通高77厘米，底层梯形石雕高29厘米，宽26厘米。从整体体积来看，北周石塔略小于秦安西魏石塔、秦安大统二年权氏塔和甘博北朝残塔，这说明北朝后期叠垒石塔的规模设置是略有区别的，但却不能忽略它们之间紧密的联系。甘肃北朝后期叠垒石塔之规制多为3层，且从成组留存石塔的叠放次序来看，石块渐递次序明确又衔接紧密，从而构成上小下大的梯形方石轮廓。

　　尤其值得注意的是甘博收藏的秦安西魏石塔[④]，亦为方石叠垒形制，规制完整，共3层，每层数据为：

———————

　　① 〔北齐〕魏收. 魏书·释老志 [M]. 北京：中华书局，1974：3029.

　　② 俄军. 甘肃省博物馆文物精品图集 [M]. 西安：三秦出版社，2006：64.

　　③ 有学者认为西魏大统二年权氏塔非为北朝后期雕造，其顶层应为北魏造像，中层、底层为北周雕造。见文静，魏文斌. 甘肃馆藏佛教造像调查与研究（之一）[J]. 敦煌研究，2012（4）：35—38. 笔者不同意此说，将专文论述。

　　④ 俄玉楠，杨富学. 秦安西魏石塔诠索 [J]. 新疆师范大学学报，2014（1）：87.

单位（厘米）

	顶边	底边	高度
顶层	22.5 厘米	24.6 厘米	33.5 厘米
中层	23.9 厘米	26.1 厘米	35 厘米
底层	29 厘米	30.5 厘米	40 厘米

　　残塔第一层顶边 26.5 厘米，底边 30 厘米，高 37 厘米；第二层顶边 31.9
厘米，底边 35 厘米，高 41.4 厘米。可以看出，两者中层和底层规制数据是接
近的。整体观之，两者在体量与层次渐递规律上也趋近一致。故而可以推定，
甘博所藏这通北朝后期残塔原有规制应为三层，现存者为中层和底层，上层
遗失。（图 4）

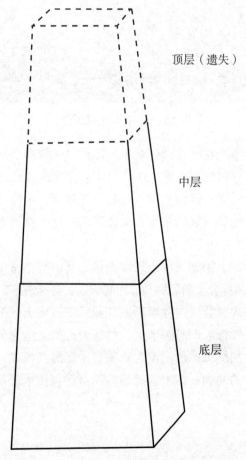

图 10-4　北朝残塔原有规制复原示意图

第三节　残塔来源地蠡测

　　在石塔底层 b 面龛像内有合十胡跪供养菩萨。在佛三尊立像虚空升起的莲台下方，主尊释迦的莲台由夜叉托举。两侧胁侍菩萨的莲台下方则各有一身胡跪姿供养形象，二者形象造型一致，均一膝竖起，一膝跪地，双手合十，躬身胡跪。（图 10-5）

图 10-5　残塔胡跪图像

　　胡跪供养菩萨造型在甘肃地区多见，不惟见于河西地区，在河东、陇南诸地也有所见，且分布相当广泛。现藏于甘肃省博物馆的北魏张长造像碑[①]，出自泾川，无纪年铭文，风格呈现出北魏早期特质，该碑主尊交脚弥勒之做法与莫高窟北魏早期洞窟联系紧密，龛像下部的忍冬纹饰也与天梯山北凉壁画中的卷草纹样极为相近。[②]

　　这个造像碑碑额上镌刻了树下思维图像，菩萨舒相坐于树下，两侧侍立菩萨，最外侧则为两身合十胡跪胁侍，均着天衣，躬身颔首，衬托出画面沉思、肃穆的氛围。两身胡跪胁侍与甘博所藏北朝后期石塔上的形象，无论从人物的轮廓姿态，还是发饰衣饰等细节上，都极为近似。这充分说明出现在北朝初叶石刻造像上的胡跪图像已固定为双手合十胡跪姿模式，并且这一模式一直延续到甘肃地区的北朝石刻上。北朝后期造像直接承袭早期样式，并未做任何变革。

---

① 金维诺．中国寺观雕塑集：早期寺观造像 [M]．哈尔滨：黑龙江美术出版社，2002 年，图版 76.

② 敦煌研究院，甘肃省博物馆．武威天梯山石窟 [M]．北京：文物出版社，2000 年，彩版 40，46.

　　值得注意的是，这张造像碑在主龛两侧及碑底部镌刻具题名的世俗供养人，因而碑额上形象衣饰相异于世俗供养人的胡跪胁侍，其身份与甘博所藏北朝后期石塔一致，应为供养菩萨神格。这也说明甘肃北朝时期胡跪形象之神格身份亦和其姿态一致，逐渐固定下来，成为甘肃地域造像的特质之一。

　　出自甘肃庄浪县良邑乡，同样藏于甘博的北魏卜氏石塔上大量出现胡跪菩萨。石塔高 2.06 米，由 5 层梯形方石叠垒而成，雕刻精美，四面开龛造像，为北魏石造像塔中的精品。卜氏石塔既能彰显出十六国以来西域影响的遗韵，如第 5 层方石龛楣上莲花化生像与天梯山北凉化生童子壁画之间的联系，其交脚弥勒龛像中天衣的样式明显继承自北凉样式；又能在造像中看到汉地文化渗入和对佛教造像之"改良"趋势，如佛及菩萨的衣饰宽大繁复、层叠飘逸，显见融入汉地文化及审美情趣。另外，卜氏石塔造像还含有非汉族文化特质，如石塔上出现类似于袄教"赫瓦雷纳"神（人首鸟身，意为福运之鸟）形象的人首鸟身像，虽然其象征性已经发生转变，但样式特征并非中原造像元素，而是另有承袭。[①] 塔上太子思维图中，侍立两侧的菩萨帽饰，显然具有胡人之风。

图 10-6　甘博藏
北魏卜氏石塔

总之，卜氏石塔是甘肃北朝时期极具代表性的单体石刻造像，不仅融合了多种早期佛教艺术风格及语汇，而且石塔上频繁出现的胡跪胁侍，为本文所述甘博藏北朝石塔的研究提供了最佳脚注。（图 10-6）

　　卜氏塔第 2 层镌刻佛三尊龛像，龛楣饰化生童子像五身，帐形龛内雕刻佛三尊像，主尊释迦趺坐姿，施无畏与愿印；两侧侍立菩萨带华鬘冠，双手合十。佛龛下方所刻图像颇为独特，居中刻一分身持戟的神王形象，两侧各有一身头戴华冠，手合十，胡跪供养菩萨。在该层另一画面上，亦出现双手合十胡跪菩萨，戴华冠，姿态虔诚（图 10-7），与双狮及夜叉相映衬，烘托出场景的宏大和气氛的热烈。

---

　　① 俄玉楠. 甘肃省博物馆藏卜氏石塔图像调查研究 [J]. 敦煌学辑刊，2011（4）：72.

图 10-7 甘博藏北魏卜氏石塔上胡跪菩萨

石塔第 5 层上部镌刻带宝冠趺坐姿主尊及胁侍，下部为车马出行供养人图像。主尊头戴宝冠，趺坐于莲台上，施禅定印，两侧侍立菩萨、弟子各一身，其中之宝冠主尊，或为来自中亚的"宝冠"卢舍那佛图像[①]，未可遽断。最外侧各有一身胡跪姿供养菩萨，带华冠，双手合十，上部左右两角处，各雕化生童子一身。整体观之，画面上部尊像群配置非常完整，胁侍身份呈多样化，除二菩萨二弟子胁侍外，更有胡跪菩萨及化生像用以烘托气氛。其整体设置与天梯山北凉 1、4 窟中心柱龛像设置相同：把胡跪菩萨放在佛龛最外侧，以期展示出佛国胜景。

在石塔第 4 层上还雕有涅槃图像。画面以一简洁无装饰的方龛一分为二，上部为佛涅槃场景，佛陀仰躺于榻上。佛陀头脚处各有一比丘，跪地护持，背景则为六比丘举哀图。画面下部小格内图像也非常独特，居中刻画一舞者，全身缚着铃或铙状乐器，面容含笑，手舞足蹈，两侧刻胡跪姿伎乐形象，可能是为释迦做最后礼乐供养的末罗族人[②]，其中出现胡跪形象，意在突出对佛陀的礼敬。

此外，亦不可忽略甘肃北朝后期石刻造像之上的胡跪图像，其形制与造像内容与本文所述北朝晚期石塔的不无差异，但也有相同之处。如现藏于甘博的权氏造千佛碑，出自天水秦安，有西魏大统十二年（546）纪年题记。碑通高 74 厘米，宽 67.5 厘米，碑身浅浮雕十排千佛，碑底部镌刻四排供养人图像，其中包括供养人车马出行图。在碑额主龛镌刻佛五尊像，主尊趺坐，两侧侍立二菩萨二弟子，主龛两侧各有一小龛，共刻五身比丘，其中出现双手

---

① 赖鹏举. 敦煌石窟造像思想研究 [M]. 北京：文物出版社，2009：47—49.

② 俄玉楠，杨富学. 秦安西魏石塔诠索 [J]. 新疆师范大学学报，2014（1）：87—96.

合十胡跪比丘形象（图10-8）。[1]该像置于主龛右侧的小龛内，配香炉，在石碑底部的供养人图像中却没有出现这种胡跪形象，抑或此为甘肃北朝石刻造像在尊像设置上一个特点。

图10-8 西魏大统十二年权氏造千佛碑碑额龛像

综上所述，胡跪胁侍图像在甘肃北朝石刻上多有出现，模式固定，身份多为供养菩萨，一般置于龛像外缘，用以烘托庄严、肃穆、虔诚的佛国胜景。北魏卜氏塔规制完整，造型精美，凸显出胡跪形象的神格属性。本文所论北朝后期石塔所见胡跪菩萨与北魏初叶张长造像碑上胡跪菩萨在样式、雕造风格上几无变化，显示出石刻造像粉本之间的延续性。此外，参照甘博所藏出自天水秦安的西魏大统二年（536）楼阁式塔[2]、西魏三层叠垒石塔[3]，西魏大统十二年（546）权氏千佛碑[4]以及北周保定三年（563）权道奴造像碑[5]、北周保定四年（564）王文超造像碑[6]，亦可见甘博藏北朝后期石塔在风格样式乃至细部特征上，与甘肃天水秦安一带石刻造像极为接近，故而可推定其发现地为天水地区。

① 金维诺.中国寺观雕塑集：早期寺观造像 [M].哈尔滨：黑龙江美术出版社，2002：39.

② 俄军.甘肃省博物馆文物精品图集 [M].西安：三秦出版社，2006：64.

③ 俄玉楠，杨富学.秦安西魏石塔诠索 [J].新疆师范大学学报，2014（1）：87—96.

④ 张宝玺.甘肃佛教石刻造像 [M].兰州：甘肃人民美术出版社，2000：图版172.

⑤ 张宝玺.甘肃佛教石刻造像 [M].兰州：甘肃人民美术出版社，2000：图版205—206.

⑥ 张宝玺.甘肃佛教石刻造像 [M].兰州：甘肃人民美术出版社，2000：图版209.

第四节 结论

甘肃地区留存北朝梯形叠垒石造像塔并不多，具有完整规制的石塔更为稀见。由于方石四面均能开龛造像，且数件成组，相对造像碑来说，可镌刻更多的佛教图像内容，能更为深入地传达出佛教思想以及造像艺术的发展变化，具有珍贵的学术和艺术价值。综合考察甘肃一地留存的北朝单体石刻，可以看出造像塔和造像碑在整体设置以及图像布局上是有明显差别的。造像碑受到中国石碑"刊石记功"功能的影响，因而碑体上多镌刻功德主发愿文、题名以及纪年铭文；造像塔则更多展现佛经内容与场景，注重"籍像表真"功用，因而塔上龛像林立，图像内容极为丰富，却少见发愿文和纪年铭文。

正因为石造像塔所展示出的图像特质，为我们考察佛教艺术风格嬗变乃至蠡测造像年代提供了可贵的实物资料。甘肃现存北朝石塔绝大多数未见铭文题记，如国家一级文物北魏卜氏塔、秦安西魏塔等均未镌刻纪年，然而石塔本身就展示极为突出的时代风格，这一特质也反映在甘肃博物馆所藏的这座北朝残塔之上。

甘肃北朝后期（西魏至北周初叶）单体石刻在造像风格存在两种风格模式。第一种风格模式可以看成是北魏风格的延续。其人物形体特征依然保留北魏消瘦、飘逸的特点，服饰亦如北魏层叠繁复，但在细部样式上，已出现异化特征。比如，服饰的刻画方式偏重以流畅的长线条刻就，更注重服饰所表现出的形体轮廓，而减弱了佛衣层层叠加的厚重质感，如灵台新开西魏造像碑，还有出自庄浪良邑乡宝泉寺的西魏造像塔[①]等，即充分表现出第一种造像模式的显著特点。第二种风格模式开启北周风格之端倪。人物体态圆润，体量结实，服饰贴体，均用流畅的长线条刻画。如秦安西魏石塔、西魏大统二年（536）权氏塔以及西魏大统十二年（546）权氏千佛碑，即堪充第二种模式的代表。呈现第二种风格模式西魏石刻上，佛衣及裙裾做法对甘肃北周石刻影响既深且巨，具体表现在一些纪年明确的北周造像中，如现藏甘博的北周保定四年（564）王文超造像碑以及北周建德二年（573）王令猥造像

---

① 张宝玺. 甘肃佛教石刻造像 [M]. 兰州：甘肃人民美术出版社，2000：150.

碑[①]，其龛像中覆盖台座的佛衣裙裾就完全与西魏造像样式一致。这一特征充分说明甘肃西魏至北周时期造像风格之间紧密联系，具有不可割裂的、明显的承袭特点。

此外，必须注意到这两种风格模式所揭示出的造像风格分布区域化特征。其中，呈现第一种模式之造像多出自平凉、庆阳等甘肃东部一带，而呈现第二种模式的造像集中出现在天水一带，并与麦积山石窟同期风格有所关联。综上所述，甘博所藏这座北朝残塔应雕造于西魏至北周初期，且风格上与天水一带石刻联系紧密，很可能出自同一地区。

---

① 王文超造像碑，高 96 厘米，出土自甘肃天水秦安县新化乡；王令猥造像碑，高 90 厘米，出土自甘肃张家川回族自治县。见吴怡如 . 北周王令猥造像碑 [J]. 文物，1988（2）：69—71；WONG D C. Chinese Steles：Pre-Buddhist and Buddhist use of a Symbolic Form[M].Honolulu：University of Hawai'i Press，2004:131—134；〔美〕王静芬 . 中国石碑：一种象征形式在佛教传入之前和之后的运用 [M]. 毛秋瑾，译 . 北京：商务印书馆，2011：206—207.

第十一章　甘肃省博物馆藏秦安西魏石塔诠索 [①]

第一节　秦安西魏石塔概说

甘肃省博物馆馆藏甘肃天水秦安发现西魏石塔一通[②]。石塔现存3层（块），无纪年铭文。张宝玺先生率先关注此碑，给出了简要叙述，兹移录如下。

秦安造像塔，西魏，砂岩，高107厘米，底宽32厘米，秦安县出土，甘肃省博物馆藏。

造像塔一石一层，现存3层，或有刹顶及塔檐基座，今已不明。塔身每层每面各开龛造像，计有9龛。雕刻内容为坐佛、倚坐佛、交脚尔（弥）勒菩萨及他们的胁侍二弟子二菩萨，尚有涅槃龛像。[③]

由于各种原因，该塔至今未予公刊，甚至一直没有公开展出，遑论细致研究。有幸的是，由于某种机缘的和合，工作得到了甘肃省博物馆的支持，并授以图片，使研究得以顺利进行。这里谨致以深深的谢意。

众所周知，在一般情况下，四面石造像塔的组合次序都是按照梯形方石雕大小依次叠垒。该石塔现藏于甘肃省博物馆文物库房内，为便于保护，石

---

① 本文原刊《新疆师范大学学报》2014年第1期，第87—96页，与俄玉楠合撰。其中，甘肃省博物馆藏西魏石塔的图片由甘肃省博物馆李晓青女士、徐睿先生提供，特致谢忱。部分陕西、甘肃发现的北朝石刻造像图片由本文作者之一俄玉楠博士拍摄。

② 甘肃省博物馆还藏有秦安出土的另一方西魏石塔，据研究，此塔非同一时代之物，顶层应为北魏，其下二至三层为西魏之物，有待进一步探讨，此不赘。见文静，魏文斌.甘肃馆藏佛教造像调查与研究（之一）[J].敦煌研究，2012（4）：35—38.

③ 张宝玺.甘肃佛教石刻造像 [M].兰州：甘肃人民美术出版社，2000：214.

塔分开存放。张宝玺先生率先披露了该塔照片，其中将石塔三部分组合依次
叠合起来（图 11-1），以利窥其原始概貌。[①] 笔者测量石塔的基本数据后发现
3 块石雕的叠垒次序与张宝玺披露的石塔照片一致。石塔具体数据及造像内容
参见图表。

图 11-1 秦安西魏石塔

表一：石塔基本数据

（单位：厘米）

	顶边	底边	高度
顶层	22.5	24.6	33.5
中层	23.9	26.1	35.0
底层	29.0	30.5	40.0

---

① 张宝玺. 甘肃佛教石刻造像 [M]. 兰州：甘肃人民美术出版社，2000：141，图 175.

表二: 石塔造像内容（图2）

	A 面	B 面	C 面	D 面
顶层	佛五尊像，龛形简洁，以阴线雕刻莲瓣形龛	二佛并坐图像，有显明地域特色	佛五尊像，磨损严重	涅槃图像，上部天宫样式富有创造性
中层	佛五尊像，龛形别具匠心，华盖结合螭龙的样式，雕刻精美	佛五尊像，主尊倚坐姿、象座、龛楣有化生像和禅定僧图像	佛五尊像，主尊菩萨装、倚坐姿胁侍弟子和菩萨，应为弥勒佛	佛五尊像，释迦跌坐姿，磨损严重
底层	萨埵饲虎本生图像，较为独特，鲜见于北朝石塔，富有创造性	佛五尊像，释迦跌坐姿、华盖形龛，雕刻精美传神	佛五尊像，主尊交脚弥勒菩萨，胁侍弟子及菩萨，狮座	佛五尊像，龛楣上方雕刻闻法比丘及菩萨，主尊跌坐姿

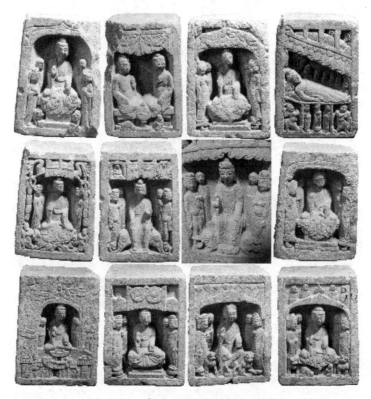

图 11-2　秦安西魏石塔诸面分解图

第二节　秦安石塔萨埵舍身饲虎本生

佛本生故事，梵文、巴利文均作 Jātaka，记述的是释迦牟尼累世修行的行业。古代印度相信生死轮回。不论人或动物，只要降生，就必有所为，或善或恶，不出二途。有因即有果，这就决定了它们转生的好坏。如此轮回，永不止息。释迦牟尼在成佛之前，只是一个菩萨，未跳出轮回的圈子，故必须经过无数次的转生，才能成佛。[①]

萨埵本生在早期经典《贤愚经》《金光明经》《菩萨投身饴饿虎起塔因缘经》《六度集经》中均有记载。几部经典虽在老虎的数量、国王有三个儿子还是仅有太子等细节方面有差异，但在萨埵以身饲虎内容和故事所象征的宗教思想上都高度统一。

在今天所见北朝佛教单体石刻造像上，本生故事为其主要内容之一，尤其在造像塔上，由于四面开龛，数块石雕叠垒成组的形式能够表现更丰富的佛教思想内容，所以石造像塔大多都集佛本生、本行故事以及龛像于一体。在本生故事的撷取上，北朝石刻造像呈现出一致性，多刻儒童本生，即过去定光佛授记虔诚供养的童子，预言其转世将成为释迦牟尼佛的故事。因其是链接佛陀从过去世已经确定要成为精神世界的统治者的重要环节，授记图像与释迦及交脚弥勒的龛像组合雕刻在石刻造像上，清晰地呈现出早期佛教的谱系传承理念和三世佛信仰体系。相对而言，萨埵舍身饲虎本生虽然在新疆、甘肃等地的早期石窟寺壁画中多有呈现，但在北朝石刻造像上，是少见的。

新疆克孜尔石窟中萨埵本生图像初现于龟兹佛教艺术发展时期 38 窟和114 窟的券顶部分，学界普遍认为 38 窟和 114 窟开凿于 4 世纪中叶。[②]霍旭初先生指出：38 窟和 114 窟是克孜尔壁画艺术发展期的两个代表性洞窟，绘画艺术水平甚高，题材内容、洞窟形制都是发展期的典型。依据碳 C14 测定数据，38 窟为约公元 310±80 年，我们根据该洞窟绘画风格、艺术水平、题

---

① 〔日〕干泻龙祥. ジヤータカ（本生谈）概观 [M]. 东京：铃木学术财团，1961：1；季羡林. 关于巴利文《佛本生故事》[M]// 郭良鋆. 佛本生故事选. 北京：人民文学出版社，2001：1.

② 〔德〕格伦威德尔. 新疆古佛寺 [M]. 赵崇明，巫新华，译. 北京：中国人民大学出版社，2007：124；阎文儒. 新疆天山以南的石窟 [J]. 文物，1962（7/8）：7—59；宿白. 克孜尔部分洞窟阶段划分与年代等问题的初步探索 [M]// 新疆维吾尔自治区文物管理委员会. 中国石窟：克孜尔石窟（一）. 北京：文物出版社，1997：10—23.

材内容等情况，认为应计入一些误差时间为宜。114 窟碳 C14 测定数据为约公元 355 ± 50—100 年[①]。德国学者格伦威德尔（Albert Grünwedel）对龟兹石窟的风格进行了划分，在他所谓的第二种风格的"b 类型画风"，风格"有了变化，增加了某些新的东西，例如详细描绘佛陀本生故事及其他传说故事"[②]。格氏把 114 窟（即所谓的"转经轮洞"）所见萨埵本生图像误读为："唯一长方池塘，池塘前方有一菩萨伸展四肢躺在地上，有两只看来像狼的动物正在吃他。从天上飞下来一个伸展着双臂的天神，类似的画面有转经轮洞。"[③]

克孜尔第 38 窟和 114 窟的萨埵本生图像形式均为券顶部分的菱格壁画[④]。两者似乎根据同一粉本绘就，除设色风格和一些细节差异外，总体区别甚少。整幅画面仅用两个情节来展示萨埵本生故事，即萨埵自山崖跃下及萨埵仰卧于地、虎食萨埵的场景。这或许与壁画的表现形式息息相关，菱格壁画形式决定了每幅本生故事图像必须采用最能象征故事的关键情节予以展现，使观者一目了然。两窟壁画保留着浓郁的外来风格，比如，人物形体特征非常类似秣兔罗风格，同时，龟兹艺术的特质也逐渐跃然于画面上。人物的头部轮廓及五官分布已完成龟兹人的审美转变，这一点在 114 窟壁画上表现的尤为明显。

敦煌莫高窟萨埵本生图初现于北魏 254 窟南壁后部。[⑤] 与新疆所见相比，艺术表现形式大相径庭，即敦煌所见采用中国造型艺术中平面化、散点透视的形式尽可能多地展示出萨埵本生故事中的关键情节，其中有三王子见饿虎、萨埵刺颈投崖、饲虎、二兄见尸骸告知父母、父母哀悼和起塔供养等画面。整幅故事画构图饱满，场景衔接紧密，具有很强的悲剧气氛，同时还应看到，画面中起塔供养部分所绘之塔已完全为中国化的楼阁式出檐方塔形制。

254 窟萨埵本生图像在人物形体、设色方式等方面依然彰显着西域艺术的影响，构图显得更为集中饱满。莫高窟北周 428 窟和北周末隋初 301 窟[⑥] 的

---

① 霍旭初 . 丹青斑驳照千秋：克孜尔石窟壁画艺术揽胜 [M]// 周龙勤 . 中国新疆壁画艺术·克孜尔石窟（一）. 乌鲁木齐：新疆美术摄影出版社，2009：11.

② 〔德〕格伦威德尔 . 新疆古佛寺 [M]. 赵崇明，巫新华，译 . 北京：中国人民大学出版社，2007：78.

③ 〔德〕格伦威德尔 . 新疆古佛寺 [M]. 赵崇明，巫新华，译 . 北京：中国人民大学出版社，2007：123，图 142.

④ 中国新疆壁画艺术编委会 . 中国新疆壁画艺术：克孜尔石窟（一）[M]. 乌鲁木齐：新疆美术摄影出版社，2009：121，193.

⑤ 敦煌文物研究所 . 中国石窟：敦煌莫高窟（一）[M]. 北京：文物出版社，1981：图版 36，37。

⑥ 敦煌文物研究所 . 中国石窟：敦煌莫高窟（一）[M]. 北京：文物出版社，1981：图版 168，169；中国石窟：敦煌莫高窟（二），图版 2，4.

萨埵本生图像则完整呈现出中国古代山水绘画的品格和意识。美国学者白菁（Janet Baker）认为，428 窟和 301 窟的萨埵本生壁画开创了一种新的"疏体"风格（sparse style）。这种风格不同于北魏 254 窟萨埵图像所使用的表现方式，在这里中亚的影响已然消缺，而中国本土的造型元素占据主要地位。[①] 这两处图像都以长卷的形式绘就，基本展示出萨埵本生的全部情节，每一个情节都设置穿插在连绵起伏据满画面的山峦背景中。同样采用散点透视的方式，构图疏朗飘逸。两处图像上，西域影响微乎其微，与 254 窟起塔供养场景大异其趣的是，该塔沿袭了犍陀罗供养塔及至北凉石塔的形制。

通过对早期壁画上出现的萨埵本生图像的梳理与审视，我们可清晰看到图像呈现形式的中国化趋势，从新疆壁画的单幅菱格展示演变至长卷式成为萨埵图像的主流样式。图像中细节的差异，如虎母子的数量说明各处图像参考经典版本各异。北魏、北周壁画中窣堵波形制的差异亦说明外来艺术元素和中国本土艺术元素在壁画中交叉发挥影响。

石刻造像本生图像的表现方式又与北朝壁画所通行的形式不同。绝大部分北朝石刻在表现佛本生、本行故事时，大多只选取最具象征性的一个情节来表现。麦积山 133 窟 10 号北魏造像碑，就以"布发掩泥"这一标志性情节代表儒童授记本生。[②] 庄浪良邑乡宝泉寺所出现藏于甘肃省博物馆的北魏卜氏石塔之上，虽然有一幅画面展示了三个佛本行故事：树下诞生、九龙灌顶和阿夷占相[③]，但是每个故事都选取最具象征性的情节予以展示，而略去故事完整的过程。这是由于材质的制约，使得石刻造像不能像壁画那样完整地展现本生或本行故事的发展脉络，因而极有必要选择一个让观者一目了然的情节象征佛传和佛本生故事。

而甘博所藏秦安西魏石塔却运用与壁画相似的表现方式，呈现出萨埵本生故事的完整过程。

---

① BAKER J,Ph.D. The art of the Sui Dynasty caves at Dunhuang[M].Lawrence:The University of Kansas, 1991:116—118.

② 天水麦积山石窟艺术研究所 . 中国石窟：天水麦积山 [M]. 北京：文物出版社，1998：图版 95.

③ 俄玉楠 . 甘肃省博物馆藏卜氏石塔图像调查研究 [J]. 敦煌学辑刊，2011（4）：67—78.

图 11-3 西魏石塔上萨埵舍身图像（图 1 局部）

画面正中雕凿一铺佛五尊龛像，龛形为简单的莲瓣形龛，主尊释迦佛跌坐姿，施无畏与愿印，主尊左右两侧胁侍弟子和菩萨。萨埵本生环绕着龛像雕刻，故事从佛龛像的左侧下端开始，工匠寥寥数笔雕刻出三位王子，即摩诃富那宁、摩诃提婆、摩诃萨埵相伴站在林间的场景。对此，《贤愚经·摩诃萨埵以身施虎品》有如下记载：

> 乃往久远阿僧祇劫，此阎浮提，有大国王，名曰摩诃罗檀囊……王有三子，其第一者，名摩诃富那宁，次名摩诃提婆，秦言大天，次名摩诃萨埵，此小子者，少小行慈，矜悯一切，犹如赤子。尔时大王，与诸群臣夫人太子，出外游观，时王疲懈，小住休息。其王三子，共游林间……[①]

观者视线随着若隐若现的林间小道向上延伸，至佛龛顶部，此处雕刻两位大王子惊慌失措俯身看向崖底的情景。《金光明经·舍身品》描述：

> ……是时王子勇猛堪任，作是大愿，以上大悲熏修其心，虑其二兄心怀

---

① 〔北魏〕释慧觉译.贤愚经·摩诃萨埵以身施虎品 [M]// 大正藏：第 4 卷，No.202，页 352c.

怖懅，或恐固遮为作留难，即便语言："兄等今者可与眷属还其所止。"尔时王子摩诃萨埵，还至虎所脱身衣裳置竹枝上，作是誓言："我今为利诸众生故，证于最胜无上道故，大悲不动舍难舍故，为求菩提智所赞故，欲度三有诸众生故，欲灭生死怖畏热恼故。"是时王子作是誓已，即自放身卧饿虎前；是时王子以大悲力故，虎无能为。王子复作如是念言："虎今羸瘦身无势力，不能得我身血肉食。"即起求刃，周遍求之了不能得，即以干竹刺颈出血，于高山上投身虎前。①

　　与之对应佛龛的右侧部分刻画出萨埵自崖顶跳下及虎食萨埵的情景。在佛龛右侧底部雕刻两位大王子在遗骨旁扑地痛哭的情景，也与经典记载一致。"二兄待之经久不还，寻迹推觅，忆其先心，必能至彼，喂于饿虎。追到岸边，见摩诃萨埵死在虎前，虎已食之，血肉涂漫，自扑堕地，气绝而死，经于久时，乃还稣活，啼哭宛转，迷惯闷绝，而复还稣。"②在画面的底部即佛龛像的下部刻画出一组庑殿顶式的建筑，中间主建筑为重檐庑殿顶式，两侧建筑为单檐式。这一组建筑明显具有纪念碑性质，无疑是经典记载的收敛萨埵遗骨起塔供养的中国式图像。《佛说菩萨投身饴饿虎起塔因缘经》亦载："即收骸骨，出山谷口，于平坦地积栴檀香薪及种种香木，诸香、苏油、缯盖、幢幡以用阇维太子，收取舍利以宝器盛之。即于其中起七宝塔，种种宝物而庄挍之。其塔四面纵广十里，列种种华果，流泉、浴池端严净洁。王常令四部伎人，昼夜供养，娱乐此塔。"③图中汉风建筑之象征性与经典描述的七宝塔一致，惟工匠在表现这一场景时，使用了当时人们更易于理解的样式，彰显了佛教造像艺术的中国化进程。

　　揆诸秦安西魏石塔上的萨埵本生图像，显然撷取经典所载全部关键情节予以雕刻，涵三王子共游林间、两位大王子猜想到萨埵决意以身施虎时惊慌失措的神态、萨埵自崖顶跳下、虎食萨埵以及两位王子找到萨埵遗骸时的场景，乃至依照经典而表现出这个故事的结局：起塔供养萨埵。至此，萨埵本生的几处关键情节皆跃然于画幅本不大的石刻上。

　　由现知资料以观，镌刻萨埵本生的北朝单体石刻甚为稀见。这与河南、陕西、山西等地所见的情况相仿。

①〔北凉〕昙无谶译.金光明经·舍身品 [M]// 大正藏：第16卷，No.663，页354c.
②〔北魏〕释慧觉译.贤愚经·摩诃萨埵以身施虎品 [M]// 大正藏：第4卷，No.202，页352c.
③〔北凉〕法盛译.佛说菩萨投身饴饿虎起塔因缘经 [M]// 大正藏：第3卷，No.172，页427c.

北魏太安元年（455）张永造释迦像碑（图4），[①] 现藏日本藤井有邻馆，发现地不明。该碑形制背屏式，主尊佛衣呈凉州偏袒右肩样式："袈裟末端从背后绕搭在右肩上，即不露出右肩的偏袒右肩，这明显与印度式的偏袒右肩不同。"[②] 另外，在金申编著《海外及港台藏历代佛像珍品纪年图鉴》第11页收有一方纪年为北魏延兴二年（472）的交脚弥勒造像碑，碑阴部分有萨埵本生图。其图像与北魏太安元年（455）张永造释迦碑碑阴图像极为接近，尤其与萨埵本生图像几无二致，有学者言其为赝品。[③] 存疑不论。学界一般认为这种佛衣样式为北凉造像所特有，在莫高窟、金塔寺的北凉窟及部分北凉石塔上，皆有所见。[④] 这种样式在凉州一带流行后随之向东传播至中原地区，云冈石窟早期造像亦着此样式的佛衣（昙曜五窟）。[⑤] 是故，可以认为该碑的造像样式与凉州造像息息相关。另外，对比西安发现北魏和平二年（461）释迦跌坐姿背屏式造像碑[⑥]，可见其主尊形象有近似之处：饱满柔和的面庞和躯体轮廓，与5世纪末6世纪初流行的北魏清瘦的典型性造像有较大区别；主尊均着凉州式偏袒右肩佛衣，佛衣样式几乎一致，主尊均施禅定印，而这都是凉州造像的重要特征。这些联系间接地证明太安元年造像碑可能出自凉州样式向东传播的长安一带。

---

① 金申.海外及港台藏历代佛像珍品纪年图鉴 [M].太原：山西人民出版社，2007：3.

② 〔日〕石松日奈子.北魏佛教造像史研究 [M].筱原典生，译.北京：文物出版社，2012：59.

③ 杭侃.延兴二年交脚弥勒像献疑 [M]// 中山大学艺术史研究中心.艺术史研究：第8辑.广州：中山大学出版社，2006：245—250.

④ 〔日〕浅井和春.敦煌石窟学術調查（第一次）報告書 [M].东京：东京艺术大学美术学部，1985：18—22；宿白.凉州石窟遗迹和"凉州模式" [J].考古学报，1986（4）：435—466.

⑤ SOPER A C. Northern Liang and Northern Wei in Kansu[J].Artibus Asiae,1958（21）:131—164.

⑥ 西安碑林博物馆.西安碑林佛教造像艺术 [M].西安：陕西师范大学出版社，2010：44.

图 11-4　北魏太安元年（455）张永造释迦像碑

　　张永造释迦碑的碑阴面分隔为五个部分，顶层雕刻佛传诞生图像，第 2、3 层为睒子本生，第 4 层为萨埵本生、底层为胡服供养人像。第 4 层萨埵本生图像中，画面左侧（观者右侧）刻画萨埵躺在地上，周围环绕 8 只老虎（1 只虎母、7 只虎子）。上部 4 只作舐食状，下部 4 只作蹲踞状；画面右侧刻画立姿捧莲蕾供养天人（菩萨）及山峦样式。天人位置倾向于画面中部，山林样式应是故事的发生地，也是该图像的背景。

　　出自甘肃灵台新开乡，现藏灵台县博物馆的西魏造像碑同样在碑阴下部雕刻萨埵本生图像（图 11-5）。[①] 画面背景为起伏的山峦，右侧雕刻母虎及二虎子，左侧雕刻萨埵从崖顶跃下。石刻画面选取母虎领着虎子走向萨埵的场景来象征这个故事。需要注意的是，甘肃灵台西魏碑雕刻 3 只老虎，而太安元年造像碑上则雕刻 8 只老虎，反映出两处图像所依据不同的经典刻就。

---

① 张宝玺. 甘肃佛教石刻造像 [M]. 兰州：甘肃人民美术出版社，2000：147.

图 11-5　甘肃灵台西魏造像碑

　　现藏河南洛阳古代艺术馆的北齐时期四面造像碑[1]，在右侧面第2层龛像的外缘下部雕刻跃下山崖的萨埵和奄奄一息的虎母子，图像上的山峦背景连结上部的"牧女献糜"佛传故事。这部分龛像磨蚀严重，虎子数量不明，但同样仅截取了一个场景以集中展现萨埵本生故事。

　　对比几处北朝石刻造像上的萨埵图像，造像碑仅选取了一个最具象征性的情节——虎食萨埵来呈现本生故事，而秦安西魏石塔上萨埵本生图像虽也在面积不大的石面上雕刻，但其围绕画面正中的佛龛完整展现萨埵本生的每一个关键转折情节，造像样式在北朝单体石刻中独具创造性。

第三节　秦安西魏石塔之佛涅槃图

　　西魏石塔上的涅槃图像由三个部分组合（图11-6）。其中，中间部分雕刻释迦涅槃及众比丘举哀情节，上部分表现天宫情景，下部分表现侍立比丘及舞蹈的力士礼乐供养佛陀舍利的场景。这幅图像在分隔三个组成部分时，未

---

　　①　王景荃.河南佛教石刻造像[M].郑州：大象出版社，2008年，图版39，361.

采用北朝单体石刻碑、塔上常见的以水平线分隔画面各部分的做法，而是用斜线分隔画面上部和中部，画面上部天宫部分呈倾斜构图，使得整体石雕构图富有变化和韵律，显示其在雕造样式上的独特之处。

图 11-6　秦安西魏石塔佛涅槃图（图 11-2 局部）

画面上部刻画出隐在云层中的宫殿。三道垂直的立柱象征着天宫的廊柱，左侧两道廊柱分隔的小间隔内雕刻两人头像。一个残缺不全，另一头像保存完整，人物神情平静，目光朝向画面中部的佛陀涅槃场景。

北朝石刻造像上表现天宫的图像并不少见，天宫背景多配合交脚弥勒尊像出现，整体表现出"弥勒菩萨于兜率天宫中说法并等待降世"的场景。现藏甘肃省博物馆的北凉承阳二年（426）马德惠塔，在塔颈部雕刻七佛与交脚弥勒的龛像，其佛龛样式就有廊柱的因素在内；[1]藏于日本根津美术馆的北魏四面石造像[2]，具有北魏早期造像的风格特征，其中一面表现弥勒在兜率天场景，龛形就采用廊柱结合搏风龛（梯形龛）的样式。佛教造像艺术中，廊柱造型因素源自犍陀罗美术，随着佛教北传，在中亚、新疆、河西的石窟寺壁画和石刻造像

① 俄军.庄严妙相：甘肃佛教艺术展 [M].西安：三秦出版社，2011：38—39.
② 金申.海外及港台藏历代佛像珍品纪年图鉴 [M].太原：山西人民出版社，2007：39.

相继出现这一造像因素。无论是在壁画中出现，还是在石刻造像的龛像中出现，廊柱这一造像因素均与天宫有着紧密的联系。可以说，廊柱是佛教造像艺术中天宫背景的象征因素之一，西魏石塔上这幅涅槃图像上部的廊柱也应象征着天宫，天宫之庄严，可通过昙无谶译《大般涅槃经》所载天界诸神汇集拘尸那国听佛说法的场景窥其一斑，其中言："尔时世尊，于晨朝时从其面门放种种光，其明杂色，青黄赤白，颇梨马瑙，光遍照此三千大千佛之世界，乃至十方。"[①]法显译《涅槃经》亦在序品部分描述各方人等，包括天界诸神集聚在拘尸那迦朝觐佛陀的场面。是知，西魏石塔涅槃图像上部的天宫背景，展示的是经典记载的天界，说明那里亦因佛涅槃而震动。北朝石刻上的涅槃图像，大多直接表现释尊卧于床榻上、举哀比丘围绕其旁及力士礼乐供养的场景，对应经典内容出现天宫场景来烘托气氛的涅槃图像是较为少见的。此外，关于图像中天宫部分拱起的结构，有学者联系图像中部释尊涅槃部分的帷幔来释读，认为其整体结构是倾斜的宝盖（华盖）装饰[②]，但他们也认同廊柱后的头像是天宫人物。

图像中部呈现释尊涅槃场景。因连结上部天宫底部的边线是倾斜的，工匠依此设置一道倾斜的帷幔，并生动地刻画出帷幔折痕的转折细节。这种倾斜的帷幔样式与图像上部的天宫构图自然地结合在一起。如果中部涅槃场景的顶边线依旧以水平线界定的话，很可能整幅图像上中下三个部分的连结就不够和谐，给观者以突兀的感觉。因此，这一样式反映出工匠的智慧和创造性，也使这幅涅槃图像在同类图像中显得非常独特。

倾斜的帷幔这一细节也把释迦涅槃的场景放在了室内。北朝一部分涅槃图依据经典"一时佛在拘夷城力士生地，熙连河侧坚固林双树间，与八百亿比丘前后围绕"[③]的描述呈现出释尊涅槃于双树下的场景，云冈石窟第11窟西壁第三层南侧的涅槃图像双树特征明显，而床榻显得极为简略。[④]甘肃发现的两座有涅槃图的北朝造像塔：北魏卜氏石塔和西魏石塔，都把释迦涅槃的场所雕刻成室内床榻场景，未对应经典中"释尊在拘尸那迦城外娑罗双树下涅槃"的描述。甘肃省博物馆藏北魏卜氏石塔涅槃图像镌刻于第二层，释迦佛仰卧在床榻上，背景则是双手举起表情悲戚的六身比丘[⑤]。而前揭麦积山133窟内

---

① 〔北凉〕昙无谶译. 大般涅槃经 [M]// 大正藏: 第12卷，No.374，页365c.

② 张宝玺. 甘肃佛教石刻造像中的几处涅槃像 [M]// 俄军. 庄严妙相: 甘肃佛教艺术展. 西安: 三秦出版社，2011，259.

③ 〔东晋〕法显译. 佛说大般泥洹经 [M]// 大正藏: 第12卷，No.376，页853a.

④ 云冈石窟文物保管所. 中国石窟: 云冈石窟（二）[M]. 北京: 文物出版社，1994: 图版84.

⑤ 俄军. 庄严妙相: 甘肃佛教艺术展 [M]. 西安: 三秦出版社，2011: 67.

的 10 号北魏造像碑上涅槃图，场景同样设置成帷幔下，佛陀仰面躺在床榻上，四周围绕举哀人群。

甘肃北朝石刻涅槃图像把床榻作为佛陀涅槃场景中重要的道具加以刻画，细节部分如头枕、榻边的围帘都力求丝毫毕现，展示出精致且考究的室内场景，而非荒野外简单粗陋的环境。这反映出，始自犍陀罗的涅槃图像已完全中国化，甚至卜氏石塔（北魏）和麦积山 133 窟 10 号碑（北魏）涅槃图中的佛陀竟然以"死者的卧法"仰面躺在榻上，而《大般涅槃经》对释迦涅槃前最后姿势的描述是"右胁着床，累足而卧，如狮子眠，端心正念"[①]。两者相较，差异立见，诚如宫治昭先生所论：

在画面的两侧有两棵拘尸那国的娑罗树，按佛经记载，在两棵树中间的寝台上，释迦右胁在下，以手为枕，双脚相叠，侧卧。巴利文经典《增一阿含经》中对卧姿有三种解释，即仰面朝上的卧法为"死者的卧法"，左胁在下的卧法为"爱欲者的卧法"，右胁在下的卧法为"狮子的卧法"。由于释迦是达到了绝对安定的涅槃，所以采用了"狮子的卧法"。不仅犍陀罗美术如此，即便在印度，直到波罗王朝时，涅槃佛的姿势都采用了右胁向下的"狮子的卧法"，而绝不采用仰面朝上的"死者的卧法"，但中国和日本对此有时会疏忽，偶尔出现死者的卧法。[②]

这也反映出，当时的人们（工匠和赞助人）以中国传统的丧葬风俗情景来理解和表现释迦涅槃场景。尤有进者，西魏石塔涅槃图下部都雕刻着礼乐供养舍利的场景，供养像被分隔为三部分。正中格内雕刻两比丘守护供养舍利，两侧格内各雕刻一身手舞足蹈的力士，姿态雄健，左侧力士持棍状兵器，右侧力士两手高扬、头巾飞舞，形象拙朴生动。法显译《大般涅槃经》所言"以诸香华而用涂散，作众伎乐，歌呗赞颂"[③] 讲的就是这一景象。大致相同的内容在东晋失译《般泥洹经》中亦有记载。[④] 一些学者认为北朝涅槃图像上出现的手舞足蹈的力士是因释尊涅槃而欢欣鼓舞的外道，但综合整幅画面特征及经典记载来看，力士形象应是拘尸那迦城中末罗族。在释尊涅槃后礼乐供养

---

① 〔东晋〕法显译.大般涅槃经 [M]// 大正藏：第 1 卷，No.7，页 199a.

② 〔日〕宫治昭.犍陀罗美术寻踪 [M].李萍，译.北京：人民美术出版社，2007：113.

③ 〔东晋〕法显译.大般涅槃经 [M]// 大正藏：第 1 卷，No.7，页 199c.

④ 〔东晋〕失译.般泥洹经 [M]// 大正藏：第 1 卷，No.6，页 189a.

的场景,《长阿含经·游行经》有明言:"汝入拘尸那竭城,告诸末罗。"[①]法显及昙无谶所译《涅槃经》,均在开篇言明佛陀涅槃的地点为拘尸那迦城力士生地,对应《长阿含经》提及的"诸末罗"来看,无疑是指拘尸那迦城中的末罗族。手舞足蹈的力士形象出现在北朝石刻涅槃图像上,大都位于画面的底部即释尊涅槃场景之下方,与侍立的比丘、礼乐赞颂的乐伎等形象一致,都是为了烘托佛陀涅槃的宏伟场景。同时这一形象也与经典记载相对应,是为释迦涅槃做最后供养的末罗族力士,而非是因释迦涅槃而狂喜的外道。

第四节　秦安西魏石塔的风格特征

佛塔在佛教中具有重要地位。它不仅是佛教信徒纪念礼拜佛陀的对象,更因为释迦的涅槃超越了生死轮回,完成了佛教的理想境界,象征着佛教修行的终极追求。因而在佛教造像史上,窣堵波远早于佛陀尊像出现,并且,在佛像出现以后,这种窣堵波信仰依然长盛不衰,延续至今。

佛教初期窣堵波形制的代表当属印度桑奇大塔,简明的半球状象征着佛教涅槃永恒的寂静世界。[②]公元1—2世纪左右,犍陀罗地区开始流行一种高圆柱形供养塔。在初期覆钵塔形制基础上,加入层层升起的相轮、平台、龛像等结构并升高基座,使佛塔的外轮廓发生变化,体积也逐渐精微。[③]随着佛教北传,西域、河西地区亦遍布此种形制的佛塔。据法显记载于阗"家家门前,皆起小塔,最小者可高二丈许"[④]。同样,在甘肃河西地区留存的一批中国时代最早的北凉石塔之上,亦全面反映出犍陀罗供养塔的形制特征。

北凉石塔中纪年最早的为承阳二年(426)马德惠塔[⑤]。而在我国古代文献中,很早就出现了关于佛塔的记载。《三国志》载汉末丹杨人笮融:

乃大起浮图祠,以铜为人,黄金涂身,衣以锦采,垂铜盘九重,下为重

---

① 〔后秦〕佛陀耶舍共竺佛念译.长阿含经·游行经[M]//大正藏:第1卷,No.1,页24b.

② 〔日〕宫治昭.犍陀罗美术寻踪[M].李萍,译.北京:人民美术出版社,2007:24.

③ MARSHALL J,Sir.Taxila,Vol.III[M].Delhi:Motilal Banarsidass Publishers Private Limited,1975.

④ 〔东晋〕释法显.法显传校注[M].章巽,校注.北京:中华书局,2008:12.

⑤ 马德惠塔残高34厘米,现藏甘肃省博物馆,见俄军.甘肃省博物馆文物精品图集[M].西安:三秦出版社,2006:180—181.

楼阁道，可容三千余人，悉课读佛经，令界内及旁郡人有好佛者听受道，复其他役以招致之，由此远近前后至者五千余人户。[①]

笮融所造大浮图祠已无从寻觅，但据其描述，依稀可见佛塔传入中国以来，其形制轮廓早已与印度覆钵塔相异，并悄然发生着本土化的嬗变。

《魏书·释老志》记载我国最早的洛阳白马寺规制："凡宫塔制度，犹依天竺旧状而重构之，从一级至三、五、七、九。世人相承，谓之'浮图'，或云'佛图'。"通过这段记述可知，中国式佛塔之规制在保留印度及至犍陀罗塔基本特征的同时，又依本民族之独有审美意识重新建构。佛塔的外廓由覆钵、圆柱形逐渐向多角形和四方形转变，在中国境内现存最早的为北魏正光年间（520—524）河南登封嵩岳寺密檐塔，其中已经出现了富有中国传统建筑元素之出檐结构，而北凉石塔之基座部分亦迥异于犍陀罗供养塔的圆形，而为八面形，上刻中国传统文化之八卦符号以及佛教杂密经典中的神王形象。[②] 在甘肃地区留存的北朝石造像塔上，同样可看到这种演变的轨迹。甘肃北朝石塔不同于北凉石塔高圆柱形外轮廓，均为四方石或梯形方石形制，四面开龛造像。石塔层数亦依照佛教制度，多见三层叠垒规制，保存完整者精美者如出自庄浪的北魏卜氏石塔，由五层构成。同时，一些石塔亦在方石叠垒的基础上加入传统建筑中的屋脊及出檐结构，整体构成独具中国特色的楼阁式塔。

综观甘肃北魏、西魏、北周三朝单体石塔基本形制，均延续梯形方石或四方石叠垒的规制，未有任何改变。时代风格特征的嬗变体现在石塔四面所雕之龛像上，主要通过龛形、人物形象、细部装饰等方面展示出来。北魏、西魏龛形简洁，多为素面莲瓣形龛。甘肃北周造像碑上佛龛形制极为华丽，龛形样式丰富，但就目前所知北周石塔来看，龛形相对简约，这或许与石塔的雕造面积有限相关。人物形象特征上，北魏清秀瘦骨、衣着繁复，北周方正俊逸、体量结实，而西魏恰处于两者之间，为造像承前启后之阶段；细节装饰上，北魏较为繁丽，且石塔上所刻佛传、佛本生图像颇多。西魏、北周则流畅简洁，多为三尊或五尊像，但西魏石塔佛传及本生图像构图和内涵又极具独特性。本文所述秦安西魏塔萨埵本生和佛涅槃图即为明证。

秦安石塔人物形象较之北魏太和末期流行的北魏典型风格的造像更为圆润，体量感更强佛衣线条也更为简洁。佛衣贴体，已不见北魏典型的"褒衣

---

① 〔西晋〕陈寿．三国志[M]．〔宋〕裴松之，注．北京：中华书局，1959：1185．

② 殷光明．北凉石塔研究[M]．台北：觉风佛教艺术文化基金会，2006：223—241．

博带"样式。西魏石塔上形象已透露出造像风格转变的端倪，呈现出北周造像的特点：结实的量感和流利明确的线刻手法。需要注意的是，与北周造像方正俊逸的塑造方式不同，西魏石塔造像无论是外轮廓还是佛衣线条等装饰都更为柔和，而甘肃、陕西两地因地缘联系，致使石刻造像风格亦存在着普遍性的、地域性的关联。

首先看甘肃平凉发现的北魏四面石造像（图 11-7a）。石刻仅残存一块，高 38 厘米，宽 28 厘米，原来的形制应也是由数块石雕叠垒而成的石塔。其造像呈现出民间造像朴拙的特点，雕凿技法粗放，佛菩萨形象稚拙。此种风格的造像在甘肃北朝石刻造像中具有一定的数量，与做法考究精致的一批造像形成鲜明的对比。尽管这块石雕雕造朴拙，并无任何突出的创造性，仅依据简单模式刻就，同时也完整地留存了北魏风格修长清瘦的人物形象、宽大层叠的佛衣样式的主要特征，且这一特征和西魏石塔上的形象完全不同。

卜氏石塔形制完整（图 11-7b），高 2.06 米，在现已发现的同期单体石造像塔中属于大型的制作。石塔上无纪年铭文，但保存有供养人题名。

卜氏石塔供养人图像位于石塔第 1 层（底层），共刻两行车马供养人队列。上面一行三骑：第一骑甲马，持枪，题名残剥；第二骑张华盖，题名"亡夫卜外□通通"；第三骑张扇，题名"亡母乐保朱"。下面一行也三骑：第一骑甲马，持枪，题名残剥；第二骑题名"亡兄卜□安"；第三骑张扇，题名"亡妹卜永禾"。依其风格特征，学界判断其雕造时间应为北魏孝文帝改制以后（5 世纪末至 6 世纪初）。塔上供养人形象，多骑甲马、持枪，为鲜卑武将家族，显然具有较高的社会地位，石塔的雕造也极为精美，为现在全国发现的北魏石塔之精品。如此规整的形制和精致的雕造工艺与前文提及的平凉四面石造像的民间性雕造风格形成鲜明的对比。尽管如此，两者之间在风格上还是有着同一性联系。卜氏石塔上的佛教形象亦呈现出躯体清瘦，宽大的佛衣衣褶繁复，形成"褒衣博带"特点；佛菩萨面庞轮廓也显得消瘦而清秀，整体上的轮廓与平凉所出北魏四面石造像几无二致。这些都与西魏石塔上轮廓圆润柔和的佛教形象以及简练流畅的衣褶线条在风格上存在着本质的区别。

然而，在庄浪东侧不远处华亭县所发现的北周明帝二年（558）三层梯形方石叠垒石塔（图 11-7c），[①] 造像风格却迥然有别。塔上形象具有典型的北周

① 北周明帝二年（558）路为夫造像塔，通高 77 厘米，出土自甘肃华亭南川乡，原藏华亭县博物馆，现借展于平凉市博物馆。见张宝玺. 甘肃佛教石刻造像 [M]. 兰州：甘肃人民美术出版社，2000：154. 书中仅刊布了石塔的底层图像。

方正规整，体量结实的风格特点，服饰纹路更加简练流畅。我们再审视西魏石塔，人物形象比北周造像柔和圆润，又比北魏形象饱满结实，是两者之间的过渡风格。

图 11-7a—c　甘肃平凉地区发现的三通北魏、北周造像塔

西魏石塔风格与北魏造像风格形成鲜明区别的同时，亦不能忽略其在一些细部做法上继承北魏风格并逐渐演变的特点。陕西发现，北魏造像碑上佛衣裙裾（图 11-8a）从层叠感、厚度感及佛衣衣角卷曲的样式等方面都与甘肃省博物馆藏卜氏石塔上佛衣裙裾极为相近（图 11-8b）；而西魏石塔上佛衣裙裾的线条刻画方式及裙裾纹路分布的处理上依然可见北魏风格的影子，但裙裾的层叠感减弱，线条更加简洁，裙裾两侧边内收，边缘更趋柔和。这一佛衣样式与甘肃地区北周造像息息相关（图 11-9）。

图 11-8a—b　陕西、甘肃北魏造像碑佛衣裙裾特征

图 11-9a—b　甘肃北周造像碑佛衣裙裾特征

　　西魏国祚虽短，石刻造像艺术初看似乎也未形成如北魏、北周风格成熟期那样典型而又明确的造像语言体系，但深入考察甘肃北魏、西魏、北周三朝石刻造像艺术的演变发展模式，足见西魏时期应系北朝石刻造像艺术承上启下的重要阶段。假设无西魏之积淀和递嬗，那么石刻造像艺术不会启及北周至隋时期的新高峰，故曰，西魏造像展示出的是一种独有的时代气质。

　　甘肃、陕西两地留存的西魏石刻造像存在两种风格模式。第一种风格模式可以看成是北魏风格的延续。其人物形体特征依然保留北魏消瘦、飘逸的特点，服饰亦同样如北魏风格般层叠繁复。但是在细部样式上，已出现异化特征。比如，服饰的刻画方式偏重以流畅的、顿挫较少的长线条刻就，更注重服饰所表现出的形体外轮廓，而减弱了佛衣层层叠加的厚重质感。出于陕西富平，现藏陕西碑林博物馆的西魏大统二年（536）高子路造像碑[①]，以及灵台新开西魏造像碑，还有出自庄浪邑乡宝泉寺的西魏造像塔[②]等，其中的西魏造像充分表现出第一种造像模式的显著特点。第二种风格模式开启北周风格之端倪。人物体态圆润，体量结实，服饰贴体，均用流畅的长线条刻画。本文提及的西魏叠垒石造像塔、现藏于甘博的西魏大统二年（536）权氏造像塔以及西魏大统十二年（546）之权氏造千佛碑，堪充第二种模式的代表。[③]

　　需要注意的是呈现第二种风格模式西魏造像上，跌坐佛覆盖台座的佛衣

---

① 赵力光 . 西安碑林佛教造像艺术 [M]. 西安：陕西师范大学出版社，2010：27.

② 张宝玺 . 甘肃佛教石刻造像 [M]. 兰州：甘肃人民美术出版社，2000：150.

③ 西魏大统二年（536）权氏一族造像塔，高 170 厘米，出土甘肃天水秦安县；西魏大统十二年（546）权氏造千佛碑，高 181 厘米，出土地不详。见俄军 . 庄严妙相：甘肃佛教艺术展 [M]. 西安：三秦出版社，2011：70—71；张宝玺 . 甘肃佛教石刻造像 [M]. 兰州：甘肃人民美术出版社，2000：139—140.

裙裾样式独具某些特征。覆盖台座的裙裾层叠感远不如北魏那样厚重，而是更注重以线条的流畅和转折变化体现裙裾质感，裙裾外缘内收，整体轮廓为椭圆形覆盖至台座边缘。这种佛衣及裙裾做法对甘肃北周造像影响既深且巨，具体表现在一些纪年明确的北周石刻造像中，如现藏甘博的北周保定四年（564）王文超造像碑以及北周建德二年（573）王令猥造像碑①，其龛像中覆盖台座的佛衣裙裾就完全与西魏造像样式一致。

石塔除两幅图像磨损严重外，其余的十幅石刻画面均形制完整、雕刻精美，体现出高超的雕造水平。石塔细节雕刻得完整充分，与甘肃地区留存的明显具有民间雕造特点的西魏造像不同，说明石塔应出自较大规模的作坊。石塔在尊像的配置、风格样式及雕造技艺等方面都与陕西发现的西魏造像联系紧密，造像模本可能来自西魏时期的政治中心——长安一带。

---

① 王文超造像碑，高96厘米，出土自甘肃天水秦安县新化乡；王令猥造像碑，高90厘米，出土自甘肃张家川回族自治县。见吴怡如.北周王令猥造像碑[J].文物，1988（2）：69—71；〔美〕王静芬.中国石碑：一种象征形式在佛教传入之前和之后的运用[M].毛秋瑾，译.北京：商务出版社，2011：206—207.

第十二章　辽代经幢及相关问题初探 [①]

经幢是始出现于唐代的一种多面体佛教石刻，因为其幢体多为石质，其上又多刻有《佛顶尊胜陀罗尼经》等佛教经咒，故而又有"陀罗尼幢""石幢""石经幢"等名称。同时，因经幢的形状、功能等方面的原因，又有"八楞碑""石塔""宝幢""法幢""功德幢""影幢"等别称。辽沿袭唐制，有辽二百余年间，石制经幢大量涌现，彰显出当时社会佛教信仰的流行与普及。经幢因形制较小，主要刻写经文，记叙事简略，大多为祈福之词以及立幢者姓名，故著录者多，但专题研究者却甚少。本文拟以前贤的裒辑为基础，编制辽代经幢总目，继而就辽代经幢的形制、刻文及其功用等问题略做探讨，冀以就教于硕学大德。

第一节　辽代经幢总目

辽代经幢，前贤多有辑录，举其荦荦大端者，主要有：

《辽文存》（任继愈主编《中华传世文选》），［清］缪荃孙辑，长春：吉林人民出版社，1998 年；

《辽代金石录》，［清］黄任恒撰，《历代碑志丛书》第 13 册，南京：江苏古籍出版社，1998 年；

《全辽文》，陈述辑校，北京：中华书局，1982 年；

《辽代石刻文编》，向南编著，石家庄：河北教育出版社，1995 年（以下简称《文编》）；

《中国历代石刻史料汇编》，国家图书馆金石组编，北京：北京图书馆出版

---

① 本文原刊吕建福主编《密教研究》第 4 辑《密教文物整理与研究》，中国社会科学出版社，2015 年，第 149—179 页，与朱满良合撰。

社，2000 年（以下简称《汇编》）；

《辽代石刻文续编》，向南、张国庆、李宇峰辑注，沈阳：辽宁人民出版社，2010 年（以下简称《续编》）；

《内蒙古辽代石刻文研究》，盖之庸编著，呼和浩特：内蒙古大学出版社，2002 年（以下简称《石刻文》）；

《内蒙古辽代石刻文研究》（增订本），盖之庸编著，呼和浩特：内蒙古大学出版社，2007 年（以下简称《增订本》）；

《全辽金文》（上中下），阎凤梧主编，太原：山西古籍出版社，2002 年（以下简称《全辽金文》）；

《北京辽金史迹图志》下册，梅宁华主编，北京：北京燕山出版社，2003 年（以下简称《北京辽金史迹图志》）；

《中央研究院历史语言研究所藏辽金石刻拓本目录》（中央研究院历史语言研究所目录索引丛刊），洪金富主编，台北：中研院史语所，2012 年（以下简称《拓本》）。

此外，辽代经幢在各种地方志、文集、学术专著、论文或考古报告中亦有零星刊布，资料比较分散，而且不同著作给出的名称常常互不一致，检索颇为不便，以至于会出现因名称不同而误将同一经幢文字分解为二的情况[①]。有鉴于此，我们尽其所能，草编其总目，以为研究之便。惟因为受资料所囿，尤其是时间短促，有关图书未能备检，遗漏与错讹在所难免，恭请识者不吝赐教，假以时日，裨使该目得以继续补充完善。

经幢名称	建幢地点	刻写经文	立石年代	资料刊布与录文
僧义则造经幢记	北京大兴	佛顶尊胜陀罗尼咒	会同九年（946）十二月二十一日	《日下旧闻考》卷 59；《辽代金石录》卷 2，第 794 页；《辽文存》卷 6，第 81—82 页；《全辽文》卷 4，第 68 页；《文编》，第 1—2 页；《全辽金文》，第 723—724 页；《拓本》，第 9 页

---

① 如文献《为先祖舅姑等建幢记》，《全辽金文》第 818 页据《全辽文》卷 9，第 245 页收录，紧接着又据《辽代石刻文编》第 697 页以《佛顶尊胜陀罗尼幢记》为名，重复收录。同样的情况又见于内蒙古巴林右旗辽庆州故址之《圣宗陵幢记》，见录于《全辽金文》第 742—743 页，后又以先以《圣宗陵墓幢记》为名，重复收录于 823—824 页。

经幢名称	建幢地点	刻写经文	立石年代	资料刊布与录文
北郑院邑人起建陀罗尼幢记	北京房山北郑村辽塔内	佛顶尊胜陀罗尼经、陀罗尼真言、咒语	应历五年（955）四月八日	齐心、刘精义《北京市房山县北郑村辽塔清理记》，《考古》1980年第2期，第150—151页；刘精义、齐心《辽应历五年石幢题记初探》，《北方文物》1985年第4期，第32—36页；刘精义、齐心《新发现的辽应历五年经幢题记考释》，《北京史苑》第3辑，北京出版社，1985年，第156—265页；《全辽文》卷4，第73—75页；《文编》，第11—12页；《全辽金文》，第724—728页；《北京辽金史迹图志》，第48页
承进为荐福大师造幢记	北京法源寺	尊胜陀罗尼经	应历七年（957）六月二十一日	《日下旧闻考》《八琼室金石补正》《京畿金石考》《鸿爪前游记》《顺天府志》《畿辅通志》《辽代金石录》卷2，第796页《文编》，第19—20页；《全辽金文》，第39—40页
卧佛寺石幢记	辽宁朝阳县南昂吉山		应历七年（957）四月	《辽代金石录》卷2，第796页
头陀守静大师塔幢			应历十一年（961）四月八日	《辽代金石录》卷2，第797页
李崇莞为亡父彦超造陀罗尼经幢记	河北涞源城大寺	尊胜陀罗尼经	应历十六年（966）五月十二日	《辽文存》卷6，第82页；《辽代金石录》卷2，第798页；《全辽文》卷4，第81页；《文编》，第38—39页；《全辽金文》，第728页

经幢名称	建幢地点	刻写经文	立石年代	资料刊布与录文
宝峰寺尊胜陀罗尼幢记	河北昌黎宝峰寺	尊胜陀罗尼经	保宁元年（969）四月戊申	民国《昌黎县志》；《辽代金石录》卷2，第798页；《全辽文》卷4，第81—82页；《文编》，第40页；《全辽金文》，第872—873页
王恕荣为亡母再建经幢记			保宁元年（969）六月十五日	《辽文存》卷6，第82页；《全辽文》卷4，第82页；文编》，第45—46页；《全辽金文》，第729页
续修归义寺经幢记	北京大兴善果寺		保宁元年（969）九月	《辽代金石录》卷2，第798页
建州陀罗尼经幢	河北承德		统和初	《辽代金石录》卷2，第801页
陀罗尼经幢	河北怀安张家屯乡瓦窑口村	佛顶尊胜陀罗尼	统和六年（988）	徐建中《怀安县发现辽代经幢》，《文物春秋》1992年第4期，第92—93页
大佛顶微妙秘密□陀罗尼幢记（李守英造陀罗尼经幢）	北京密云		统和十四年（996）九月十五日	《辽代金石录》卷2，第802页；《续编》，第33页
李翊为亡父母建尊胜陀罗尼幢记	北京衍法寺	佛说佛顶尊胜陀罗尼经	统和十八年（1000）四月七日	《辽文存》卷6，第83页；《辽代金石录》卷2，第802页；《全辽文》卷5，第105页；《汇编》第11卷，第12页；《文编》，第104—105页；《全辽金文》，第125—126页；尤李《〈李翊为亡考妣建陀罗尼幢记〉小考》，《内江师范学院学报》2012年第7期，第80页
刘继荣建陀罗尼经幢		佛说佛顶尊胜陀罗尼经	统和二十年（1002）二月四日	《拓本》，第3页

续表

经幢名称	建幢地点	刻写经文	立石年代	资料刊布与录文
齐讽等建陀罗尼幢记（玉河县清水院经幢）	北京门头沟区清水镇上清水村双林寺	佛顶尊胜陀罗尼启请、佛顶尊胜陀罗尼经、般若波罗密多心经	统和十年（992）十月十二日	《全辽文》卷13，第369页；包世轩《门头沟发现五座辽代经幢》，《北京考古信息》1990年第1期，第381页；齐鸿浩《门头沟辽代伎乐经幢》，《北京文物报》1992年，第6期；齐鸿浩《辽代伎乐石经幢考》，《北京文物与考古》第4辑，北京文物考古研究所编印，1994年，第139—140页；包世轩《辽玉河县清水院统和十年经幢考》，《北京文博》1995第1—2期；包世轩《辽玉河县清水院经幢考》，《北京旧事存真》第3辑，北京古籍出版社，1997年；包世轩《辽统和十年清水院经幢题记》，《辽金西夏史研究——纪念陈述先生逝世三周年论文集》，天津古籍出版社，1997年，第260—277页；《文编》，第98页；《续编》，第348—351页；《全辽金文》，第730页
滦河新迁陀罗尼经幢记	河北迁安镇西夹河村西300米滦河古道处		统和二十六年（1008）四月一日	《续编》，第42页；迁安市文物管理所《河北迁安发现辽代石刻》，《文物春秋》2008年第1期，第34—35页
许延密建尊胜陀罗尼经幢记	河北易县大士庵	佛说佛顶尊胜陀罗尼经	统和二十八年（1010）七月九日	缪荃孙《艺风堂金石文字目》卷13；黄任恒《辽代金石录》卷2；刘声木《续补寰宇访碑录》卷22；吴式芬《金石汇目分编》卷3《补遗》；黄彭年等《畿辅金石志》卷150；邓嘉辑《上谷访碑录》卷6；《续编》，第50页；《拓本》，第4页

经幢名称	建幢地点	刻写经文	立石年代	资料刊布与录文
白川州陀罗尼经幢记	辽宁朝阳	陀罗尼经	开泰二年（1013）	《热河志》《承德府志》罗福颐《满洲金石志》《文编》，第146—147页
净光舍利塔经幢记	北京顺义区城关乡	无垢净光大陀罗尼真言、法舍利真言	开泰二年（1030）四月二十二日	《续编》，第54页
佛顶尊胜陀罗尼石幢记			开泰二年（1030）	《承德府志》卷48；《全辽文》卷6，第115页；《全辽金文》，第169页
朝阳东塔经幢记	辽宁朝阳关帝庙东塔塔基	无垢净光大陀罗尼法舍利经	开泰六年七月十五日	《文编》，第149页；《全辽金文》，第732页
佛顶尊胜陀罗尼幢记	北京怀柔区杨宋镇凤翔寺内	佛顶尊胜陀罗尼经	太平二年（1022）三月三日	《续编》，第62页
陀罗尼经幢	河北固安王龙村		1012—1031年间	张晓峰、陈卓然《固安王龙金代陀罗尼经幢》，《北京文博》2000年第2期；王新英《金代石刻辑校》，吉林人民出版社，2000年；孙建权《固安王龙村经幢不是金代文物》，2011年第6期，第68—69页
净土寺经幢	山西应县净土寺	佛顶尊胜陀罗尼经	重熙九年（1040）八月	赵改萍《文物资料中所见辽代密教信仰在山西的流行》，《第二届中国密教国际学术研讨会论文集》（二），陕西师范大学宗教研究中心编印，绍兴，2013年6月，第975页

续表

经幢名称	建幢地点	刻写经文	立石年代	资料刊布与录文
朝阳北塔经幢记	辽宁朝阳北塔地宫内	大佛顶如来放光悉怛多钵怛罗陀罗尼经、大随求陀罗经、般若波罗密多心经、佛说金刚大摧碎延寿陀罗尼经、佛顶尊胜陀罗尼经、大轮陀罗尼经、大乘百字密语（经文有梵文）	重熙十三年（1044）四月八日	朝阳北塔考古勘察队《辽宁朝阳北塔天宫地宫清理简报》，《文物》1992年第7期，第21—23页；《文编》，第236页；《续编》，第85页；《全辽金文》，第736页；辽宁省文物考古研究所、朝阳市北塔博物馆编《朝阳北塔——考古发掘与维修工程报告》，北京：文物出版社，2007年，第85页
沙门德显建陀罗尼经幢（上京弘福寺经幢记）	内蒙古巴林左旗哈达英格乡哈巴气村山谷	残	重熙十五年（1046）四月八日	鸟居龙藏《考古学上よりたゐ辽之文化图谱》，东京：东方文化学院东京研究所，1936年，图63—66；《文编》，第715页；《石刻文》，第438页；《增订本》，第715—716页；《拓本》，第11页；《全辽金文》，第821页
空乡寺经幢记	河北定兴	佛顶尊胜陀罗尼经	重熙二十二年（1053）	《汇编》第12卷，第887页
圣宗陵幢记	内蒙古巴林右旗辽庆州故址	陀罗尼经	重熙间（1032—1042）	罗福颐《满洲金石志》《全辽文》卷12，第357页；《文编》，第273—274页；《石刻文》，第380页；《增订本》，第647—652页；《全辽金文》，第742—743页（重复收录于第823—824页）
通州经幢记	北京通州		重熙间	《静悟室日记》卷160；《续编》，第109页

续表

经幢名称	建幢地点	刻写经文	立石年代	资料刊布与录文
车轴山寿峰寺创建佛顶尊胜陀罗尼经幢记	河北丰润县宝峰寺	佛顶尊胜陀罗尼经	重熙间	宋焕居《丰润车轴山的文物》,《文物》1965年第1期,第63页;《全辽文》卷7,第170—171页;《文编》,第228—229页;《全辽金文》,第307—308页
张宁石幢记	辽宁沈阳柳条湖	陀罗尼经	清宁二年（1056）九月二十九日	《全辽文》卷13,第373页;《文编》,第275页;《全辽金文》,第744页
豆店清凉寺千佛像石幢记	北京良乡豆店清凉寺内		清宁三年（1057）二月二十七日	《潜研堂文集》卷18《清凉寺题名》;《全辽文》卷8,第174页;《文编》,第279页;《全辽金文》,第745—746页
王守璘石幢记	河北涿州大兴寺	佛顶尊胜陀罗尼经	清宁三年（1057）十月十八日	《辽文存》卷6,第83—84页;《全辽文》卷8,第174页;《文编》,第280页;《全辽金文》,第353页
滦河重建陀罗尼经幢	河北迁安镇西夹河村西300米滦河古道处	佛顶尊胜陀罗尼经	清宁五年（1059）三月五日	《续编》,第116页;迁安市文物管理所《河北迁安发现辽代石刻》,《文物春秋》2008年第1期,第35—36页
奉为没故和尚特建陀罗尼塔记		佛顶尊胜陀罗尼经	清宁六年（1060）四月二日	《全辽文》卷8,第176—177页;《文编》,第298页
沙门志果等为亡师造塔幢记	北京房山小西天	佛顶尊胜陀罗尼经	清宁六年（1060）四月二十八日	《全辽文》卷8,第176页;《文编》,第303页;《全辽金文》,第747页
沙门可训造幢记	北京房山	佛顶尊胜陀罗尼经	清宁七年（1060）三月五日	《文编》,第304页
奉福寺陀罗尼幢记	北京	陀罗尼经	清宁八年（1062）	《日下旧闻考》卷59;《文编》,第312页;《全辽金文》,第748页

经幢名称	建幢地点	刻写经文	立石年代	资料刊布与录文
纯慧大师塔幢记（非浊禅师实行幢记）	北京广恩寺	佛顶尊胜陀罗尼经	清宁九年（1063）五月	《日下旧闻考》《全辽文》卷8，第180—181页；《文编》，第317—318页；《全辽金文》，第374—375页
运琼等为本师建幢记	内蒙古宁城县辽中京城附近	尊胜密言	咸雍元年（1065）四月十四日	《续编》，第122页；刘冰《赤峰博物馆馆藏辽代石幢浅析》，《内蒙古文物考古》2008年第2期，第77—78页
新赎大藏经建立香幢记	河北涿州	烧香真言	咸雍元年（1065）四月	杨卫东《与契丹藏有关的一件石刻——读辽咸雍四年刊〈新赎大藏经建立香幢记〉》，《文物春秋》2007年第3期，第77—81页；《续编》，第123页
法喻等为先师造幢记	北京房山小西天附近		咸雍二年（1066）二月二十日	《全辽文》卷8，第186页；文编》，第327页；《全辽金文》，第750页
曷鲁墓园经幢记	内蒙古巴林左旗	无碍大悲心陀罗尼经、真言	咸雍二年（1066）五月二十七日	《全辽文》卷8，第186页；《文编》，第328页；《石刻文》，第397页；《增订本》，第658—659页；《全辽金文》，第749页
赵文祐为父母造幢记	出土地不详，现藏辽宁省博物馆	尊胜陀罗尼经	咸雍三年（1067）十一月十日	《全辽文》卷8，第187页；《文编》，第329页；《全辽金文》，第750页
李晟为父母造经幢记	河北涞水西30里累子村大明寺	佛顶尊胜陀罗尼经	咸雍七年（1072）十一月十五日	《全辽文》卷8，第196—197页；《文编》，第347页；《全辽金文》，第751页
特建葬舍利幢记	河北新城县		咸雍八年四月三日	民国《新城县志》卷15；《全辽文》卷8，第201—202页；《文编》，第350—351页；《全辽金文》，第412—413页

续表

经幢名称	建幢地点	刻写经文	立石年代	资料刊布与录文
刘镂墓幢记	辽宁朝阳市双塔区龙山街道中山营子村		咸雍九年（1073）二月十四日	《续编》，第152页
水东村傅逐秀等造香幢记	河北涞水西北水东村龙岩寺内		咸雍九年（1073）八月□日	《全辽文》卷8，第203页；《文编》，第364页；《全辽金文》，第752页
特建纪伽蓝功德幢记	河北新城县	佛说佛顶尊胜陀罗尼咒、观自在菩萨如意轮陀罗尼咒、法念相真言、大吉祥大兴一切顺陀罗尼咒	咸雍十年（1074）四月十二日	民国《新城县志》卷15；《全辽文》卷8，第202页；《文编》，第365页；《全辽金文》，第413—414页
上京开龙寺经幢	内蒙古巴林左旗林东镇林东旅社地沟内		咸雍年间（？）	《文编》，第714页；《石刻文》，第437页；《增订本》，第712—714页；唐彩兰编著《辽上京文物撷英》，北京：东方出版社，2005年，第105页
行满寺尼惠照等建陀罗尼经幢记	北京西山戒坛明王殿门左侧	佛顶尊胜陀罗尼经（佛陀波利译）	大康元年（1075）七月二十四日	《辽文存》卷6，第84页；《金石萃编》《全辽文》卷9，第211—212页；《汇编》第12卷，第497页；《文编》，第369—370页；《全辽金文》，第421页
石幢铭文	内蒙古巴林右旗辽庆州城址			《全辽文》卷9，第215页；《全辽金文》，第866页
开元寺重修建长明灯幢记	北京密云		大康元年（1075）三月二十六日	《续编》，第156—157页

续表

经幢名称	建幢地点	刻写经文	立石年代	资料刊布与录文
普同塔经幢记	山西大同上华严寺	圣千手千眼观自在菩萨摩诃萨诃广大圆满无碍大悲心密言、佛说宝箧印真言	大康二年（1076）四月十七日	《山西通志·金石志九》《大同府志》《全辽文》卷9，第219页；《文编》，第382页；《全辽金文》，第755页
荦幢记	北京大兴区黄村火神庙内	广大圆满无碍大悲心陀罗尼经	大康二年（1076）七月二十六日	《续编》，第158—159页
关山经幢记	辽宁阜新关山马掌洼韩德让墓内		大康二年（1076）四月十七日	《续编》，第160页
顶尊胜陀罗尼幢记	北京房山云居寺		大康二年（1076）	《续编》，第161页
京西戒坛寺经幢	北京西山戒坛寺	佛顶尊胜陀罗尼经	大康三年（1077）	《汇编》第12卷，第498页
为故坛主传菩萨戒大师特建法幢记（尊胜陀罗尼幢序）	北京西山戒坛明王殿门石侧		大康三年（1077）三月十四日	《金石萃编》《日下旧闻考》卷105；《全辽文》卷9，第220页；《文编》，第383—384页；《全辽金文》，第877页
燕京大悯忠寺故慈智大德幢记			大康三年三月十四日	《辽文存》卷6，第84页；《辽代金石录》卷2，第794页；《京畿金石考》《全辽文》卷9，第220页；《全辽金文》，第430页
武州经幢题记	山西神池县东北大辛庄		大康五年（1079）七月一（或二）十五日	《山西通志》《山右石刻丛编》《文编》，第385页
张景运为亡祖造陀罗尼经幢记	河北安次宁国寺	佛顶尊胜陀罗尼经	大康七年（1081）二月十九日	《辽文存》卷6，第84—85页；《全辽文》卷9，第224页；《文编》，第390—391页；《全辽金文》，第435—436页

续表

经幢名称	建幢地点	刻写经文	立石年代	资料刊布与录文
□奉昌为其父母建墓幢	河北廊坊市杨税务乡前南庄村		大康七年（1081）	陈卓然《廊坊市发现一座辽代墓幢》，《文物春秋》1997年第2期，第88页
归如等建梵字密言幢记	内蒙古宁城县辽中京城附近		大康八年（1082）七月二十四日	刘冰《赤峰博物馆馆藏辽代石幢浅析》，《内蒙古文物考古》2008年第2期，第78—79页；《续编》，第175页
墓幢	内蒙古巴林左旗福山乡塔子沟村辽墓	地藏密言、生天密言、净水密言、净花涂香烧香密言、灭罪密言、破地狱密言等	大安元年（1085）六月二十八日	唐彩兰编著《辽上京文物撷英》，北京：东方出版社，2005年，第110页；李学良《巴林左旗发现两处辽代墓幢》，《辽金历史与考古》第3辑，辽宁教育出版社，2011年，第323—324页
郑□为亡人造经幢记	河北永清县茹荤村大寺	佛顶尊胜陀罗尼经（间梵书）	大安二年（1086）	《全辽文》卷9，第230页；《文编》，第406页；《全辽金文》，第756页
觉相等建经幢记	内蒙古宁城县辽中京城附近		大安二年（1086）四月十六日	刘冰《赤峰博物馆馆藏辽代石幢浅析》，《内蒙古文物考古》2008年第2期，第79页；《续编》，第183页
刘楷等建陀罗尼经幢记	河北易县		大安三年（1087）六月二日	《续编》，第186—187页
固安县宝庆寺主持守立等建经幢记	河北固安		大安五年（1089）八月九日	《固安县志》卷4；《全辽文》卷9，第233页；《文编》，第415页；《全辽金文》，第766页
经幢记	北京大兴区礼贤镇清真寺	千手千眼观自在菩萨摩诃萨诃广大圆满无碍大悲心经	大安六年（1090）四月十四日	《续编》，第198页

经幢名称	建幢地点	刻写经文	立石年代	资料刊布与录文
饶州安民县经幢记	内蒙古林西县土城子（辽饶州安民县故址）		大安六年（1090）八月六日	《续编》，第199页
沙门善存为吴德迁造幢序	河北乐亭城隍庙	尊胜陀罗尼经（前列骈体序文）	大安六年（1090）二月二十八日	黄彭年等《畿辅金石志》卷143；黄任恒《辽代金石录》卷3；《全辽文》卷9，第236页；《文编》，第430—43页；《全辽金文》，第520页；《拓本》，第16页；《全辽金文》，第520—521页
饶州安民县经幢文	内蒙古林西县土城子（辽饶州安民县故址）		大安六年八月六日	民国《经棚县志》《石刻文》，第415页
饶州陀罗尼经幢残文	内蒙古巴林右旗小城子乡樱桃沟村饶州故城址		大安七年（1091）闰八月十日	《石刻文》，第416页；《增订本》，第685—686页
广宣法师塔幢记	河北固安崇胜寺	陀罗尼经	大安七年（1091）四月十一日	《全辽文》卷9，第239页；《文编》，第435页
文永等为亡父母造幢记	河北蔚县大探口石佛寺	尊胜陀罗尼经	大安七年（1091）五月七日	《全辽文》卷9，第240页；《文编》，第436页
饶州陀罗尼经幢残文	内蒙古巴林右旗小城子乡樱桃沟村饶州故城址附近	陀罗尼经	大安七年（1092）闰八月十日	《文编》，第441页
木井村邑人造香幢记	河北涞水西北15千米木井村大寺	无动如来陀罗尼经	大安八年（1092）八月	《全辽文》卷9，第243—244页；《文编》，第446页；《全辽金文》，第772—773页

经幢名称	建幢地点	刻写经文	立石年代	资料刊布与录文
经幢	北京门头沟区大峪村	梵文	大安八年（1092）	包世轩《门头沟发现五座辽代经幢》，《北京考古信息》1990年第1期，第381页
沙门法忍再建陀罗尼经幢记	北京密云	波若罗密多心经（梵文、弗□□□陀罗尼神咒	大安八年（1092）九月二十五日	《辽文存》卷6，第85页；《全辽文》卷9，第242—243页；《文编》，第450页；《全辽金文》，第527页
辽上京松山州刘氏家族墓地经幢	内蒙古翁牛特旗亿河公镇小梁后	佛顶尊胜陀罗尼经	大安八年（1092）	李俊义、庞昊《辽上京松山州刘氏家族墓地经幢残文考释》，《北方文物》2010年第3期，第87—92页
僧思拱墓幢记	河北易县		大安九年（1093）二月五日	《续编》，第211页
陀罗尼经幢			大安九年（1093）三月二十九日	《拓本》，第17页
观难寺石幢记	河北丰润观难寺		大安九年（1093）九月九日	《拓本》，第17页
澄湛等为师善弘建陀罗尼幢记	内蒙古宁城县辽中京城附近		大安以后	刘冰《赤峰博物馆馆藏辽代石幢浅析》，《内蒙古文物考古》2008年第2期，第78页；《续编》，第224页
经幢	山西大同下华严寺	佛顶尊胜陀罗尼经	辽道宗寿昌元年（1095）	李彦、张映莹《〈佛顶尊胜陀罗尼经〉及经幢》，《文物世界》2007年第5期，第80页
古尊胜幢	山西宁武北22.5千米旧寨村路旁古庙中		寿昌二年（1096）二月十五日	《宁武府志》卷9《祠庙》

续表

经幢名称	建幢地点	刻写经文	立石年代	资料刊布与录文
易州善兴寺经幢记	河北易县城北 12.5 千米兴善寺		寿昌二年（1096）十月二十九日	缪荃孙《艺风堂金石文字目》卷 13；黄任恒《辽代金石录》卷 3；吴式芬《金石汇目分编》卷 3《补遗》；《全辽文》卷 9，第 246—247 页；《文编》，第 474 页；《全辽金文》，第 775 页；《拓本》，第 20 页
云居寺志省塔幢	北京房山云居寺	尊胜陀罗尼密言	寿昌五年（1099）正月十九日	《文编》，第 491 页
史遵礼建顶幢记		智炬如来心破地狱真言	寿昌五年（1099）三月十二日	《匋斋藏石记》卷 41；缪荃孙《艺风堂金石文字目》卷 13；黄任恒《辽代金石录》卷 3；《文编》，第 492 页；《全辽金文》，第 778 页
燕京大悯忠寺故慈智大德经幢记	北京陶然亭慈悲庵文昌阁前	佛顶尊胜大悲陀罗尼经	寿昌五年（1099）四月十三日	《辽文存》卷 6，第 85—86 页；《日下旧闻考》卷 61；缪荃孙《艺风堂金石文字目》卷 13；黄任恒《辽代金石录》卷 3；《畿辅金石志》138；《金石萃编》卷 153；《八琼室金石补正》122；孙星衍、邢澍《寰宇访碑录》10；刘声木《续补寰宇访碑录》卷 11；《全辽文》卷 9，第 257—258 页；《文编》，第 493—494 页；《北京辽金史迹图志》，第 66 页；《全辽金文》，第 777—778 页
义冢幢记	北京昌平		寿昌五年（1099）七月十五日	《全辽文》卷 9，第 258 页；《汇编》第 12 卷，第 459 页；《文编》，第 495 页《全辽金文》，第 565—566 页
龙兴观创造香幢	河北易县龙兴观后殿阶右		寿昌六年（1100）八月二十三日	《辽文存》卷 6，第 86 页；《全辽文》卷 9，第 260 页；《文编》，第 508 页

经幢名称	建幢地点	刻写经文	立石年代	资料刊布与录文
李氏石幢记残文			乾统二年（1101）	《全辽文》卷10，第277页；《文编》，第527页；《全辽金文》，第779页
宝禅寺建幢记	辽宁建平县桥头庙山西北		乾统二年（1101）七月十七日	《续编》，第240页
施地幢记	河北新城	佛顶尊胜陀罗经（波利译）	乾统二年（1101）正月六日	民国《新城县志》卷15；《全辽文》卷10，第277页；《文编》，第526页；《全辽金文》，第780页
尼曼罗耶经幢	山西朔州平鲁区	佛顶尊胜陀罗经	乾统二年（1101）	《三晋石刻大全·朔州平鲁区卷》
杨卓等建经幢记	辽宁彰武四堡子乡小南洼村辽豪州古城址西墙外	破地狱真言（梵文）	乾统三年（1102）正月壬午日	《文编》，第530页；《全辽金文》，第781页
师哲为父造幢记		尊胜陀罗尼经	乾统三年（1102）	缪荃孙《艺风堂金石文字目》卷13；黄任恒《辽代金石录》卷4；吴式芬《金石汇目分编》卷1《补遗》；《辽文存》卷6，第86页；《全辽文》卷10，第280页；《文编》，第538页；《北京辽金史迹图志》，第61、264页；《全辽金文》，第780页
□□禅师残墓幢记	北京香山静宜园买卖街		乾统三年（1102）正月十八日	《续编》，第246页
释师□等建陀罗尼幢	北京香山静宜园买卖街	佛顶尊胜陀罗尼（梵文）	乾统三年（1102）四月二十二日	《拓本》，第27页

续表

经幢名称	建幢地点	刻写经文	立石年代	资料刊布与录文
沙门道冲为亡母造陀罗尼幢记	北京房山城西1.5千米三官庙	陀罗尼经	乾统四年（1103）三月二十七日	《文编》，第546页
佛顶尊胜陀罗尼幢记	北京房山		乾统四年（1103）三月二十七日	《续编》，第247页
奉为亡过父母法幢	北京门头沟区齐家庄乡	佛顶尊胜陀罗尼真言	乾统四年（1103）十一月二十日	包世轩《门头沟发现五座辽代经幢》，《北京考古信息》1990年第1期，第381页
朔州崇福寺经幢	山西朔州崇福寺		乾统四年（1103）	李彦、张映莹《〈佛顶尊胜陀罗尼经〉及经幢》，《文物世界》2007年第5期，第80页
兰公佛顶尊胜陀罗尼记	山西应县木塔鼓楼南端		乾统四年（1103）	赵改萍《文物资料中所见辽代密教信仰在山西的流行》，《第二届中国密教国际学术研讨会论文集》（二），陕西师范大学宗教研究中心编印，绍兴，2013年6月，第976—977页
经幢	北京大兴富强东路		乾统四年（1103）	未刊
广大圆满无碍大悲心陀罗尼幢记	北京顺义	广大圆满无碍大悲心陀罗尼经	乾统五年（1104）三月廿四日	《续编》，第248页
沙门谛纯为亡师造塔幢记	河北易县	陀罗尼经	乾统五年（1104）九月二十七日	《文编》，第547—548页
白怀友为亡考妣造陀罗尼经幢记	北京良乡琉璃河	陀罗尼经	乾统五年（1104）十月二十一日	《辽文存》卷6，第86—87页；文编》，第549页
白继琳幢记			乾统五年（1104）十月二十一日	《全辽文》卷10，第271—272页；《全辽金文》，第580—581页

经幢名称	建幢地点	刻写经文	立石年代	资料刊布与录文
造长明灯幢记	北京昌平崇寿寺		大康元年（1075）三月二十六日	《辽文存》卷4，第43—44页；《昌平外志》《全辽文》卷10，第286页；《文编》，第553—554页
涿州固安县刘绍村沙门口惠为祖父造陀罗尼经幢记	河北固安西南25千米刘绍村	华严经	乾统五年（1104）	《全辽文》卷10，第284页；《文编》，第555页
栖灵寺石幢残文	山西朔州市东北20千米西影寺遗址		乾统五年（1104）	《文编》，第556页
沙门即空造陀罗尼经幢记	河北涿州市北10千米清江寺	佛顶尊胜陀罗尼经、真言（梵文）	乾统六年（1105）二月九日	《辽文存》卷6，第87页；《全辽文》卷10，第287页；《文编》，第557页；《全辽金文》，第598—599页
经幢	山西朔州河汇村观音寺		乾统六年（1105）	孙学瑞《辽朔州李氏墓地经幢》，《中国考古集成（华北卷）》第16册，哈尔滨出版社，1998年；孙学瑞《辽朔州李氏墓地经幢》，《辽金史论集》第6辑，社会科学文献出版社，2001年，第227页
为法遍造真言幢记	北京房山		乾统六年（1105）四月十五日	《全辽文》卷10，第288页；《文编》，第560页；《全辽金文》，第787页
李氏石幢记残文			乾统六年（1105）	《全辽文》卷10，第277页；《文编》，第527页；《全辽金文》，第786页
沙门可炬幢记	辽宁义县城内西南街广胜寺塔内		乾统七年（1106）二月二十九日	园田一龟《满洲金石志稿》；罗福颐《满洲金石志》；《续编》，第255页

经幢名称	建幢地点	刻写经文	立石年代	资料刊布与录文
为先师志延造陀罗尼经幢记	北京房山中峪寺	尊胜陀罗尼经	乾统八年（1107）	《辽文存》卷6，第88页；《全辽文》卷10，第305页；《文编》，第581页；《全辽金文》，第791页
郑佛男为祖父造经幢记	北京房山南25千米杨树村		乾统八年（1107）四月六日	《辽文存》卷6，第87—88页；缪荃孙《艺风堂金石文字目》卷13；黄任恒《辽代金石录》卷4；吴式芬《金石汇目分编》卷3《补遗》；《全辽文》卷10，第307页；《文编》，第599页；《北京辽金史迹图志》，第270页；《全辽金文》，第628页
刘庆为出家男智广特建幢塔记	河北固安	佛顶尊胜陀罗尼经	乾统八年（1107）十月十一日	民国《固安县志》卷4；《全辽文》卷10，第307页；《文编》，第596页；《全辽金文》，第791—792页
佛顶尊胜陀罗尼幢记	北京大兴区礼贤镇清真寺	佛顶尊胜陀罗尼经、梵文	乾统八年（1107）□月一十四日	《续编》，第260页
李从善经幢	北京房山区石窝镇天开村		乾统九年（1108）五月日	《续编》，第263页
上京开化寺经幢记	内蒙古巴林左旗查干达乡哈巴气村昭庙	佛顶尊胜陀罗尼经	乾统九年（1108）四月三日	李逸友《内蒙古巴林左旗前后昭庙的辽代石窟》，《文物》1961年第9期，第23页；《文编》，第600页；唐彩兰编著《辽上京文物撷英》，北京：东方出版社，2005年，第106页；《增订本》，第687—688页
上京石窟尊胜陀罗尼经幢记	内蒙古巴林左旗辽上京真寂寺遗址		乾统九年（1108）十月三日	《全辽文》卷10，第307页；《全辽金文》，第792页

续表

经幢名称	建幢地点	刻写经文	立石年代	资料刊布与录文
唐梵佛顶尊胜陀罗尼经幢记	北京大兴芦城镇东芦城村	佛顶尊胜陀罗尼经及真言	乾统九年（1108）十月十四日	《续编》，第264页
僧智福坟幢记			乾统九年（1108）	《全辽文》卷10，第307页；《文编》，第601页；《全辽金文》，第793页
赵公议为亡考造陀罗尼幢记	北京房山瓦井大寺	佛顶尊胜陀罗尼经	乾统十年（1109）三月四日	《全辽文》卷10，第305页；《文编》，第605页；《全辽金文》，第629页
佛说佛顶尊胜陀罗尼经幢（云门寺经幢记）	内蒙古巴林左旗丰水山乡洞山村	佛说佛顶尊胜陀罗尼经	乾统十年（1109）三月十七日	《文编》，第602页；《石刻文》，第420页；《增订本》，第689—690页；《全辽金文》，第794页
李惟晟建陀罗尼经幢记	河北蔚县大水门头村三官庙	佛顶尊胜陀罗尼经	乾统十年（1109）五月二十二日	《续编》，第268页；邓庆平编录、赵世瑜审订《蔚县碑铭辑录》，桂林：广西师范大学出版社，2009年，第642页；《拓本》，第34页
李惟准建陀罗尼经幢记	河北蔚县大水门头村三官庙	佛顶尊胜陀罗尼经	乾统十年（1109）五月二十二日	《续编》，第269页
李惟孝亡妻秦氏经幢记（朔州李谨造幢记）	山西朔州东南1千米处	阿閦如来灭轻重罪障陀罗尼经	乾统十年（1109）八月廿四日	孙学瑞《辽朔州李氏墓地经幢》，《辽金史论集》第6辑，社会科学文献出版社，2001年，第230页；《文编》，第613页；《全辽金文》，第794页
经幢	山西朔州利民堡神应寺		乾统十年（1109）	孙学瑞《辽朔州李氏墓地经幢》，《辽金史论集》第6辑，社会科学文献出版社，2001年，第227页
朔州崇福寺经幢	山西朔州崇福寺	佛顶尊胜陀罗尼经	乾统十年（1109）	李彦、张映莹《〈佛顶尊胜陀罗尼经〉及经幢》，《文物世界》2007年第5期，第80页

经幢名称	建幢地点	刻写经文	立石年代	资料刊布与录文
高孝思为亡父母造幢记	河北涿州市西 20 千米高村宝兴寺	佛顶尊胜陀罗尼经	天庆元年（1111）二月	《全辽文》卷 11，第 314 页；《文编》，第 617 页
奉为先内翰侍郎夫人特建尊胜陀罗尼幢			天庆元年（1111）四月十一日	《全辽文》卷 11，第 314 页；《文编》，第 616 页；《全辽金文》，第 796 页
沙门印章为先师造幢记	北京房山		天庆二年（1112）二月二十七日	《文编》，第 621 页
白怀祐造幢记	北京良乡琉璃河	佛顶尊胜陀罗尼经	天庆二年（1112）七月十八日	《辽文存》卷 6，第 88—89 页；《全辽文》卷 11，第 315—316 页；《文编》，第 630—631 页；《全辽金文》，第 797—798 页
朔州李省为亡考建经幢记	山西朔州	无垢清净光明陀罗尼经、智矩如来心破地狱真言	天庆三年（1113）五月十一日	孙学瑞《辽朔州李氏墓地经幢》，《辽金史论集》第 6 辑，社会科学文献出版社，2001 年，第 230 页；《文编》，第 632 页；《全辽金文》，第 799 页
张世卿为先妣建幢记	河北固安	佛顶尊胜陀罗尼经（波利译）、报父母恩重真言、生天真言	天庆三年（1113）十月一日	民国《固安县志》卷 4；《全辽文》卷 11，第 318 页；《文编》，第 642 页；《全辽金文》，第 798 页
惠州李祜墓幢		佛顶尊胜陀罗尼经经	天庆三年（1113）	《全辽文》卷 11，第 316 页；《文编》，第 638 页
朔州崇福寺经幢	山西朔州崇福寺		天庆三年（1113）	李彦、张映莹《〈佛顶尊胜陀罗尼经〉及经幢》，《文物世界》2007 年第 5 期，第 80 页
沙门积祥等为先师造经幢记	河北永清茹荤村大寺	尊胜陀罗尼咒	天庆四年（1113）二月十四日	《辽文存》卷 6，第 89 页；《全辽文》卷 10，第 297 页；《文编》，第 643—644 页；《全辽金文》，第 647—648 页

续表

经幢名称	建幢地点	刻写经文	立石年代	资料刊布与录文
杜□□奉为亡□□过去□阉兄建置法幢	北京门头沟区齐家庄乡	佛顶尊胜陀罗尼真言	天庆四年（1114）十月八日	包世轩《门头沟发现五座辽代经幢》，《北京考古信息》1990年第1期，第381页
沙门法笋建陀罗尼经幢记	河北阳原大觉寺		天庆五年（1115）十月二十五日	黄彭年等《畿辅金石志》卷149；梁建章等《察哈尔金石志》卷21；李泰棻《阳原金石志》卷15；黄任恒《辽代金录》卷4；《拓本》，第37页
忏悔正慧大师遗行造塔幢记	北京房山张坊镇二郎庙	佛顶尊胜陀罗尼经	天庆六年（1116）四月二十七日	《辽文存》卷6，第89—90页；《文编》，第658—659页
奉为亡祖先生身父母造陀罗尼幢	北京门头沟区齐家庄乡	佛顶尊胜陀罗尼真言	天庆七年（1117）十月七日	包世轩《门头沟发现五座辽代经幢》，《北京考古信息》1990年第1期，第381页
经幢记	山西朔州平鲁区败虎堡村	佛顶尊胜陀罗尼经	天庆八年（1118）	《续编》，第300页；陈晓伟《浅述辽代山西地区的佛教和寺院——以朔州"辽天庆八年经幢"为中心》，《文物世界》2009年第2期，第40—44转66页；翟禹《山西省朔州市败虎堡发现辽代经幢残件》，《中国长城博物馆》2010年第4期，第38页
经幢记	北京大兴区礼贤镇	佛顶尊胜陀罗尼经	天庆九年（1119）	《续编》，第303页
沙门积进遗行塔幢记			天庆九年（1191）	《文编》，第677页
松寿等为亡父特建法幢记	辽宁义县城隍庙	佛说佛顶尊陀罗尼经（梵文）	天庆十年（1120）四月十五日	罗福颐《满洲金石志》卷2；《全辽文》卷11，第333—334页；《汇编》第11卷，第776页；《文编》，第681页；《全辽金文》，第806页；《拓本》，第39页

经幢名称	建幢地点	刻写经文	立石年代	资料刊布与录文
张楚璧等造幢记（尊胜陀罗尼幢记并序）		尊胜陀罗尼经	天庆十年（1120）	《全辽文》卷12，第343页；《文编》，第694—695页；《全辽金文》，第721—722页
李公幢记			天庆十年（1120）三月二十九日	《续编》，第308页
郭仁孝为耶耶娘娘建顶幢记	河北固安	甘露王陀罗尼经	天庆十年（1120）十月二十日	《续编》，第309页
郭仁孝为父母建顶幢记	河北固安	甘露王陀罗尼经	天庆十年（1120）四月二十七日	《艺风堂金石文字目》卷13；黄任恒《辽代金石录》卷4；《续编》，第310页；《拓本》，第41页
石幢			天庆二年（1112）九月	《永清县志》；缪荃孙《艺风堂金石文字目》卷13；《文编》，第702页
惠能建陀罗尼经幢记	辽宁朝阳口碑营子附近	佛顶遵胜陀罗尼经		罗福颐《满洲金石志》；《文编》，第696页；《全辽金文》，第897—898页
为先祖舅姑等建幢记（佛顶尊胜陀罗尼幢记）		佛顶尊胜陀罗尼经（梵文）		《陶斋藏石记》《全辽文》卷9，第245页；《文编》，第697页；《全辽金文》，第818页（又以《佛顶尊胜陀罗尼幢记》为名，于第819—820页重复收录）
赵文建幢记	河北新城龙泉寺	佛顶尊胜陀罗尼经	□年□月二十一日	民国《新城县志》；《文编》，第704页；《全辽金文》，第817页
庞延则造幢记	内蒙古巴林左旗		□年丁亥朔六日	园田一龟《满洲金石志稿》；罗福颐《满洲金石志》《全辽文》卷12，第359页；《文编》，第700页；《石刻文》，第439页；《增订本》，第701—702页；《全辽金文》，第817页

续表

经幢名称	建幢地点	刻写经文	立石年代	资料刊布与录文
云居寺经幢记	北京房山云居寺	佛顶尊胜陀罗尼经	□年二月二日	《续编》，第322页
大灌顶光梵甲陀罗尼幢记	北京房山区阎村镇南梨园村	梵文佛经		《续编》，第325页
奉为三师建寿塔幢记	北京房山区韩村河镇天开村			《续编》，第326页
佛说般若波罗密多心幢记	北京大兴区黄村火神庙内			《续编》，第327页
真寂之寺佛顶尊胜陀罗尼经幢	辽上京真寂之寺遗址		佛顶尊胜陀罗尼经	《续编》，第336—337页
经幢	内蒙古林东北山		佛顶尊胜陀罗尼经	唐彩兰编著《辽上京文物撷英》，北京：东方出版社，2005年，第104页
经幢（残存基座）				唐彩兰编著《辽上京文物撷英》，北京：东方出版社，2005年，第104页
石经幢残片	内蒙古巴林左旗辽上京皇城遗址			唐彩兰编著《辽上京文物撷英》，北京：东方出版社，2005年，第111页
上京开化寺经幢基座	内蒙古巴林左旗昭庙			唐彩兰编著《辽上京文物撷英》，北京：东方出版社，2005年，第108—109页
佛顶尊胜陀罗尼幢				《全辽文》，第287页
福惠幢记	河北新城县东柳林庄洪福寺			民国《新城县志》卷15；《全辽文》卷10，第278页；《文编》，第703页；《全辽金文》，第816页

续表

经幢名称	建幢地点	刻写经文	立石年代	资料刊布与录文
赵文建幢记	河北新城县曲隄村礼泉寺前		□年□月二十一日	民国《新城县志》卷15;《全辽文》卷12，第348页;《文编》，第704页
沙门志诠建胜陀罗尼幢记	河北新城县		□□四年九月初二日	民国《新城县志》卷15;《全辽文》卷12，第358页;《全辽金文》，第820页
和龙山石幢记	辽宁朝阳			民国《朝阳县志》卷10;《全辽文》卷12，第348页;《文编》，第705页;《全辽金文》，第817页
凤凰城石幢连名记	辽宁凤凰城附近，现存旅顺博物馆			《文编》，第710—711页;《全辽金文》，第821—822页
张世俊造幢记	河北固安现成西南大王村崇胜寺			《固安县志》卷4;《全辽文》卷12，第358页;《文编》，第699页;《全辽金文》，第445页
杨氏坟幢记	河北新城北跕杨庄			《文编》，第701页
田氏建陀罗尼幢记	河北定兴固城东南宝峰寺，清光绪七年运至清苑县莲池六幢亭内			《全辽文》卷12，第347—348页;《文编》，第693页;《全辽金文》，第645页
□□为亡父李进亡母阿王造墓幢	内蒙古巴林左旗林东镇北山	智炬如来心破地狱真言、毗卢遮那佛灌顶光真言、六字真言、无垢净光陀罗尼经		李学良《巴林左旗发现两处辽代墓幢》，《辽金历史与考古》第3辑，辽宁教育出版社，2011年，第324—325页
经幢	山西天镇			《天镇县志》，山西人民出版社，2009年

续表

经幢名称	建幢地点	刻写经文	立石年代	资料刊布与录文
陀罗尼经幢	山西天镇			《天镇县志》，山西人民出版社，2009年
大悲心陀罗尼经幢	山西大同	年代不详，疑为辽金物		《大同新出唐辽金元志石新解》，三晋出版社，2012年
				韩嘉谷《宝坻石幢的始建年代和重修经过》，《天津史志》1990年第1期；周峰、范军《房山两座辽金时期的经幢》，《北京文物》2000年第9期

第二节　辽代经幢的形制及特点

辽朝文化遗存中有大量经幢，就目前已知资料来看，其地理分布情况在北方草原地区和契丹人后来据有的长城以南地区是不尽相同的。据上表所列经幢，能明确看出其所在地的经幢，在长城以南约占四分之三，而长城以北仅占四分之一左右，总体分布情况是南多北少。何以如此？究其原因，大致可归结为以下几点。

第一，与契丹族有自己本民族的原始宗教信仰有关。契丹族本是游牧民族，逐水草而居，在916年建国以前尚处于原始社会状态，敬信萨满教，他们崇拜日、月，敬畏神灵，《辽史》中就不乏契丹人祭神祭天的记载，说明这种信仰在契丹的社会内部广泛流行，并且存在很大影响。后来，随着社会的演进，契丹统治者逐渐懂得了利用宗教对人民实行精神统治的重要性，于是对儒、佛、道教采取兼收并蓄的态度。辽太祖耶律阿保机在他升任大部落夷离堇的次年（902）即建开教寺于龙化州[①]，即皇帝位的第六年（912），建天雄寺于西楼[②]，建元称制的第三年（918）"诏建孔子庙、佛寺、道观"于皇都上

---

① 〔元〕脱脱，等.辽史：卷1 太祖纪[M].北京：中华书局，1974：2.

② 〔元〕脱脱，等.辽史：卷1 太祖纪[M].北京：中华书局，1974：6.

京^①。从此，辽朝崇佛之风渐盛。据统计，当时仅在上京一带（今内蒙古巴林左旗）建立的 16 座寺观中，属于佛教的就有 14 座^②。

尽管契丹人在建国后封建化过程中不断摄取中原文化以丰富本民族文化，但作为精神深处的信仰是不可能在几年间轻易改变的。而契丹本土流传的佛教是在其建国后才传入北方草原地区的，建立经幢之俗形成较晚，故而经幢数量不多。而长城以南地区，佛教传入较早，影响较深，在唐朝时，已有立幢之俗，因此到辽代时，这种习俗已经有了一定的历史积淀。有些家族立有多座经幢，据发现于北京的《重移陀罗尼幢记》记载，王恕荣母亲在会同九年建经幢，其后"家道吉昌"，于是又建三座经幢，立于奉福寺和祖坟^③。

第二，金朝于 1125 年灭辽后，毁掉了大量的契丹本土的经幢。例如，在辽上京地区的开龙寺、云门寺、弘福寺、开化寺以及辽庆陵中，都有经幢残片发现。北方草原地区的经幢数量本就不多，再加上金朝灭辽后对辽代经幢的毁坏，造成其目前留存的经幢较少。

第三，辽代统治的南部即当时的幽云十六州地区，因为本为汉地，早有兴建佛教寺院之风，特别是隋唐以来，佛教炽盛，是佛教寺院分布较密集区域，故而所建经幢较多。辽占领其地以后，归附的汉人多是虔诚的佛门弟子，为了使其安于生活与生产，统治者遂利用佛教进行统治，广修寺庙，很多经幢由是而相继建立。

经幢是刻写经文的塔状石柱，形状类塔，从幢座到幢身再到幢盖和宝顶都是仿照塔的形制而建，正因为如此，有时也称之为塔幢。它与塔的区别在于塔上不刻经，幢上刻经；塔的形体高大，经幢的形体矮小精致。有学者认为经幢是糅合了刻经与塔所衍生出来的一种特殊的"塔"^④。这种说法不无道理。但是，塔和幢却是两种不同的佛教建筑形式，二者具有不同的功用。塔有法舍利塔和舍利塔，菩萨戒大师法幢是在遗塔前建立的经幢^⑤，法均大师圆寂后，

---

① 〔元〕脱脱，等.辽史：卷 1 太祖纪 [M].北京：中华书局，1974：13.

② 巴林左旗志编委会.巴林左旗志 [M].赤峰：巴林左旗志编委会，1985：540—541.

③ 向南.辽代石刻文编 [M].石家庄：河北教育出版社，1995：45.

④ 刘淑芬.经幢的形制、性质和来源：经幢研究之二 [M]// 中央研究院历史语言研究所.中央研究院历史语言研究所集刊：第六十八本第三分.广州：中央研究院历史语言研究所.1997：643；刘淑芬.灭罪与度亡：佛顶尊胜陀罗尼经幢之研究 [M].上海：上海古籍出版社，2008：113.

⑤ 向南.为故坛主传菩萨戒大师特建法幢记 [M]// 向南.汉代石刻文编.石家庄：河北教育出版社，1995：383.

于坟塔旁建尊胜陀罗经幢①。这些都说明塔与经幢的功用是不同的。

经幢由幢座、幢身、幢盖和宝顶组成。幢座有圆形、六角形和八角形，常雕饰莲花。幢身平面呈八角、六角、四角以及圆形，以八角和六角为多，幢身刻写经文以及记文。幢盖常作八角或六角飞檐状。宝顶多呈宝珠或葫芦形。

下面择几例辽东京、南京、西京和上京地区经幢，介绍如下。

朝阳地宫经幢，幢座三层。第一层八角形，八个侧面的四个面刻莲蓬，另四个面刻飞天图案，上面雕伎乐；第二层八角形，侧面浮雕八菩萨像，上面刻覆莲；第三层为仰莲圆座。幢身为八角形，由四节组成，每节有座，座下面为佛像，上面为仰莲。②

北京房山北郑村辽塔经幢，幢座八角形，雕刻覆莲；幢身八角形；幢盖八角形，垂幔纹宝盖飞檐；宝顶为莲花头。③

朔州李谨经幢，幢座八角形，雕刻莲花；幢身八角形；幢盖八角飞檐；宝顶以两层仰莲拱托宝珠。④

内蒙巴林左旗昭庙经幢，幢座、幢身和幢顶各部不成套，似为后人拼装而成，幢身上部有浮雕佛、子弟和菩萨像。⑤

经幢的高度各不相同，因为目前著录的经幢，有些没有高度的记载，故而关于经幢高度的数据并不全面，就目前所知，较高者为朝阳北塔地宫经幢（图 12-1），高 5.26 米，比地宫高 0.87 米⑥。新城县衣锦村有两座辽经幢，"各高二丈余"，当在 6 米左右。经幢各部通常卯榫相接。

① 向南.法均大师遗行碑铭 [M]// 向南.辽代石刻文编.石家庄：河北教育出版社，1995：439.

② 朝阳北塔考古勘察队.辽宁朝阳北塔天宫地宫清理简报 [J].文物，1992（7）：21—22.

③ 齐心，刘精义.北京市房山县北郑村辽塔清理记 [J].考古，1980（2）：150—155.

④ 孙学瑞.辽朔州李氏墓地经幢 [M]// 张畅耕.辽金史论集：第 6 辑.北京：社会科学文献出版社，2001：227—228.

⑤ 李逸友.内蒙古巴林左旗前后昭庙的辽代石窟 [J].文物，1961（9）：23.

⑥ 辽宁省文物考古研究所，朝阳市北塔博物馆.朝阳北塔：考古发掘与维修工程报告 [M].北京：文物出版社，2007：85.

图 12-1　朝阳北塔地宫经幢[①]　　　图 12-2　北京门头沟双林寺统和十年经幢[②]

经幢新建之时，刻写文字有时还加以粉饰，《张楚璧等造经幢》言："彩镂银字，若文星之点碧空。"[③] 即此谓也。今天所见经幢历经岁月的浸蚀，早已不见当年的色彩。

第三节　辽代经幢的种类

受建幢人建幢目的、主人以及经幢矗立场地不同等因素影响，辽代的佛教经幢还可细分为以下几种类型。

一、普通经幢

是指建立在佛教寺院内或城（村）镇的通衢路口处，无特定幢主、功能

---

① 辽宁省文物考古研究所，朝阳市北塔博物馆.朝阳北塔：考古发掘与维修工程报告 [M].北京：文物出版社，2007：图版 64，图 2。

② 梅宁华.北京辽金史迹图志（下）[M].北京：北京燕山出版社，2004：51.

③ 文编·张楚璧等造经幢 [M].694.

普通的经幢。考古资料证明，辽代普通经幢多建于寺院附近。如辽圣宗统和十年（992），南京道幽都府玉和县县令齐讽等官员及该县斋堂村、胡家林村、清水村、青白口村、齐家庄村等"邑众"二百余人于当地一佛寺内（今北京市门头沟区清水镇上清水村双林寺）建造的经幢（图12-2）①。又如辽兴宗重熙元年（1032），南京道蓟州玉田县的佛教信徒于大□村车轴山寿峰寺建造的经幢②。辽代佛教信徒建于城（村）镇街道路口的经幢尚少见。佛教信徒之所以将经幢建在寺院附近，其原因主要是所建经幢需要僧人的指点。③

二、墓幢

墓幢亦是辽代经幢中的主要一类。罗福颐先生在《满洲金石志补遗》中说，辽金两代是"墓幢"建立的兴盛期。不仅俗家居士坟墓内外置幢，僧尼坟前、塔侧树幢，就连皇帝的陵墓前亦有建幢。辽代的"墓幢"又可细分为以下几个小类。

帝王贵胄陵寝前的经幢。唐末五代时期，便中原乃至南方某些割据政权的统治者有死后，在陵寝前建立经幢的，比如前蜀高祖王建的永陵前即建有"陵幢"。辽代契丹皇帝的陵前也建有经幢，但因辽末女真振兴，在灭辽过程中，女真人对契丹皇帝陵墓多有摧残，因而，到20世纪初期，仅在内蒙古赤峰市巴林右旗白塔子辽庆陵陵域的辽圣宗陵前和辽兴宗陵前尚见"陵幢"遗存④。时人曾在内蒙古巴林右旗白塔子辽庆州城遗址南门之北、砖塔之南发现了"陵幢"的三段残石，其上有"幢记"残文数百字，大致记述了辽圣宗死后葬礼上的一些情况⑤。

普通百姓坟前经幢。辽代由于统治者的推广，普通百姓多有信仰佛教，而诸多俗家佛教居士出于为已故亲人（包括先祖、父母、夫妻、兄弟姐妹、子女等）追荐冥福等缘故，多在其坟前或墓中建经幢，俗称"坟幢"。辽代俗

---

① 文编·齐讽等建陀罗尼经幢记 [M].98.

② 文编·车轴山寿峰寺经幢记 [M].228.

③ 刘淑芬.《佛顶尊胜陀罗尼经》与唐代尊胜幢的建立：经幢研究之一 [M]// 中央研究院历史语言研究所.中央研究院历史语言研究所集刊：第六十七本第一分.广州：中央研究院历史语言研究所，1996：159；刘淑芬.灭罪与度亡：佛顶尊胜陀罗尼经幢之研究 [M].上海：上海古籍出版社，2008：87.

④ 向南.辽代石刻文编 [M].石家庄：河北教育出版社，1995：273—274；〔日〕竹岛卓一、岛田正郎.中国文化史迹增补 [M].京都：法藏馆，1976：172.

⑤ 王璞.从经幢记看辽代的密教信仰 [M]// 怡学.辽金佛教研究.北京：金城出版社，2012年.

人坟幢以在坟前所建者为多，如内蒙古翁牛特旗发现的大安八年（1092）《辽上京松山州刘氏家族墓地经幢》^①即是，也有的将坟幢置于墓内，如内蒙古巴林左旗福山乡塔子沟村辽墓发现的墓幢^②。

僧尼坟幢、塔幢与舍利幢。经幢原本的主要功能为刻经，这也是其与塔的最根本的区别所在，但是辽代晚期出现了塔幢合璧的现象，有了幢下埋舍利和僧人遗骨的经幢。咸雍八年（1072），涿州新城县衣锦乡所建葬舍利幢，幢记言："若起塔则止藏其舍利，功德惟一。建幢则兼铭其秘奥，利益颇多。况尘飏影覆，恶脱福增，岂不谓最胜者欤？"^③

寿昌五年（1099），慈悲庵慈智大德经幢建立，幢下埋葬慈智大德遗骨，记中称"瘗灵骨于其下，树密幢于其上"^④。忏悔正慧大师塔幢，更具有塔幢合一之特征，其"高二十尺，十五层"，先刻《佛顶尊胜陀罗尼经》，后刻大师遗行。记文称之为"幢塔"^⑤。

辽代僧尼圆寂火化后，其骨灰（舍利）的葬式大致有三种方式：坟葬、塔葬及幢葬，并且每一种葬式都要立幢，于是，便出现了与墓幢相关的"僧尼坟幢"（河北易县大安九年，即1093年《僧思拱墓幢记》^⑥）"僧尼塔幢"（北京房山小西天清宁六年，即1060年《沙门志果等为亡师造塔幢记》^⑦）和"僧尼舍利幢"（河北新城咸雍八年，即1072年《特建葬舍利幢》^⑧）。一些高僧大德圆寂火化后多为塔葬，因而，辽代于塔侧立幢者也较多。如契丹人耶律合里只等为纯慧大师建立的"塔幢"^⑨。

① 李俊义，庞昊.辽上京松山州刘氏家族墓地经幢残文考释[J].北方文物，2010（3）：87—92.

② 李学良.巴林左旗发现两处辽代墓幢[M]//辽宁省辽金契丹女真史研究会.辽金历史与考古：第3辑.沈阳：辽宁教育出版社，2011：323—324.

③ 文编·特建葬舍利经幢记[M].351.

④ 文编·慈悲庵慈智大德幢记[M].494.

⑤ 文编·忏悔正慧大师遗行记 M].658—659.

⑥ 续编[M].211.

⑦ 陈述，辑校.全辽文：卷8[M].北京：中华书局，1982：176；文编[M].303；全辽金文[M].747.

⑧ 民国新城县志：卷15；陈述，辑校.全辽文：卷8[M].北京：中华书局，1982：201—202；文编[M].350—351；全辽金文[M].412—413.

⑨ 日下旧闻考；陈述，辑校.全辽文：卷8[M].北京：中华书局，1982：180—181；文编[M].317—318；全辽金文[M].374—375.

三、纪事用经幢。

是指佛教信徒采用"幢记"的形式记载其佛事活动内容所建之幢，一般没有特定的立幢地点。辽代经幢石刻资料中显示，辽代佛教"记事幢"记事的内容比较广泛，主要有如下几种：其一，记载经幢迁移、重建原因及过程的，如保宁元年（969）王恕荣之移经幢[①]；其二，记载佛教信徒做道场，葬感应佛舍利过程，如北京顺义区城关乡发现的开泰二年（1013）《净光舍利塔经幢记》[②]；其三，为记载佛教信徒植"福田"，义葬无名骸骨过程的"义冢幢"，如北京昌平发现的寿昌五年（1099）《义冢幢记》[③]；其四，记载佛教信徒施财舍物建佛寺的"记事幢"，如河北新城所出乾统二年（1101）《施地幢记》[④]；其五，为记载佛教信徒营造佛像等佛寺活动者，北京良乡所见《豆店清凉寺千佛像石幢记》即为其例[⑤]；其六，为祈求福佑而造"福惠幢"，如河北新城县东柳林庄洪福寺发现的《福惠幢记》[⑥]。诸如此类，不一而足。

四、灯幢与香幢

因形制、用途与其他经幢稍异，灯幢与香幢应是辽代经幢中的两种变形幢。

所谓"灯幢"，即矗立在佛寺、佛塔附近的仿经幢形制之灯台，兼具经幢之宗教和灯台之实用两种功能，只是这种类型现存不多，主要有北京密云发

① 辽文存：卷6，82；陈述，辑校. 全辽文：卷4[M]. 北京：中华书局，1982：82；文编[M].45—46；全辽金文[M].729.

② 续编[M].54.

③ 陈述，辑校. 全辽文：卷9[M]. 北京：中华书局，1982：258；汇编：12卷，第459；文编[M].495；全辽金文[M].565—566.

④ 民国新城县志：卷15；陈述，辑校. 全辽文：卷10[M]. 北京：中华书局，1982：277；文编[M].526；全辽金文[M].780.

⑤ 潜研堂文集：卷18·清凉寺题名；陈述，辑校. 全辽文：卷8[M]. 北京：中华书局，1982：174；文编[M].279；全辽金文[M].745—746.

⑥ 民国新城县志：卷15；陈述，辑校. 全辽文：卷10[M]. 北京：中华书局，1982：278；文编[M].703；全辽金文[M].816.

现的《开元寺重修建长明灯幢记》[1]和北京昌平崇寿寺的《造长明灯幢记》[2]。

"香幢"则是立于寺院或佛塔前的仿经幢形制的香炉，亦兼具经幢之宗教和香炉之实用两种功能，如佛教居士傅逐秀等人于咸雍九年（1073）修建的香幢[3]、河北涿州于咸雍元年（1065）新赎大藏经而建造的香幢[4]、河北涞水木井村邑人大安八年（1092）所造香幢[5]，还有下文将提到的道教龙兴观所造香幢也属于此类情况[6]。

第四节　辽代经幢之刻文

经幢刻文，主要有经文和题记。

一、经文

经幢刻写的经文主要是密宗《佛顶尊胜陀罗尼经》（通常又称《尊胜陀罗尼经》《尊胜经》等），此种经幢常称为《佛顶尊胜陀罗尼经幢》《陀罗尼经幢》《尊胜经幢》等（有时简称某某幢，省去经字），经文之外，也刻写佛顶尊胜陀罗尼咒、真言和序文。北京房山北郑村辽塔经幢刻写《佛顶尊胜陀罗尼经》、序文、真言和咒语[7]。善存为吴德迁造经幢中，前列骈体序文[8]。

朝阳出土的惠能建经幢有启请文："佛顶尊胜陀罗尼启请：稽自千叶莲花座，摩尼殿上尊胜王，广长舌相遍三千，恒沙功德皆圆满面，灌顶闻持妙章

---

① 续编 [M].156—157.

② 辽文存：卷 4，43—44；昌平外志；陈述辑校 . 全辽文：卷 10[M]. 北京：中华书局，1982：286；文编 [M].553—554.

③ 陈述，辑校 . 全辽文：卷 8[M]. 北京：中华书局，1982：203；文编 [M].364；全辽金文 [M].752.

④ 杨卫东 . 与契丹藏有关的一件石刻：读辽咸雍四年刊《新赎大藏经建立香幢记》[J]. 文物春秋，2007（3）：77—81；续编 [M].123.

⑤ 陈述，辑校 . 全辽文：卷 9[M]. 北京：中华书局，1982：243—244；文编 [M].446；全辽金文 [M].772—773.

⑥ 辽文存：卷 6，86；陈述，辑校 . 全辽文：卷 9[M]. 北京：中华书局，1982：260；文编 [M].508.

⑦ 刘精义，齐心 . 辽应历五年石幢题记初探 [J]. 北方文物，1985（4）：33.

⑧ 文编·沙门善存为吴德迁造幢序 [M].430.

追各句，九十九亿世尊宣……"①《佛顶尊胜陀罗尼经》在唐朝时已有八种译本②，然而辽代最流行的主要为佛陀波利译本，尽管该译本并非最早的译本。究其原因，当与佛陀波利译本被赋予了更多神异色彩所致。佛陀波利携此经梵本由印度东来的前后，涉及五台山和文殊菩萨的灵异事迹，因此佛陀波利和其译本也被神圣化了③。唐代僧人志静为此译本所撰写的《经序》，叙述了此经东来的经过和佛陀波利的传奇。佛陀波利的传奇促进了此译本的流传，唐文宗开成四年（839），王刘赵珍等于今日山西晋城县所建立的陀罗尼石幢赞文中，就把这一点说得很清楚，普同塔经幢和张世卿为先妣建经幢为佛陀波利译本，④而菩萨戒坛法师法幢、行满寺陀罗尼经幢和慈智大德经幢为不同译本。除《佛顶尊胜陀罗尼经》以外，还刻写其他经文，朝阳北塔经幢除《佛顶尊胜陀罗尼经》之外还刻有《大佛顶如来放光悉怛多钵怛罗陀罗尼经》《大随求陀罗经》《般若波罗密多心经》《佛说金刚大摧碎延寿陀罗尼经》《大轮陀罗尼经》《大乘百字密语》。⑤可兴等建塔幢，刻《佛顶尊胜陀罗尼经》和《悲心陀罗尼经》被称为尊胜悲心陀罗尼塔⑥。有的经幢不刻《佛顶尊胜陀罗尼经》，刻写其他陀罗尼经，赵文祐为亡父母造经幢，镌刻《无碍大悲心陀罗尼经》；⑦李惟孝秦氏经幢刻写《阿閦如来灭轻重罪障陀罗尼经》；⑧朝阳东塔经幢刻写《无垢净光大陀罗尼经》。⑨有的经幢刻写经文和真言、咒语，史遵礼造陀罗尼经幢刻《智炬如来心破地狱真言》；⑩李惟孝亡妻秦氏经幢记刻写《无垢清净光

① 文编·惠能建陀罗尼经幢记 [M].696.

② 刘淑芬.《佛顶尊胜陀罗尼经》与唐代尊胜幢的建立：经幢研究之一 [M]// 中央研究院历史语言研究所. 中央研究院历史语言研究所集刊：第六十七本第一分. 广州：中央研究院历史语言研究所.1996: 155—162; 刘淑芬. 灭罪与度亡：佛顶尊胜陀罗尼经幢之研究 [M]. 上海：上海古籍出版社，2008: 11—19.

③ 民国新城县志：卷 15; 陈述，辑校. 全辽文：卷 8[M]. 北京：中华书局，1982: 201—202; 文编 [M].350—351; 全辽金文 [M].412—413.

④ 文编·普同塔经幢记 [M].382.

⑤ 朝阳北塔考古勘察队. 辽宁朝阳北塔天宫地宫清理简报 [J]. 文物，1992（7）: 22.

⑥ 文编·可兴等建尊胜悲心陀罗尼塔记 [M].381.

⑦ 文编·赵文祐造幢记 [M].329.

⑧ 孙学瑞. 辽朔州李氏墓地经幢 [M]// 张畅耕. 辽金史论集：第 6 辑. 北京：社会科学文献出版社，2001: 228.

⑨ 文编·朝阳东塔经幢记 [M].149.

⑩ 文编·史遵礼造陀罗尼经幢记 [M].492.

明陀罗尼经》和《智矩如来心破地狱真言》[①]；法忍于大安八年（1092）所建经幢刻写《波若罗密多心经》和《弗□□□陀罗尼神咒》（图12-3）[②]。1992年内蒙古巴林左旗林东镇北山发现的某氏为亡父母所造墓幢（图12-4）所刻经文，除常见的《智炬如来心破地狱真言》《无垢净光陀罗尼经》外，还有《毗卢遮那佛灌顶光真言》《六字真言》，后二者在辽代经幢中仅此一见[③]。

图12-3　北京密云辽大安八年经幢[④]　　图12-4　内蒙古林东北山经幢[⑤]

　　经文刻写中有汉文也有梵文。朝阳北塔经幢经文刻有梵文[⑥]，杨卓等建经幢之《破地狱真言》用梵文镌刻[⑦]。

　　由上文所列辽代经幢总目可以看出，经幢所刻经文多为《佛顶尊胜陀罗尼经》，这篇经文主要渲染佛陀的无边法力，宣称："天帝有陀罗尼名为如来佛顶尊胜，能净一切恶道，能净除一切生死苦恼，又能净除诸地狱阎罗王界畜生之苦，又破一切地狱能回向善道。天帝此佛顶尊胜陀罗尼，若有人闻一经

①　孙学瑞.辽朔州李氏墓地经幢[M]//张畅耕.辽金史论集：第6辑.北京：社会科学文献出版社，2001：228.

②　文编·沙门法忍再建陀罗尼经幢记[M].450.

③　李学良.巴林左旗发现两处辽代墓幢[M]//辽宁省辽金契丹女真史研究会.辽金历史与考古：第3辑.沈阳：辽宁教育出版社，2011：324—325.

④　梅宁华.北京辽金史迹图志（下）[M].北京：北京燕山出版社，2004：62.

⑤　唐彩兰.辽上京文物撷英[M].北京：东方出版社，2005：104.

⑥　辽宁省文物考古研究所，朝阳市北塔博物馆.朝阳北塔：考古发掘与维修工程报告[M].北京：文物出版社，2007：85.

⑦　文编·杨卓等建经幢记[M].530.

于耳，先世所造一切地狱恶业，悉皆消灭，当得清净之身。"① 这对生活于战乱并受尽剥削压迫的信众来说，诱惑力自然是强大的。而对统治阶级来说，更有期望因果得善报的诱因，他们更渴望借助佛陀的力量在现世得到幸福，入土之后减灭生前的罪恶，祈求来世的幸福，这也是当时造经幢刻经较为普遍的一个社会原因吧。还有一个重要原因，就是辽代密教的流行。有辽一代，佛教兴盛，其中尤以密教最为发达，华严宗次之，净土宗又次之。辽代密教信仰在民间广泛流行源于辽代的原始宗教萨满教，两者相似之处甚多。

二、题记

经幢中刻文格式为先经后记，常于经文之后题写立幢目的、经文效用以及建幢人信息等。如果经幢是为故去的人而立，还有幢主生平的介绍。这一部分记载内容较为丰富，记录了宝贵的历史与社会信息。

如王恕荣母于会同九年（946）立幢，并镌刻经文和题记，及至保宁元年（969），王恕荣重移经幢，并在会同九年（946）经幢后面续刻题记②。又如空乡寺经幢，所刻经文与题记文字风格不一，经文可能是唐人所刻，后辽人延用再刻题记③。

应历十六年（966），李崇菀为其父彦超造陀罗尼经，记曰："特立法幢，上祷金仙，福佑慈父。意者保延禄寿，被惠日以长荣。"④ 保宁元年（969）《重移陀罗尼幢记》谓："都亭驿使太原王公恕荣，为皇姒自会同九年□舍资□广陈胜事，□于兹金地，特建妙幢，在经藏前集功德□，□□果报，家道吉昌。既稍备于珍财，乃更□□利益，就奉福寺文殊殿前，又建经幢。"⑤ 从上述两则题记中可以看出，幢主此行为的目的是"保延禄寿""家道吉昌"意在实现现世的安康。

---

① 〔唐〕佛陀波利译. 佛顶尊胜陀罗尼经 [M]// 大正藏：第 19 卷，No.967，页 350b.

② 文编 [M].1—45.

③ 国家图书馆善本金石组. 中国历代石刻史料汇编：第 12 卷 [M]. 北京：北京图书馆出版社，2000：887.

④ 文编 [M].463.

⑤ 文编 [M].464.

第五节　辽代经幢的功用

唐朝最初刻写经幢的经文主要是密宗《佛顶尊胜陀罗尼经》，此经认为，如果书写此经，安于高幢上、高楼上、高山上，"或见或与相近，其影映身；或风吹陀罗尼上，幢等上尘，落在身上。天帝，彼诸众生，所有罪业，应堕恶道地狱、畜生、阎罗王界饿鬼界，阿修罗身，恶道之苦，皆悉不受，亦不为罪垢染污"①。郑□造经幢中言："能书此陀罗尼，安高幢上，或安高山，或安楼上，乃至安置窣堵坡中。若有四众族姓男，族姓女，于幢等上或□或□□近其影身，或覆□咒陀罗尼幢等上尘落在身上。彼诸众生，所有罪业，皆悉消灭"②。《文永等为亡父母造幢记》言："夫尊胜陀罗尼者，是诸佛之祕要，众生之本源。遇之则七逆重罪，咸得消亡；持之则三涂恶业，尽皆除灭。开生天路，示菩提相，功之最大，不可稍也"③。辽代经幢所刻经文也基本沿袭了这些内容，多以这些经文为主。

通过前文的论述我们可以看出，经幢的宗教功用主要源于其上镌刻的佛教经文及咒语，辽代存世经幢资料中，经幢上所刻最多、最常见的就是《佛顶尊胜陀罗尼经》，这在前文的统计表格中已有明确显示。而《佛顶尊胜陀罗尼经》主要的经义则是"阐述因果，祈求来世"，通过经幢所镌刻的内容，我们可以大致归结出辽代经幢的主要功用有如下几点。

第一，教化与普度。这主要是由僧人或佛教信众为传播佛教教义劝化世人行善而刻写的经幢，这种经幢常常立于寺院，如上文列举经幢大多位于寺院，《洪福寺碑》称寺"前有尊胜陀罗尼幢一所，宝茎上耸，高凌碧汉之心；莲座下磻，永镇黄金之地"④。辽代三盆山崇圣院中即有后晋、后唐时所立石幢一座⑤。寺院中经幢常常两座对峙。涿州新城县的一座寺院内，寺前对峙两座经幢，"如双刹竿，各高二丈余，凡五级作六角形"⑥。大安八年（1092），法忍

---

① 〔唐〕佛陀波利译. 佛顶尊胜陀罗尼经 [M]// 大正藏：第 19 卷，No.967，页 351b.

② 文编 [M].406.

③ 文编 [M].436.

④ 民国新城县志：卷 15；陈述，辑校. 全辽文：卷 10[M]. 北京：中华书局，1982：278；文编 [M].703；全辽金文 [M].816 页

⑤ 文编·三盆山崇圣院碑记 [M].30.

⑥ 民国新城县志：卷 15。

同时建两座经幢，于寺院中对峙而立①。大康元年（1075），在法均大师坟塔"左右建尊胜陀罗幢各一"②。

第二，超度与脱罪。这主要是为故去的僧人或者家人立幢，以免除其罪业，超度亡魂。这种经幢一般立在墓地或者墓中，故也称之为墓幢。为故去僧人立的幢也称为塔幢。法幢，主要由门人和俗家信徒所立，以免除罪业。如大康三年（1077），为菩萨戒大师立法幢者，有诸多的门人，沙门，邑人等③。

为故去的家人立幢，大部分是子女为亡父母所立，以超度亡魂，追荐冥福。如咸雍七年（1071），李晟为先亡父母造幢，"特建尊胜陀罗尼幢子一坐于此茔内。亡过父母先亡等，或在地狱，愿速离三涂；若在人世，愿福乐百年"④。白怀友为亡考妣造经幢称："我教东流，□被幽显，则建幢树刹兴焉。其有孝子顺孙，信而乐福者，虽贫贱殚财募工市石，刻厥密言，表之于祖考之坟垅。冀其尘影之露庇者，然后追悼之情塞矣。"⑤也有父母为早逝的子女所立的经幢，乾统八年（1107），刘庆为出家男智广造身塔幢，智广自幼出家，十岁非命而卒。父为亡子建幢⑥。

目前发现有辽代义冢幢一座。记文称："大安甲戌岁，天灾流行，淫雨作阴，野有饿莩，交相枕藉。时有义士收其遗骸，仅三千数，于县之东南郊，同瘗于一穴。"⑦当年发生水灾，百姓有很多饿死弃尸荒野，有"义士"收敛了三千具骸骨，为他们立幢，有超度与脱罪的旨趣在内。另外，乾统九年（1108）僧人智福坟幢⑧与天庆三年（1113）惠州李祜墓幢⑨之性质亦与此同。

值得注意的是，道教也有石幢之建，如寿昌六年（1100）勒立的《龙兴观创造香幢》即为其例，其中有言："今我观院，虽殿堂像设，夙有庄严，而祭醮供仪，素乏□□，乃采诸翠琰，琢以香幢，每圣诞嘉辰，且元令节，或

---

① 辽文存：卷6，第85；陈述，辑校．全辽文：卷9[M]．北京：中华书局，1982：242—243；文编[M].450；全辽金文[M].527.

② 文编·法均大师遗行碑铭[M].439.

③ 金石萃编；日下旧闻考：卷105；陈述，辑校．全辽文：卷9[M]．北京：中华书局，1982：220；文编[M].383—384；全辽金文[M].877.

④ 文编[M].347.

⑤ 文编[M].549.

⑥ 文编[M].596.

⑦ 陈述，辑校．全辽文：卷9[M]．北京：中华书局，1982：258；汇编：12卷，第459；文编[M].495；全辽金文[M].565—566.

⑧ 陈述，辑校．全辽文：卷10[M]．北京：中华书局，1982：307；文编[M].601；全辽金文[M].793.

⑨ 陈述，辑校．全辽文：卷11[M]．北京：中华书局，1982：316；文编[M].638.

清斋消忏，□且良宥，用然沉水之烟，式化真仙之侣，所愿九清降祉，百圣垂洪，延皇寿以无疆，保黔黎而有赖。风雨时调，禾谷岁登。"① 显然，道教此举是受佛教影响所致。

第三，祛灾与祈福。这主要是为还在世的人立幢祈福消灾。祛除灾祸、祈求幸福是辽代佛教信徒，特别是居士们的人生追求，为达此目的，多有建幢并刻经。如辽景宗保宁元年（969）《重移陀罗尼幢记》记载建幢人王恕荣即认为：建经幢"可荫及子孙，门风不坠"，并且"□□果报，家道吉昌"。②当然，一些佛教信徒立幢"祈福"还不仅仅是为生者，也有的是为已故亲人"祈冥福"。也有一些佛教信徒建造经幢已不仅仅局限于为自己和已故亲人祛灾祈福。这种经幢中有的是为皇室而立，为皇帝、皇后、文武大臣等祈福，以求国家风调雨顺。开泰二年（1030），监察御史武骑尉同监魏务张翼等诸多官员立幢"奉为神赞天辅皇帝、齐天彰德皇后万岁，亲王公主千秋，文武百僚恒居禄位。风调雨顺，海晏河清，一切有情，同沾利乐"③。

第四，报恩与尽孝。生者为亡故父母立幢，僧尼为师长立幢，是晚辈对长辈的一种孝行，同时也是对父母、师长养育、培养之恩的报答，是佛教中国化的表现突出。辽道宗大康七年（1081）《张景运为亡祖造陀罗尼经幢记》记载"夫人子之奉父母，生则礼而恭，没则享而敬。□礼然□□有过各不利于长往。呜呼类何！盖闻佛顶尊胜陁罗尼，能与众生除一切恶道罪障等。□若非先灵以佑逝者，则是其不孝矣！即有景运等常深不匮之怀，永念无极之报……遂乃善舍净财。遐求翠琰。"④ 天庆元年（1111）《为先内翰侍郎太夫人特建经幢记》亦言："欲报昊天鞠育之鸿恩，惟仗诸佛宣传之密教。"⑤ 能够在亡故父母墓侧树立经幢，为师长树立经幢，都是一种报恩尽孝的举动。《张世俊造幢记》甚至言称："苟未能为幢于坟，则是为不孝也。"⑥

---

① 辽文存：卷6，第86；陈述，辑校. 全辽文：卷9[M]. 北京：中华书局，1982：260；文编[M].508.

② 辽文存：卷6，第82；陈述，辑校. 全辽文：卷4[M]. 北京：中华书局，1982：82；文编[M].45—46；全辽金文[M].729.

③ 国家图书馆金石组. 中国历代石刻史料汇编：第12卷[M]. 北京：北京图书馆出版社，2000：146.

④ 辽文存：卷6，84—85；陈述，辑校. 全辽文：卷9[M]. 北京：中华书局，1982：224；文编[M].390—391；全辽金文[M].435—436.

⑤ 陈述，辑校. 全辽文：卷11[M]. 北京：中华书局，1982：314；文编[M].616；全辽金文[M].796.

⑥ 固安县志：卷4；陈述，辑校. 全辽文：卷12[M]. 北京：中华书局，1982：358；文编[M].699；全辽金文[M].445.

第十三章　凤翔屈家山蒙古纪事砖与屈术墓碑考释[①]

屈家山又名紫荆山，位于陕西省宝鸡市凤翔县陈村镇紫荆村西 1000 米，地处汧河东岸的三级台地之上，地势西高东低，呈缓坡状，西南距凤翔县城 9 公里。屈家山遗址由城堡及古墓葬群两部分构成，城堡东西宽 70 米，南北长 120 米，总面积约 8000 平方米。每个台地的断面上均暴露有夯土城墙，地层堆积在 0.4—2 米之间，出土元代建筑砖瓦、黑釉瓷片等遗物良多。古墓葬群位于紫荆村委会以西 150 米的陈村镇第二中学操场后面的断崖处，面积不详。

1976 年，春紫荆大队革委会组织大量人力，耗时一年多时间平毁了屈家山北侧的屈家老阙（陵园），在遗址上修建了今天的紫荆小学。在平阙过程中，地上、地下珍贵文物遭到毁灭性破坏，幸有屈姓族人中萨满教家族后人在那个贫苦的时代，还能收藏和保留下残存的实物文字资料，计有纪事砖、墓志砖、画像砖、屈术墓碑、"大朝通宝"钱币[②]等重要文物多件，还有元代屈氏蒙古族城堡与墓葬遗址。屈家山发现的蒙古族城堡、墓葬遗址等，尤其是其中的纪事砖、屈术墓碑，对于我们探讨 13 世纪初以来蒙古人在凤翔地区的历史活动、凤翔屈氏家族之族源、世系，乃至窝阔台家族与塔塔统阿、耶律楚材家族之关系，都有着极其重要的参考价值。它们既可弥补传统史料记载之不足，又可订正其间的讹误，堪为研究之第一手资料。遗憾的是，这些出土物一直私藏民间，秘不示人，故一直不为学界所知。在多方人士的沟通与协调下，笔者于 2013 年、2014 年、2015 年、2017 年多次亲赴凤翔当地进行考察，

---

① 本文改编自杨富学、张海娟著《凤翔屈家山蒙古纪事砖及相关问题》，《青海民族研究》2014 年第 4 期，第 95—102 页；《陕西凤翔紫荆村屈氏蒙古遗民考原》，《青海民族研究》2017 年第 3 期，第 142—147 页。文字凡有差异处，请以此稿为准。

② "大朝通宝"钱币铸造为蒙古汗国于 1260 年改国号为大元以前所铸造的钱币，主要发现于甘肃、陕西、宁夏、内蒙古地区，其中尤以甘肃东部地区最为集中。参见拙作. 也谈"大朝通宝"钱币的时代 [J]. 甘肃金融，2008（增刊 1）；中国钱币与银行博物馆委员会 2007 年年会暨学术研讨会专辑 [C]. 甘肃：中国钱币与银行博物馆委员会 2007 年年会暨学术研讨会，2007：14—17.

得以亲睹实物，并获得授权准予发表。此致谢意。

第一节　纪事砖录校

纪事砖呈正方形（图 13-1），长、宽各 33 厘米，厚 4 厘米，共 21 行，每行 22 字，除掉空白，共计 419 字（包括损毁文字和注释性小字）。行书，保存较为完好，仅有少数文字残毁，但可以补出，补出之字，外加□表示。现录文如下。

图 13-1　凤翔屈家老阙出土蒙古纪事砖与拓本

1. 祖古尔罕乞伦朦骨字亼祇觞乞牙氏，

2. 马年壬午（1222）秋月、狗年丙戌（1226）春月，清吉思罕忒木津、太师国王木

3. 忽里统那颜 撒 马赤骑军数十万，雄征（征）金朝都邑凤翔城，

4. 败之。王罕驾崩，天命父罕兀歌歹合罕。牛年乙丑（1229），临吉蒙河 [一]

5. 源头大兀耳朵，嗣大罕位。① 兔年（1231）春月，统那颜撒 [二] 马赤骑

6. 军三十万，渡黄河，越京兆，猛攻凤翔守城金军，泣血屠城

7. 三月余。金朝守城都帅完颜 合达 弃城，遁京兆、潼关，迻河

8. 南。凤翔重邑终归大合罕兀露思。

9. 父罕 [三] 曰："关秦，汉称雍邑，天府国，农土厚地广沃，滋养那匜儿 [四]。"

10. 要地，赐罕子合剌察儿子孙。凤翔农土封分一万五千

---

① 窝阔台即汗位的具体过程，可参见道润梯步. 新译简注蒙古秘史 [M]. 呼和浩特：内蒙古人民出版社，1979：363.

11. 户，兀耳朵二宫帐，子通汉儒文律、服御，质素慎守家国，立

12. 国大民众之罕。父罕曰："父，方远北漠，重负，未能顾及，脱塔

13. 黑、剋耳歹、脱因不花，皇孙，幼岁慈律教，维苗根苗。荅荅统

14. 阿子剋耳塔阿、耶侣楚裁子古耳吉歹，于汉书无不读，论

15. 天下事精博，佑助家国凤翔。"合剌察儿曰："父罕诏悕厚望，

16. 治汉地凤翔。"始至，招抚流民，赐民田足居，禁妄杀，减课税，

17. 耕荒屯田，真凤翔路总管府达噜噶齐奥鲁事，辖庶民，安

18. 居，自赋课税，余征南家思[五]，需之，陇汧河、秦本山、兀耳朵，合

19. 剌察儿王祗受。

20. 兔儿年辛卯（1231）九月秋露日（三日）路府剋付古耳吉歹、

21. 荅剌罕都护剋耳塔阿载书。

【校注】

【一】"吉菉河"，即克鲁伦河，发源于蒙古国肯特山东麓，流经中国而注入呼伦湖。"克鲁伦"，蒙古语，意为"光润"。克鲁伦河上源水草丰茂，为成吉思汗龙兴之地，故窝阔台于这里即大汗位。

【二】"撒"，依拓本，似为"撒"，但"撒马赤骑军"不词。观诸实物，可知拓本失真，应为"撒"字，形似而误。探马赤军为蒙古汗国和元朝军队的一种，系精锐部队，在野战和攻打城堡时充当先锋，战事结束后驻扎镇戍于被征服地区。[1]

【三】"父罕"，结合上下文，显然是指窝阔台。

【四】"那匼儿"，元代文献多作"那可儿"，蒙古语作 nökör，意为"护卫""伴当"。[2]

【五】"南家思"为蒙古人对南宋人的称谓，由汉语"南家"（南人）加蒙古语复数词尾"思"构成。《史集》有谓，"乞台，哈剌契丹，至那（jīn，应

---

① 杨志玖. 探马赤军问题再探 [C]// 中国蒙古史学会. 中国蒙古史学会论文选集（1980）. 呼和浩特: 内蒙古人民出版社, 1980: 371—379; 史卫民. 元代军事史 [M]// 罗琨, 张永山. 中国军事通史: 第14卷. 北京: 军事科学出版社, 1998: 89—91; 陈高华.《述善集》两篇碑传所见元代探马赤军户 [C]// 北京师范大学编委会. 庆祝何兹全先生九十岁论文集. 北京: 北京师范大学出版社, 2001: 456—470.

② 〔日〕杉山正明. モンゴル帝国と大元ウルヌ [M]. 京都: 京都大学学术出版会, 2004: 159; 赛青白力格. 蒙古语"那可儿"词义的演变 [J]. 青海民族大学学报, 2010（1）: 47—50.

为金——引者）和蒙古人称为南家思"①。该文献还记载："他来到南家思、唐兀惕和女真边界上的一个地方，女真君主派遣使者送来了大盘珍珠。"②

第二节　纪事砖所见蒙古军三征凤翔事

关于蒙古军三征凤翔，《金史》《元史》《蒙兀儿史记》等汉籍文献多有记载，但不见于《史集》和《蒙古秘史》等域外文献与少数民族典籍。吾人固知，凤翔是连接西北—西南的交通要道，"南控斜褒，西达伊凉"，向北可通大漠，向南可达蜀地，东通河南，西抵甘肃，战略地位非常重要。③加之当地自然气候优越，"天府国，农土厚地广沃"（纪事砖语），适于耕作，古来经济发达，故而成为金宋、金蒙的必争之地。从史籍记载看，蒙古国时期曾三度征伐凤翔，唯史书记载颇为零散而简略，互有抵牾，屈家山纪事砖的发现有助于深入探讨这一问题。

纪事砖载：在马年壬午（1222）秋月和狗年丙戌（1226）春月，清吉思罕忒木津（成吉思汗铁木真）和太师国王木忽里（木华黎）曾统领探马赤军数十万征金凤翔，但皆以兵败而告终。及至兔年辛卯（1231）春月，兀歌歹汗（窝阔台汗）统蒙古军三十万再攻凤翔，历经三月余的厮杀，才终于攻陷其地。纪事砖对蒙古军三征凤翔的记载与传统史料大体一致，但细节上不无差异，有待考证。

从纪事砖看，蒙古军首征凤翔是由成吉思汗亲率的，第二次才由木华黎率领。而史书的记载却正好相反。二者比对，可证应以史书记载为准。纪事砖之所以将成吉思汗置于木华黎之前，可能出于对成吉思汗的崇敬之情。

蒙古第一次出兵攻伐凤翔是由木华黎率领的，纪事砖写作"太师国王木忽里"。"木忽里"即木华黎，又作木合黎（1170—1223），蒙古札剌亦儿部人，成吉思汗最卓越的战将之一。《元史·太祖纪》云："十八年癸未春三月，太师国王木合黎薨。"其中的"太师国王"之称与纪事砖完全一致。木华黎当时率

---

① 〔波斯〕拉施特.史集：第1卷第1分册[M].余大钧，周建奇，译.北京：商务印书馆，1983：146.

② 〔波斯〕拉施特.史集：第1卷第2分册[M].余大钧，周建奇，译.北京：商务印书馆，1983：352—353.

③ 杨曙明.陕西凤翔境内古丝绸之路考略[J].丝绸之路，2009（6）：26.

军渡过黄河，攻克同州和蒲城，派得力大将萌古不花（又作蒙古蒲花）沿渭河而上围攻凤翔，自己则渡渭河进攻京兆（西安）。[①]

对于木华黎进兵凤翔之时间，纪事砖记其为"马年壬午秋月"，即公元1222年秋，与传统史料略有差异。

《元史·太祖纪》记为1222年春。"（成吉思汗）十七年壬午春，木华黎军克干、泾、邠、原等州，攻凤翔，不下。夏，避暑塔里寒寨。"[②]而同书《木华黎传》却言为十七年壬午冬，"壬午冬十月乃渡河拔同州，下蒲城，径趋长安。金京兆行省完颜合达拥兵二十万固守，不下。乃分麾下兀胡乃、太不花兵六千屯守之。遣按赤将兵三千断潼关，遂西击凤翔。月余不下……乃驻兵渭水南，遣蒙古不花南越牛岭关，徇宋凤州而还。"不过，与《木华黎传》相同的记载还见于元人永㬎所撰《东平王世家》，其中言称：壬午冬，蒙古军陷河中（山西永济县蒲州镇），木华黎以石天应守之，然后"引兵渡河，西次同州，下蒲城，入关，径至长安。长安城坚，不得入……遂西击凤翔，月余不克，乃军于渭水之南"[③]。由此可见，后面两种记述应出来同一史源。

另外，《金史》对这一事件有多处记载，但所载年份有抵牾之处。其中有系于1222年者，也有系于1223年者。而即使系于1222年者，具体月份也有差异。以《宣宗纪下》所载最为周详，"（元光元年十一月）戊辰，大元蒙古蒲花攻凤翔府。十二月……己丑……大元以大军攻凤翔。二年……二月……己亥，凤翔围解。"从这条记载看，金元光元年（成吉思汗十七年，1222）十一月，蒙军先锋蒙古蒲花开始进攻凤翔。十二月，蒙军主力，即木华黎所率大军开始攻凤翔。翌年（1223）二月，蒙军兵败而遁。

大致相同的记载又见于《金史·马庆祥传》，其中亦言"元光元年冬十一月，闻大将萌古不花将攻凤翔，行省檄庆祥与治中胥谦分道清野"。同书《内族白撒传》载："元光元年十二月，行省言：'近有人自北来者，称国王木华里悉兵沿渭而西，谋攻凤翔，凤翔既下乃图京兆，京兆卒不可得，留兵守之，至春蹂践二麦以困我。'未几，大兵果围凤翔，帅府遣人告急。"同证萌古不花抵达凤翔在十一月，木华黎抵达在十二月。该书《完颜仲元传》称："元光元年，知凤翔府事。凤翔被围，左监军石盏合喜来济军。"但未载具体月份。

① MARTIN H D. The Mongol Wars with Hsi Hsia（1205—1227）[J].Journal of the Royal Asiatic Society of Great Britain and Ireland,1942(3):208.

② 〔明〕宋濂，等.元史：卷1 太祖纪 [M].北京：中华书局，1976：22.

③ 《东平王世家》已佚，相关内容引录于〔元〕苏天爵.元朝名臣事略：卷一 太师鲁国忠武王 [M].姚景安，点校.北京：中华书局，1996：8.

屠寄也将成吉思汗十七年（1222）十一月说为是：

十有七年，十一月丁未，木合黎拔同州，遂下蒲城，径趋长安。金京兆行省完颜合达固守不下。戊辰，都元帅蒙古不花攻凤翔，不克。十二月，木合黎自将攻之，仍不克。时金将颜盏虾蟆守凤翔。是月，行在忽毡河。①

《金史》的另一种说法将木华黎征凤翔系于1223年春。《金史·赤盏合喜传》载："元光元年，大将萌古不花攻凤翔，朝廷以主将完颜仲元孤军不足守御，命合喜将兵援之。二年二月，木华黎国王、斜里吉不花等及夏人步骑数十万围凤翔，东自扶风、岐山，西连汧、陇，数百里间皆其营栅，攻城甚急，合喜尽力，仅能御之。"这里言木华黎兵围凤翔时当元光二年（1223）二月。与之可互证的有同书《杨沃衍传》，其文言："（元光）二年春，北兵游骑数百掠延安而南，沃衍率兵追之，战于野猪岭，获四人而还。俄而，兵大至，驻德安寨，复击走之。未几，大兵攻凤翔还，道出保安，沃衍遣提控完颜查剌破于石楼台，前后获马二百、符印数十。"同书《郭虾蟆传》亦载："元光二年，夏人步骑数十万攻凤翔甚急，元帅赤盏合喜以虾蟆总领军事。"瑞典学者多桑即采此说：

1223 午 2 月（实为阴历二月——引者），木忽黎攻凤翔府，昼夜苦战，四十余日不下，将由河中（蒲州府）北还。金元帅侯小叔袭河中，破之，杀蒙古帅石天应，焚浮桥而退。木忽黎以天应子斡可代领其众。4 月（实为阴历四月——引者），木忽黎自率河中帅师还至解州闻喜，疾笃。②

综上所述，可以看出，《金史》《元史》所载蒙古军首征凤翔的具体时间有三：①成吉思汗十七年壬午（金元光元年，1222）春；②十七年壬午冬十一月；③元光二年（成吉思汗十八年，1223）二月。综合各记载，余大钧推定为成吉思汗十七年"岁冬至翌年春之事"③。纪事砖言为马年壬午（1222）秋月，

---

① 〔清〕屠寄.蒙兀儿史记：卷3 成吉思汗纪 [M].北京：中国书店，1984：39.大体相同记载又见于同书卷27《木合黎传》第255页。

② 〔瑞典〕多桑.多桑蒙古史：上册 [M].冯承钧，译.上海：上海书店出版社，2001：142—143.

③ 余大钧.《元史·太祖纪》所记蒙、金战事笺证稿 [M]// 陈述.辽金史论集.北京：书目文献出版社，1987：365—366.（吴凤霞.辽史、金史、元史研究 [M].北京：中国大百科全书出版社，2009：475—476）

年份与前二说合，但季节不合，可称为第四种说法。

关于蒙古军第二次攻伐凤翔之时间，纪事砖记为狗年丙戌春月，即1226年春季。《元史》无载，《金史》《蒙兀儿史记》《多桑蒙古史》均记于1227年，唯具体时间，史有不同。《金史·撒合辇传》载为正大四年（1227）春："正大四年，大元既灭西夏，进军陕西。四月丙申……上曰：'已谕合达尽力决一战矣。'"《爱申传》所载同之，但更为详尽："正大四年（1227）春，大兵西来，拟以德顺为坐夏之所，德顺无军，人甚危之。爱申识凤翔马肩龙舜卿者可与谋事，乃遗书招之……既至，不数日受围，城中惟有义兵乡军八九千人，大兵举天下之势攻之。爱申假舜卿凤翔总管府判官，守御一与共之。"

《金史·哀宗纪上》又系其事于秋七月："正大四年秋七月，大元兵自凤翔徇京兆，关中大震。"《金史·纥石烈牙吾塔传》载："正大四年，大兵既灭夏国，进攻陕西德顺、秦州、清水等城，遂自凤翔入京兆，关中大震。"显然二者所言为同一事。

《金史·撒合辇传》系之于秋八月："正大四年八月，朝廷得清水之报，令有司罢防城及修城丁壮，凡军需租调不急者权停。初，闻大兵自凤翔入京兆，关中大震，以中丞卜吉、祭酒阿忽带兼司农卿，签民兵，督秋税，令民入保为避迁计。"

综合史书的记载，可以看出，成吉思汗的东征过程大致为：正大四年（成吉思汗二十二年，1227）丁亥春正月，成吉思汗留别将进攻西夏都城中兴府（今宁夏银川市），自己亲率大军师渡河攻金积石州（今青海循化撒拉族自治县），二月破临洮府（今甘肃临洮县），三月破洮州（今甘肃临潭县）、河州（今甘肃临夏市西南）和西宁州。同月，其弟斡陈那颜拔信都府（今河北冀州市）。夏四月，成吉思汗到达平凉府西之龙德，拔顺德（今宁夏隆德县）等州。至秋七月（或八月），元兵已攻取西安府境内多处。纪事砖记载蒙古军二征凤翔事于狗年丙戌（1226）春月，应有一年之误差，被提早了一年。

这次战役，纪事砖言成吉思汗曾亲临凤翔，可与《元史》《黑鞑事略》的记载相印证。《元史·木华黎传》谓："厥后太祖亲攻凤翔，谓诸将曰：'使木华黎在，朕不亲至此矣。'"南宋人彭大雅撰《黑鞑事略》载："（王檝）后随成吉思攻金国凤翔府，城未破而成吉思死……嗣主兀窟觲（窝阔台）含哀云：'金国牢守潼关、黄河，卒未可破。我思量凤翔通西川，西川投南必有路可通黄河。

后来遂自西川迤逦入金、房，出浮光，径造黄河之里，竟灭金国。'"①这里明载成吉思汗未破凤翔而身先亡，至于其后是否破凤翔未予交待。《金史·哀宗纪上》言正大四年"大元兵自凤翔徇京兆"，给人以凤翔曾为成吉思汗所破之错觉，故《多桑蒙古史》有"兵入凤翔"②之谓。纪事砖亦明言蒙古军未曾破其城，与《黑鞑事略》的记载可互证。按笔者的理解，纪事砖为当地人记当地事，凤翔城是否被成吉思汗攻破，属于大事一桩，断不至于出现完全相反的记录，当属可信。再者，设若成吉思汗攻破其城，何以四年后又有窝阔台汗的第三次猛攻凤翔呢？若此推测不误，则"大元兵自凤翔徇京兆"的意思就应该是当时成吉思汗攻凤翔不下，遂越过其地，转其兵锋直趋京兆。

蒙古军第三次兵伐凤翔是由太宗窝阔台率领的，据纪事砖记载，窝阔台于"兔年壬辰春月"即1231年春季率军出征凤翔，历经三月余的激战，终克其地。关于这次征伐，史书记载较详。《元史·太宗纪》云：

二年（1230）庚寅……秋七月，帝自将南伐，皇弟拖雷、皇侄蒙哥率师从，拔天成等堡，遂渡河攻凤翔……十一月，师攻潼关、蓝关，不克。十二月拔天胜寨及韩城、蒲城……三年辛卯春二月，克凤翔，攻洛阳、河中诸城，下之。五月避暑于九十九泉。命拖雷出师宝鸡。

与之相同的记载又见于《元史》卷115《睿宗纪》：

明年庚寅秋，太宗伐金，命拖雷帅师以从，破天城堡，拔蒲城县，闻金平章合达、参政蒲阿守西边，遂渡河，攻凤翔。会前兵战不利，从太宗援之，合达乃退。

从中可以看出，窝阔台于二年（1230）秋七月率师南征，于翌年（1231）春二月攻克凤翔。这与纪事砖所载一致。但纪事砖进一步言当时窝阔台所率为探马赤军三十万，为史书所不载，可补史书之阙。根据纪事砖，结合《元史·睿宗纪》的记载，可以看出，当时蒙古军渡过黄河后，越过京兆即今西安而猛攻凤翔，攻陷之后曾"泣血屠城三月余"，此亦为史书所未载。纪事砖

---

① 〔宋〕彭大雅. 黑鞑事略笺证（国学文库本第二十五编）[M] 王国维，笺证. 北平：文殿阁书庄印行，1936：108—109.

② 〔瑞典〕多桑. 多桑蒙古史：上册 [M]. 冯承钧，译. 上海：上海书店出版社，2001：145.

载金朝守城都帅为完颜合达，战败后弃城东逃京兆、潼关，再逃至河南。此与《元史·睿宗纪》《金史·完颜合达传》和《金史·哀宗纪上》的相关记载契合。

由是可见，传统史料对于蒙古军三征凤翔之事的记载存在着一定差异与疑问，可与纪事砖的记载互相勘正，有助于探求历史的真实。尤其是对于窝阔台的征伐，纪事砖所载与传统史料比较一致，尤有进者，有些记载不见于史乘，可补史料之阙，颇具价值。

第三节　凤翔乌鲁斯的形成

纪事砖出土地紫荆村住户以屈氏为主，尽管屈姓为汉族之姓氏，但当地屈姓人却坚信源出蒙古，祖先为"脱脱丞相"。纪事砖有云：

> 父罕（窝阔台）曰：关秦，汉称雍邑，天府国，农土厚地广沃，滋养那匼儿。要地，赐罕子合剌察儿子孙凤翔农土，封分一万五千户，兀耳朵二宫帐。

纪事砖书于兔年辛卯（1231）九月，"是年春，窝阔台经三月苦战，终克凤翔"。可见，窝阔台汗在攻取西北重塞凤翔后，即以其地封授四子合剌察儿。

窝阔台分封合剌察儿（又作"哈喇察儿"）据守凤翔时，皇孙"脱塔黑、剖耳歹、脱因不花"尚在幼年。波斯文文献《史集》记哈喇察儿有子曰Totaq，又作 Totoq 或 Xytoq，[1] 汉译本分别译作"脱塔黑""秃秃黑""忽秃黑"。[2]《史集》整理者又指，此"脱塔黑"即《元史·宗室世系表》之"脱脱大王"，是证，"脱塔黑"亦即纪事砖所见之"脱塔黑"。如是，纪事砖之"脱塔黑"，波斯文《史集》之"脱塔黑"，《元史·宗室世系表》之"脱脱大王"皆为同一人。凤翔民间所言"脱脱丞相"，盖"脱脱大王"之异称也。

《元史·宗室世系表》记窝阔台有七子，分别为贵由、阔端、阔出、哈喇察儿、合失、合丹、灭里。《史集》对此的记载与《元史·宗室世系表》相同，

---

① РАШИД-АД-ДИН.СБОРНИК ЛЕТОПИСЕЙ,М.-Л[M].Санкт-Петербург：Издательство АН СССР,1960：12,133,135.

② 〔波斯〕拉施特.史集：第2卷 [M].余大钧，周建奇，译.北京：商务印书馆，1986：12，248，245.

而《蒙兀儿史记》亦有记上述诸子，仅排行次序有所不同。[①] 再结合纪事砖之记载，可看出窝阔台确有子名曰哈喇察儿者。

南宋彭大雅、徐霆曾于太宗窝阔台时出使蒙古，归朝后成书《黑鞑事略》，记其见闻。书中有云窝阔台诸子及宰相。

> 其子，曰阔端；曰阔除；曰河西解，立为伪太子，读汉文书，其师马录事；曰合剌直。其相四人：曰按只解，黑鞑人，有谋而能断；曰移剌楚材字晋卿，契丹人，或称中书侍郎；曰粘合重山，女真人，或称将军，共理汉事；曰镇海，回回人，专理回回国事。[②]

王国维又根据《元史·宗室世系表》所列窝阔台七子，考证出"合剌直"即哈喇察儿，可谓得其鹄的。徐霆于彭大雅所记之后，又有补述曰：

> 霆至草地时，按只解已不为相矣，粘合重山随屈术伪太子南征，次年，屈术死，按只解代之，粘合重山复为之助，移剌及镇海自号为中书相公，总理国事，镇海不止理回回也。鞑人无相之称，只称之曰"必彻彻"者，汉语"令史"也，使之主行文书耳。[③]

由是可见，在徐霆出使蒙古草原之翌年，率军南侵的屈术太子不幸亡故。关于此"屈术太子"，蒙元史料多无所记，但可以肯定他应为《黑鞑事略》所记窝阔台诸子之一。王国维认为徐霆于窝阔台七、八年（即 1235、1236 年）出使蒙古，[④] 由是推之，屈术应亡于 1236—1237 年间。是时，窝阔台年约五十（生于 1186 年），推之，其子屈术亡时当不过三十岁左右，恰值青壮年，正与《蒙兀儿史记》"哈喇察儿大王，早薨"之载相符。推而论之，合剌直与屈术

---

① 〔明〕宋濂，等.元史：卷 107 宗室世系表 [M].北京：中华书局，1976：2716—2718；〔波斯〕拉施特.史集：第 2 卷 [M].余大钧，周建奇，译.北京：商务印书馆，1986：12，419；〔清〕屠寄.蒙兀儿史记：卷 37 漠北三大汗诸子列传 [M].北京：中国书店，1984：317.

② 〔宋〕彭大雅.黑鞑事略笺证（国学文库本第二十五编）[M].王国维，笺证.北平：文殿阁书庄印行，1936：52—53.

③ 〔宋〕彭大雅.黑鞑事略笺证（国学文库本第二十五编）[M].王国维，笺证.北平：文殿阁书庄印行，1936：54.

④ 〔宋〕彭大雅.黑鞑事略笺证（国学文库本第二十五编）[M].王国维，笺证.北平：文殿阁书庄印行，1936：47.

当为同一人，即窝阔台之第四子哈喇察儿。

那么，系出窝阔台家族的哈喇察儿王后裔是于何时及何因袭居陕西凤翔呢？诚如前文所述，《元史》《史集》及《蒙兀儿史记》等蒙元史料对于哈喇察儿王皆有所记，但过于简略，仅有寥寥数语，甚至封地（乌鲁斯）所在都不明确。所幸屈家山纪事砖为我们探究哈喇察儿王后裔及其在凤翔的历史活动提供了依据。

依纪事砖所载，窝阔台以凤翔农业发达，战略地位重要而封赐四子哈喇察儿居之，并于其地建斡耳朵。是时，皇孙脱塔黑、剖耳歹、脱因不花年幼，为了协助哈喇察儿护守家国，窝阔台特遣"塔塔统阿子剖耳塔阿、耶侣楚裁子古耳吉歹"以为辅弼（详后）。足见窝阔台对凤翔之地的重视。

吾人固知，成吉思汗统一漠北以后，按照蒙古黄金家族财产共有及家产分配体例，将其领地、属民及军队分授给诸弟诸子，其后相继登临汗位的窝阔台、蒙哥、忽必烈等人皆沿用此制。可以说，分封制贯穿于蒙元王朝始终。依制，受封诸王在其分地上享有较完全的征税、行政审判、军事、驿站等权力。[①]

合剌察儿在获封凤翔之后，同其他受封诸王一样，对其地行使封君之权。由于凤翔屡遭兵燹之灾，田地荒芜、盗寇猖獗，人民流离失所。为了恢复生产、整顿社会治安，合剌察儿"招抚流民，赐民田足居，禁妄杀，减课税，耕荒屯田"，并设置"凤翔路总管府达噜噶齐奥鲁事"以管理民事，使当地状况得以快速好转。"达噜噶齐"即"达鲁花赤"，亦作"答鲁合臣"，为蒙古语"daruɣači"的音译，意为"镇守者"，汉文文献称之为"监"，即监某州、监某府、监某路。达鲁花赤为所在地方、军队及官衙中最大监治长官，握有管理户籍、收支赋税、签发兵丁之实权。

"凤翔路总管府达噜噶齐"之语又见于屈家老阙出土的墓志砖（图2）中，写作"凤翔路达噜噶齐"。该墓志砖同样出土于1976年平毁的屈家老阙中。如同纪事砖一样，该墓志砖同为正方形，边长32厘米，刻有文字22行，共137字文字，保存完好，清晰可辩。现录文如下：

---

① 李治安. 元代分封制度研究 [M]. 北京：中华书局，2007：38—46.

图 13-2　凤翔屈家老阙出土墓志砖

1. 大朝凤翔路达噜噶齐劓耳觲故，

2. 遂泪悲嘱文。

3. 秋风吟尽，汧水流愁，惧呼万仞，椎

4. 心泣血，罔知所云。

5. 故牺靰噜斯苍生天，嘱文才叟，以

6. 谨庶子。

7. 兹悲恶。先罕（窝阔台汗，1241 年驾崩）崩天命，孙昔亦门嗣矣。

8. 国王阔除伪太子屈术，甲（应为"丙"？）申昃月

9. 殉南朝襄阳，移魂孤凤翔城西南

10. 秦本山隐葬。屼傮不影，孙昔亦门

11. 壬午九月初日昃辰宅近汧源河，

12. 遗孤隐葬祔阙。庚申，春月，雪，潸泪。

13. 爰命金石昭穆不朽也！

"达噜噶齐"多见于清代文献，元代文献一般作"达鲁花赤"，据此，有学者怀疑纪事砖的真实性。笔者亦曾踌躇再三。但观纪事砖所记事皆可在古文献中找到证据，加上下文所述的屈术墓碑有"大元至正元年（1341）岁次

辛巳季春清明日创立。大清乾隆八年（1743）岁次癸亥季春清明日重修"字样，笔者认为该纪事砖出现"达噜噶齐"写法有两种可能。其一，此砖有可能为"达噜噶齐"的最早用例。2014 年 4 月 20 日，在笔者的倡导与组织下，由敦煌研究院民族宗教文化研究所与陕西省凤翔县蒙元历史文化研究会联合主办，由凤翔县博物馆协办的"凤翔蒙古遗民与遗物学术座谈会"在凤翔县凤凰大酒店隆重召开。来自兰州大学、内蒙古大学、陕西师范大学、暨南大学、厦门大学、新疆师范大学、西北民族大学、宁夏社科院、西北师范大学、西安碑林博物馆和敦煌研究院等单位的 20 多位专家学者参加了座谈会。内蒙古大学宝音德力根教授与会，指出"达噜噶齐"用法更符合元代蒙古语"daruγači"的对音。其二，此砖有可能为清代乾隆八年复制之物。根据当时流行的用语，将原来的"达鲁花赤"改写作"达噜噶齐"。究竟如何解释，尚有待进一步探讨。

"奥鲁"则为蒙古语"auruq"的音译。蒙古军出战，军人上前线，随军家属和辎重留在后方，称为"奥鲁"。"奥鲁，盖本朝军人族属之名也。"[1] 相当于《元朝秘史》所见"老营""老小营""家每"。[2] 合剌察儿王府不仅管辖凤翔之农耕、民事、赋税，还兼管凤翔府达鲁花赤奥鲁事，具有行政官员与军事官员的双重职能，尤其是屯田活动，在蒙古国早期还是是比较少见的。

成吉思汗西征时，曾命令畏兀儿人哈剌亦赤哈北鲁及其子月朵失野讷屯田别失八里以东的独山城，那里原为"城空无人"的荒芜之地，数年便发展为"田野垦辟，风物繁庶"之所。[3] 窝阔台七年（1235），拟兴兵伐蜀。为解决大军粮饷供应问题，窝阔台曾调发平阳、河中、京兆等处居民二千"屯田凤翔"[4]。十二年（1240），窝阔台命梁泰、郭时中等置司于京兆云阳县，修复三白渠，以利民屯，直隶朝廷。[5] 宪宗三年（1253）兴办了凤翔军屯，用盐换取粮食，以供军粮。这些记载恰可与纪事砖相印证。当然，屯田者不可能是蒙古军，而应是探马赤军中的汉军、金军，乃至西夏军等。金代凤翔屯田多

① 〔元〕王利用.山右石刻丛编：卷二七 周献臣神道碑 [M].光绪辛丑年刊本.碑石现存山西省定襄县城南 6.5 公里之南王乡南王村西约 100 米处.参见丁伟高，张春雷，张永正，等.《大元故周侯神道之碑》小考 [J].文物世界，2008（1）：26—28.

② 额尔登泰，乌云达赉.蒙古秘史 [M].校勘本.呼和浩特：内蒙古人民出版社，1980：246—247，521—522，658.

③ 〔明〕宋濂，等.元史：卷 124 哈剌亦赤哈北鲁传 [M].北京：中华书局，1976：3047.

④ 〔元〕姚燧.牧庵集：卷 24 武略将军知弘州程公神道碑 [M].四部丛刊初编本.

⑤ 〔明〕宋濂，等.元史：卷 65 河渠志二 [M].北京：中华书局，1976：1269.

见于记载，蒙古征服后之屯田活动，应由金代屯田继承而来。纪事砖记载："自赋课税，余征南家思需之"，说明屯田取得了良好效果，不仅能够满足王府与驻军的开支，而且生产有余，可用做征服"南家思"（即南宋）之需。这一记载说明，在之后蒙古军征伐南宋过程中，合剌察儿家族统治的凤翔兀鲁斯发挥了奥鲁的作用——奉命为蒙古大军提供物资及军事上的支持。

据传统史料记载，哈喇察儿之子脱脱大王（答剌罕哈剌铁木儿）似乎并未一直驻居于凤翔，如《蒙兀儿史记》云：

哈剌察儿大王，早薨，无所表见。子脱脱，蒙格可汗之二年，析斡歌歹可汗原领漠北分地与其子孙。脱脱得叶密立河上地。从驾伐蜀，置老营于河西。中统初，浑都海叛于三盘。营地为所蹂躏。①

另外，《元史》所记蒙哥汗继蒙古大汗位后，分迁窝阔台系诸王一事亦有涉及脱脱大王（答剌罕哈剌铁木儿）。

二年夏，驻跸和林。分迁诸王于各所：合丹于别石八里地，蔑里于叶儿的石河，海都于海押立地，别儿哥于曲儿只地，脱脱于叶密立地，蒙哥都及太宗皇后乞里吉忽帖尼于扩端所居地之西。仍以太宗诸后妃家赀分赐亲王。②

综上两者可见，在蒙古大汗之位于宪宗蒙哥元年（1251）由窝阔台系转入拖雷系之后，脱脱与新任汗王保持了较为密切的关系。蒙哥二年（1252），脱脱获封窝阔台汗旧地——叶密立，后来他又跟随蒙哥出兵伐蜀（1258—1259），设营河西。中统年间（1260—1264），忽必烈、阿里不哥为争夺汗位而经历了四年内战。浑都海为阿里不哥之党羽，于中统元年（1260）九月奉命图谋关中，于六盘山发动叛乱，当时驻于河西的脱脱营地亦受其侵扰。很快被窝阔台子合丹军所平，浑都海被杀。③

拖雷系取代窝阔台系成为蒙古大汗，引起了后者的极大不满，两系势同水火。面对汗位轮替这一严峻问题，窝阔台家族内部也产生了分歧，以合失

---

① 〔清〕屠寄. 蒙兀儿史记：卷 37 漠北三大汗诸子列传 [M]. 北京：中国书店，1984：319.

② 〔明〕宋濂，等. 元史：卷 3 宪宗纪 [M]. 北京：中华书局，1976：45.

③ 〔明〕宋濂，等. 元史：卷 159 商挺传 [M]. 北京：中华书局，1976：3739；元史：卷 155 汪良臣传 [M]. 北京：中华书局，1976：3653.

之子海都为首的一派拥有强烈的夺权欲望，不时侵扰大汗之境，更于至元年间（1264—1294）与察合台后王都哇连手，猖乱西北，极大地破坏了元王朝于西北地区的统治。与之相反，窝阔台子合丹、灭里等人则倒向了蒙哥、忽必烈一方，并因拥立拖雷系而获封赏。察合台、窝阔台后王势力的不断膨胀，使得倾心于拖雷系的合丹等宗王难以固守旧地，只得向大汗统治区迁徙。对此，《蒙兀儿史记》有如下记载：

> 先是蒙格可汗迁合丹所部于别失八里，其后南牧甘肃近边。[1]

结合上述诸史实可见，哈喇察儿之子脱脱因归附拖雷系，不仅得以保全其身，势力甚至延及至凤翔、叶密立、河西等地。忽必烈继位之初，海都以西域为据点发动叛乱，进而造成西域地区绵延四十年之久的战乱。凤翔哈喇察儿一系尽管归顺中央王朝，未参与叛乱，但作为窝阔台家族的一支，元政府势必会对其心存戒备，以防其坐大。正是这一因素，直接导致了哈喇察儿家族势力的萎缩，最终不得不缱绻于凤翔一地，生息繁衍。高祖"屈术"名称中有"屈"字，子孙遂因以为姓，发展成为当今的屈氏家族。这种情况，在蒙元时代汉化少数民族中不足为奇。

第四节　纪事砖所见塔塔统阿与耶律楚材家族成员考实

屈家山纪事砖不仅为我们探讨蒙古大军三征凤翔之历史、破解凤翔屈氏家族之族源提供了珍贵的第一手数据，同时还揭示出凤翔屈氏与耶律楚材、塔塔统阿家族存在着密切的关系。

纪事砖载，1231 年，窝阔台汗攻陷凤翔重邑后，将其地封授给哈喇察儿子孙，令其"通汉儒文律、服御，质素慎守家国"。同时还派遣"于汉书无不读，论天下事精博"的"苔苔统阿子刭耳塔阿、耶侣楚裁子古耳吉歹"辅弼哈喇察儿诸子。此"苔苔统阿""耶侣楚裁"分别指创制回鹘式蒙古文的回鹘人塔塔统阿和金朝遗臣契丹人耶律楚材。是证，塔塔统阿与耶律楚材二人之子皆因睿智、精通汉文化而受到窝阔台汗的器重，命之辅佐凤翔哈喇察儿家族。

---

[1]〔清〕屠寄. 蒙兀儿史记：卷 37 漠北三大汗诸子列传 [M]. 北京：中国书店，1984：319.

塔塔统阿族出畏兀儿，性聪慧，善言论，深通本国文字，原为乃蛮掌印官。1204年，成吉思汗西征，灭乃蛮，擒获了怀印而去的塔塔统阿，有感于其恪尽职守的品格而任用之。蒙元草创，尚无文字，成吉思汗遂命塔塔统阿教授太子诸王以畏兀字书国言，并创制出回鹘式蒙古文。窝阔台嗣位后，又命塔塔统阿掌管内府玉玺金帛，对其家族颇为礼遇。[①] 而塔塔统阿家族之所以获此殊誉，盖与凤翔窝阔台支系不无关联。塔塔统阿妻吾和利氏曾为哈剌察儿乳母，长子玉笏迷失、四子笃绵皆曾效命于哈喇察儿家族。对此，《元史》有如下记述。

玉笏迷失，少有勇略，浑都海叛于三盘，时玉笏迷失守护皇孙脱脱营垒，率其众与浑都海战，败之。追至只必勒，适遇阿蓝答儿与之合兵，复战，玉笏迷失死之。

笃绵，旧事皇子哈剌察儿，世祖即位，从其母入见，欲官之，以无功辞，命统宿卫。奉使辽东。卒，封雁门郡公。子阿必实哈，陕西行省平章政事。[②]

此外，塔塔统阿的另外两个儿子，即次子力浑迷失与三子速罗海也都在窝阔台统治时期受到重用，前者入选窝阔台宿卫，后者则承袭了塔塔统阿之旧职。由是可窥，塔塔统阿家族与窝阔台家族，尤其是哈喇察儿支脉密切联系之一斑。

玉笏迷失负责守护脱脱之营地，笃绵职责不详。值得注意的是，关于玉笏迷失守护"皇孙脱脱营垒"，参与镇压浑都海之乱的记事与《蒙兀儿史记》所记载，中统初，哈喇察儿之子脱脱的营地为浑都海所蹂躏相吻合。[③] 可见，玉笏迷失在哈喇察儿家族统治区内具有相当高的地位。推而论之，纪事砖所言"官至答剌罕都护之剳耳塔阿"必为玉笏迷失与笃绵中的一人。若虑及笃绵之地位远不及玉笏迷失重要，加之玉笏迷失的长子身份，托命之臣当非玉笏迷失莫属。

屈家山纪事砖之书丹出自塔塔统阿长子玉笏迷失（剳耳塔阿）之手，虽算不得上乘书法之作，但笔力遒劲，对一个刚汉化不久的少数民族——畏兀儿人士来说，已是难能可贵的了，为"汉—畏兀儿"文化交流提供了难得的第一手数据。

---

① 〔明〕宋濂，等 . 元史：卷 124 塔塔统阿传 [M]. 北京：中华书局，1976：3048—3049.

② 〔明〕宋濂，等 . 元史：卷 124 塔塔统阿传 [M]. 北京：中华书局，1976：3049.

③ 〔清〕屠寄 . 蒙兀儿史记：卷 37 漠北三大汗诸子列传 [M]. 北京：中国书店，1984：319.

耶律楚材为契丹皇室后裔，辽亡后，其祖父辈入仕金朝，以具有极高汉文化修养而深受金朝统治者倚重。1215 年，蒙古军攻入中都，耶律楚材被成吉思汗召为近臣，从征西域。

1229 年，窝阔台登临汗位，翌年率军南下攻金，耶律楚材随驾。在窝阔台行将出征金朝凤翔路（今陕西南部）、南京路（今河南中部）之际，耶律楚材向大汗建言应征收地税、商税及酒、醋、盐、铁、山泽之税，以供军需。获准。① 果不其然，数月之后，"课额银币及仓谷簿籍具陈于前，悉符原奏之数"②。楚材的税收政策获得了极大的成功。

据纪事砖记载，1231 年，窝阔台攻破凤翔后，曾命"耶侣楚裁子古耳吉歹"辅佐哈喇察儿诸子。值得注意的是，正是在这一年，耶律楚材出任中书令，子以父贵，明矣。

耶律楚材有子二，一为耶律铉，一为耶律铸。③ 耶律铉之母为楚材之元配梁氏，贞佑二年（1214），梁氏及楚材母杨氏具随金宣宗南渡，初居东平，后寓嵩山。④ 壬辰年（1232）蒙古军围汴京，"以兵乱隔绝，殁于河南之方城"。而其子耶律铉也不知所终，仅宋子贞言："（耶律楚材）先娶梁氏……生子铉，监开平仓，卒。"⑤ 与此形成鲜明对比的是次子耶律铸，其不仅政声远闻，而且名震文坛，各种记载不绝于书。铸母为耶律楚材继配苏氏，系苏东坡四世孙威州刺史公弼之女，随楚材常驻漠北和林。

那么，纪事砖所言"古耳吉歹"究竟何指呢？笔者通过对文献资料的收集、整理及比对，系之于耶律楚材长子耶律铉。理由如下。

其一，就年龄言，唯耶律铉可担当之。《元史·耶律铸传》载："二十二年（1285），（耶律铸）卒，年六十五"⑥，由此可推定其生年为 1221 年。1998 年在北京颐和园昆明湖东岸发现的耶律铸墓志铭，更是明载耶律铸出生于"巳年

　① 〔清〕屠寄.蒙兀儿史记：卷48 耶律楚材传 [M].北京：中国书店，1984：362—363.

　② 〔清〕屠寄.蒙兀儿史记：卷48 耶律楚材传 [M].北京：中国书店，1984：363.

　③ 〔明〕宋濂，等.元史：卷146 耶律楚材传 [M].北京：中华书局，1976：3464；〔清〕屠寄.蒙兀儿史记：卷48 耶律楚材传 [M].北京：中国书店，1984：365；〔元〕宋子贞.中书令耶律公神道碑 [M]// 苏天爵.元文类：卷57.北京：商务印书馆，1968：905；王国维.耶律文正公年谱 [M]// 王国维.王国维遗书：第 7 卷.上海：上海书店出版社，2011：197.

　④ 王国维.耶律文正公年谱 [M]// 王国维.王国维遗书：第 7 卷.上海：上海书店出版社，2011：176—177.

　⑤ 〔元〕宋子贞.中书令耶律公神道碑 [M]//〔元〕苏天爵.元文类：卷57.北京：商务印书馆，1968：905.

　⑥ 〔明〕宋濂，等.元史：卷146 耶律楚材传附耶律铸传 [M].北京：中华书局，1976：3465.

（1221）五月初三日"①。窝阔台攻占凤翔时当 1231 年春，纪事砖写于 1231 年秋，是时，耶律铸仅 11 岁，尚属幼年，不可能如纪事砖所言那样"于汉书无不读，论天下事精博"，更遑论辅弼之重任了。但耶律铉则不同，其年龄虽然史无所载，但借由楚材之生年以及生平事迹，大致可推算出来。楚材生于金章宗明昌元年（1190），②其妻梁氏携家眷随金宣宗南渡时当贞祐二年（1214 年），是年楚材 25 岁，耶律铉当不会超过 10 岁。转至 1231 年，耶律铉年约二三十岁，足堪当辅弼重任。

其二，纪事砖所记"古耳吉歹"的经历与耶律铸方枘圆凿，不相契合。耶律楚材 1218 年随成吉思汗西征，三年后，于西域生耶律铸。1224 年，成吉思汗由西域回师，楚材继续逗留于高昌、肃州等地，直至 1227 年 8 月成吉思汗亡故，才被拖雷召回和林。此后，耶律楚材很长一段时间逗留漠北，耶律铸大部分时间都伴于身边。③耶律铸"幼聪敏，善属文，尤工骑射"，故得以"幼岁侍皇储"④。易言之，耶律铸幼年即为皇储的侍读。该皇储何指，学术界存在着不同的意见。前贤蔡美彪、陈得芝二位先生指为失烈门⑤，认为窝阔台第三子阔出早逝，阔出长子失烈门颇受窝阔台喜爱，谓其仁足以君天下⑥，遂指定其为大汗继承人⑦。近期，学者王晓欣博士提出新说，认为其中的"幼岁"未

① 刘晓.耶律铸夫妇墓志札记 [M]// 纪宗安，汤开建.暨南史学：第 3 辑.广州：暨南大学出版社，2004：145; Rachewiltz I D. A note on Yel ü Zhu.and his family[M]// 郝时远，罗贤佑.蒙元史暨民族史论集：纪念翁独健先生诞辰一百周年 [M].北京：社会科学文献出版社，2006：274; 孙猛.北京出土耶律铸墓志及其世系、家族成员考略 [J].中国国家博物馆馆刊，2012（3）：54.

② 〔明〕宋濂，等.元史：卷 146 耶律楚材传 [M].北京：中华书局，1976：3464;〔元〕宋子贞.中书令耶律公神道碑 [M]//〔元〕苏天爵.元文类：卷 57.北京：商务印书馆，1968：901;〔元〕苏天爵，辑撰.姚景安，点校.元朝名臣事略：卷 5 中书耶律文正王 [M].北京：中华书局，1996：73.

③ 邱瑞中.耶律铸论传（上）[M]// 王叔磬，旭江.北方民族文化遗产研究.呼和浩特：内蒙古大学出版社，1991：291—301.

④ 〔元〕耶律楚材.湛然居士文集：卷 12 为子铸作诗三十韵 [M].北京：中华书局，1986：271.

⑤ 蔡美彪.脱列哥那后史事考辨 [M]// 中国蒙古史学会.蒙古史研究：第 3 辑.呼和浩特：内蒙古大学出版社，1989：20（收入蔡美彪.辽金元史考索 [M].北京：中华书局，2012：299—300）;陈得芝.蒙元史读书札记（二则）耶律铸生平中被掩盖的一段经历 [J].南京大学学报，1991（2）（收入氏著.蒙元史研究丛稿 [M].北京：人民出版社，2005：465）.

⑥ 〔清〕屠寄.蒙兀儿史记：卷 37 漠北三大汗诸子列传 [M].北京：中国书店，1984：318.

⑦ 〔明〕宋濂，等.元史：卷 2 太宗纪附定宗 [M].北京：中华书局，1976：38;元史：卷 3 宪宗纪 [M].北京：中华书局，1976：44;〔波斯〕拉施特.史集：第 2 卷 [M].余大钧，周建奇，译.北京：商务印书馆，1986：7—8，11—12.

必是 1235 年当年之事，应是前几年之事，皇储可能是阔出，也可能是合失。[①]
至于以何者为是，笔者不敢断言，但可以肯定的一点是，耶律铸既在漠北"侍
皇储"，就不可能身处凤翔，故辅佐哈喇察儿诸子的"古耳吉歹"必另有他人，
当非耶律铉莫属。

综合以上两条，庶几可以锁定 1231 年春受命辅弼哈喇察儿诸子的古耳吉
歹必为耶律楚材长子耶律铉。1231 年秋，官任路府剖付的耶律铉，即古耳吉
歹撰文记载了当时发生的事件，继由玉笋迷失（剖耳塔阿）书丹。这就是纪
事砖的真正来历。

史乘记载窝阔台家族与塔塔统阿、耶律楚材家族联系密切，尤其是凤翔
哈喇察儿一系更是如此，这些与凤翔纪事砖所见暗合。而纪事砖所载事由之
详尽，为史乘所不及，在不少地方都充实了史书记载之不足，颇为难得。

第五节　屈术墓碑与凤翔屈氏蒙古遗民

陕西省凤翔县紫荆村住户以屈氏为主，尽管屈姓为汉族之姓氏，但当地
屈姓人却坚信其源出蒙古，祖先为"脱脱丞相"。其家族世代供奉的"宗族影"
（即祖案）以及当地人至今所保留着的诸多颇具蒙古草原游牧民族色彩的习俗
与传说（详见下文），皆表明该家族具有非同一般的来源与经历，而凤翔屈家
山遗址所出土的墓碑、纪事砖、画像砖则为探讨屈氏家族之来源及历史活动
提供了珍贵的第一手资料。

一、关于《屈术之茔》墓碑

"屈术之茔"墓碑勒立于凤翔县屈家山墓葬遗址。古墓葬群位于紫荆村委
会以西 150 米的陈村镇第二中学操场后面的断崖处，因修建校舍而被毁，面
积不详。1976 年，在平整土地的过程中，村民由墓园最高处掘得纪一方事砖，
现由屈氏村民收藏。后来，又陆续发现画像砖及《大元故钦授初立凤翔府城
子达鲁花赤屈术之茔》墓碑等重要文物多件。现存"屈术之茔"墓碑为清代
重建之物，碑石正面刻文记载了重修之缘起（图 13-3）。

---

① 王晓欣. 合失身份及相关问题再考 [M]// 李治安. 元史论丛: 第 10 辑. 北京: 中国广播电视出
版社，2005: 65.

图 13-3 凤翔屈家老阙屈术墓碑拓本

亘千古来世系大族者必有家谱，昭穆之辨恒于斯，高曾之辨亦于斯，余族百室本属大元苗裔，世无家谱，所可凭者，坟碑耳。第自元末迄今四百年，所立石碑几坏，文亦将湮，继世耳孙不惟昭穆无由辨，并水源木本亦何从而识也，于众共议委立新碑，仍将原文誊录于后，不敢增减文字，聊存真派而耳矣。

碑正题为"大元故钦授初立凤翔府城子达鲁花赤屈术之茔"，正题之首有一"日"字，书于一圆圈内，作⊖。正题之下则有正文6行，录文如下。

1. 高祖哈失，曾祖扎儿台祗受凤翔府凤翔县达鲁花赤兼管本县诸军奥鲁事；曾伯祖答剌罕

2. 哈剌铁木儿敬受脱脱大王右丞相都总裁兼管府达鲁花赤；曾叔祖脱因不花祗受

3. 大将军兼司都元帅府割付；

4. 曾孙那海祗受达鲁花赤兼管本县诸军奥鲁事。立碑。

5. 大元至正元年（1341）岁次辛巳季春清明日创立。

6. 大清乾隆八年（1743）岁次癸亥季春清明日重修。

由是可见，该墓碑乃是元代凤翔府达鲁花赤那海为其先祖屈术勒立的，碑文追述了屈氏祖先及其任职。该碑原立于元至正元年（1341），清朝乾隆八年（1743）由凤翔屈姓后裔进行了重修。该碑部分内容可与同出土于屈家山墓葬遗址的纪事砖之记载相对应。

二、凤翔屈氏系木华黎苗裔

关于凤翔屈氏之族属，屈术墓碑已提供力证。其一，正题之首所刻㊐系蒙古族敬日习俗的体现。据传，成吉思汗曾受到天父即太阳的保护，故对之崇拜有加。《蒙古秘史》曾记载成吉思汗拜日："向日，挂其带于颈，悬其冠于腕，以手椎胸，对日九跪，洒奠而祷祝焉。"[①] 这里的"洒奠"，一般都是洒酒或马乳，以祭拜太阳。尤有甚者，每当新可汗即位，都"要离开刚刚进行过选举的地方而率领全朝文武百官去朝拜太阳"[②]。屈术墓碑之所见，一方面可为这一习俗之实物证据，另一方面则揭示了屈氏人蒙古族的背景。其二，墓碑碑文所记述的屈氏祖先，如扎儿台、答剌罕哈剌铁木儿、脱脱大王、脱因不花等皆是颇具特色的蒙古族人名。又，以"台／歹""铁木儿／帖木儿""不花／补化"作为前缀或后缀的名字在蒙古人中亦颇为常见。[③] 因此，屈术家族当属蒙古族后裔。

更为引人注目的是碑额所题"大元天潢"。吾人固知，"天潢"一词在天文学领域和文学界很多见。作为星宿名出现时，所指不一，如《晋书·天文

---

① 道润梯步. 新译简注蒙古秘史 [M]. 呼和浩特：内蒙古人民出版社，1979：79.

② 张碧波，庄鸿雁. 萨满文化研究 [M]. 兰州：甘肃民族出版社，2012：463，491.

③ 敖特根.《莫高窟六字真言碣》研究 [J]. 敦煌研究，2005（6）：78.

志》作"天子得灵台之礼,则五车、三柱均明有常。其中五星曰天潢",指代毕宿中的五星;《史记·天官书》记"王良……旁有八星绝汉,曰天潢",又称"天津"星为"天潢";《汉书·天文志》亦曰:"王梁……旁有八星绝汉,曰天潢。"此亦以天津星名天潢。而文学作品之"天潢"则指皇室,称"天潢贵胄"。北周庾信《故周大将军义兴公萧公墓志铭》有"派别天潢,支分若水"[①]之语,碑石铭文多具有较高文学性,屈家山墓碑所谓"天潢"可做"皇族分支派别"理解。该碑既以"大元天潢"做碑额,足见屈氏家族绝非一般的显贵身份。

蒙元时期,有资格以"皇族分支"自诩的家族,仅有两者,其一即成吉思汗之孪儿只斤氏黄金家族,其二则为世代享有"国王"封号的木华黎家族。成吉思汗黄金家族乃蒙元正统,其后裔称"天潢"实属正理。而木华黎家族之所以享有此种殊誉,乃与木华黎及其后裔于蒙元肇建、巩固过程中所建立的殊功伟业密切相关。木华黎初为成吉思汗之孪斡勒(Boɤul,即奴隶),后又充任其那可儿(Nökür,即伴当),成长为成吉思汗"四杰"之一,实属成吉思汗的股肱之臣,其功赫赫。而其后裔亦在蒙元历史发展过程中,功勋卓著,政绩斐然,其中著称于元史者有孪鲁、塔思、速浑察、霸突鲁、阿里乞失、安童、乃蛮台、脱脱等。因而,木华黎家族的发展可谓与蒙元王朝相始终。

那么,凤翔屈氏究竟是源出黄金家族,还是木华黎家族呢?要解决这一问题,便需将凤翔出土文献与蒙元传统史料相结合,对比排查,进行稽考。

据墓碑所记,屈术为凤翔屈氏之始祖(特指得姓祖先),亦是蒙古初立凤翔府城时充任凤翔府达鲁花赤之职的第一人,而曾祖扎儿台也曾任凤翔府凤翔县达鲁花赤之职,该碑又是曾孙那海为其先祖屈术所立,质言之,屈术即扎儿台。如是,凤翔屈氏祖先中,曾祖扎儿台(屈术)、曾孙那海皆曾担任凤翔县达鲁花赤一职。吾人固知,达鲁花赤乃蒙元时期特有的职官,肇始于成吉思汗时期,终元一代而不废。蒙古国时期,国家草创,官制未备,达鲁花赤统摄军民,既管军事,亦理民政,且以军事为重务。及元朝建立,达鲁花赤的事权向民事转化,其职责包括监督清查户籍、签军、置驿、征税、进奉贡物等。[②]在相当长的一段历史时期内,屈氏家族先祖皆驻居于凤翔境内,担任着管理军民事务的达鲁花赤一职。值得注意的是,达鲁花赤乃为蒙古大汗臣僚,黄金家族成员不会担任此职。据此推断,凤翔屈氏当非源出黄金家族。

---

① 〔北周〕庾信.故周大将军义兴公萧公墓志铭[M]//〔清〕严可均.全上古三代秦汉三国六朝文·全周文:卷17.北京:中华书局,1958:3965.

② Barthold W. Turkestan Down to the Mongol Invasion[M].London:Gibb Memorial Trust,1977:401.

　　前文提及的蒙古纪事砖有言，1231 年窝阔台汗攻取西北重镇凤翔后，以其地封授四子合剌察儿（又作"哈喇察儿"），令其世守。是时，合剌察儿有幼子三人，分别为脱塔黑、剖耳歹、脱因不花。而波斯文文献《史集》亦记哈喇察儿有子曰 Totaq，又作 Totoq 或 Xytoq，①汉译本分别译作"脱塔黑""秃秃黑""忽秃黑"。②《史集》整理者又指此"脱塔黑"即《元史·宗室世系表》之"脱脱大王"。若是，纪事砖所记"脱塔黑"与《史集》所记者当为一人，即合剌察儿确有子名"脱脱大王"者。③

　　如此"屈术之茔"所记先祖事迹即与纪事砖所记契合。墓碑言那海之曾伯祖答剌罕哈剌铁木儿曾为脱脱大王右丞相都总裁兼管府达鲁花赤。参之屈氏家族先祖扎儿台、屈术、那海前后七代人充任凤翔达鲁花赤一职，及 1231 年合剌察儿家族获封凤翔"农土"，世代承袭的史实。显然易见，这两大家族曾长期活跃于凤翔一地。是证，墓碑所云之"脱脱大王"即纪事砖所记合剌察儿之子"脱塔黑"，屈氏祖先哈剌铁木儿曾效命于合剌察儿之子脱塔黑。

　　除了拥有右丞相、都总裁兼管府达鲁花赤的职衔之外，哈剌铁木儿还享有"答剌罕"的封号。答剌罕（Darqan、Tarqan、Darkhan）为北方游牧民族官号，柔然、突厥、回鹘、契丹等诸北方民族长期沿用，据推测，"达干"可能为汉语"达官"一词的音转。④此说虽早已为学界所接受，但失于缺乏直接证据，1992 年于陕西礼泉县昭陵发现的《统毗伽可贺敦延陁墓志》有"祖莫汗达官、父区利支达官"之语。⑤延陁氏所在的薛延陀部为操突厥语的古代民族之一，此墓志恰可弥补羽田亨氏推测之缺憾。⑥关于这一官号的记述最早可溯源至北魏初年《元飏墓志铭》，曰"大达官"⑦，本为汉语，后由突厥、回

　　① РАШИД-АД-ДИН.СБОРНИК ЛЕТОПИСЕЙ,М.-Л[M].Санкт-Петербург：Издательство АН СССР,1960：12,133,135.

　　②〔波斯〕拉施特.史集：第2卷[M].余大钧，周建奇，译.北京：商务印书馆，1986：12，248，245.

　　③ 杨富学，张海娟.凤翔屈家山蒙古纪事砖及相关问题[J].青海民族研究，2014（4）：99.

　　④ 羽田亨.回鹘文摩尼教徒祈愿文の断简[M]//羽田亨.羽田博士史学论文集：下卷 言语·宗教篇.京都：同朋舍，1975：331.

　　⑤ 张沛.昭陵碑石[M].西安：三秦出版社，1993：113；周绍良，赵超.唐代墓志汇编续集[M].上海：上海古籍出版社，2001：40.

　　⑥ 胡蓉，杨富学.长安出土《统毗伽可贺敦延陁墓志》考释[J].青海民族研究，2017（1）：116—121.

　　⑦ 上海图书馆藏《魏故使持节冠军将军燕州刺史元使君墓志铭》碑帖，录文见赵超.汉魏南北朝墓志汇编[M].天津：天津古籍出版社，1992：75.

鹘袭用之，逐步演变为达干（Tarqan）。回鹘又将这一官职传给了辽朝，称作达刺干。^① 发展至蒙元，其号仍见于封授。

蒙古国早期，答剌罕甚为尊贵，非一般功臣可幸及。成吉思汗所封诸答剌罕皆是对成吉思汗本人或其子孙有救命之恩者。^② 成吉思汗所封之答剌罕共有八位，分别为锁儿罕失剌、召烈台·抄兀儿、博尔术、博罗忽、乞失力黑、巴歹、撒必、克薛杰。^③ 者勒蔑、失吉忽秃忽虽未见受答剌罕之封，却享受"九罪弗罚"的答剌罕所享特权之一。^④ 由是可见，成吉思汗统治时期，木华黎家族未获封答剌罕称号。

木华黎家族与凤翔历史渊源极深。据凤翔蒙古纪事砖及元代传世史料记载，1222 年，木华黎曾率大军攻凤翔，月余未下，遂渡河还闻喜县，疾笃而亡。临终前，召其弟带孙曰："我为国家助成大业，擐甲执锐垂四十年，东征西讨，无复遗恨，第恨汴京未下耳！汝其勉之。"^⑤ 是见，未能攻克汴京乃木华黎之大遗憾。木华黎亡故后，子孙绳其祖武，继续其未竟之业。孙塔思、速浑察皆于 1231 年随窝阔台（太宗）攻伐凤翔，浴血奋战数月，终陷其地。^⑥ 是时，同为木华黎家族后裔的忙哥撒儿亦随托雷（睿宗）伐凤翔，建立奇功。^⑦ 蒙古占领凤翔后，以其地官职授予木华黎后裔，无论是出于祭奠因攻伐凤翔而亡故的木华黎，亦或是表彰其家族对攻陷凤翔重邑所作出的突出攻陷，于情于功皆合。

综上所见，凤翔屈氏先祖中，曾有多人担任凤翔府、县达鲁花赤，为蒙古统治者僚属，尤有进者，其家族享有答剌罕封号，又在黄金家族之外独享"大元天潢"称号，其荣耀可谓独步天下。质言之，凤翔屈氏家族乃"国王"木华黎之后裔，族属蒙古札剌亦儿氏。

---

① 杨富学. 回鹘文献与回鹘文化 [M]. 北京：民族出版社，2003：441.

② 韩儒林. 蒙古答剌罕考 [M]// 收入氏著. 穹庐集：元史及西北民族史研究. 上海：上海人民出版社，1982：29.

③ 韩儒林. 蒙古答剌罕考 [M]// 收入氏著. 穹庐集：元史及西北民族史研究. 上海：上海人民出版社，1982：23—26；韩儒林. 蒙古答剌罕考增补 [M]// 收入氏著. 穹庐集：元史及西北民族史研究. 上海：上海人民出版社，1982：47—48.

④ 韩儒林. 蒙古答剌罕考 [M]// 收入氏著. 穹庐集：元史及西北民族史研究. 上海：上海人民出版社，1982：27.

⑤ 〔明〕宋濂，等. 元史：卷 119 木华黎传 [M]. 北京：中华书局，1976：2936.

⑥ 〔明〕宋濂，等. 元史：卷 119 木华黎传附塔思速浑察传 [M]. 北京：中华书局，1976：2937—2940.

⑦ 〔明〕宋濂，等. 元史：卷 124 忙哥撒儿传 [M]. 北京：中华书局，1976：3054.

三、墓碑之"高祖哈失"考证

如前所述，凤翔屈氏家族当源出蒙元之札剌亦儿氏木华黎家族。据"屈术之茔"墓碑记载，那海之高祖为哈失。那么哈失又出自木华黎家族中的哪一支呢？与木华黎有何关系？要解决这一问题，将墓碑、纪事砖及蒙元史料相结合、比对、考证，实属必须。

"屈术之茔"墓碑立于大元至正元年（1341），高祖哈失至曾孙那海已传五代，且是时，那海正在凤翔达鲁花赤任上，当早过不惑之年，子孙绕膝，故而其家应已传至第七，甚至第八代。按照古代约 20—25 年即诞生一代的常规，则高祖哈失约生于 1166 年至 1221 年间，且上下限还相差数年的波动，都在正常范围。然而，并不能据此将哈失比定为木华黎（1170 年生）或其直系后裔。这主要是因为，若凤翔屈氏确为木华黎直系后裔，其大可言明先祖木华黎，而非"高祖哈失"、祖先为"脱脱丞相"诸论；再之，通过对木华黎直系后裔的检索与研究，未见其中可与凤翔屈氏先祖相比定者，且他们主要活跃于东平一带，旁及辽东、江南诸地[①]，与凤翔屈氏相差甚远。

因纪事砖所记与墓碑内容部分契合，尤其是那海之曾伯祖哈剌铁木儿曾担任合喇察尔之子脱脱的右丞相，因此在人物及时代关系上，可以利用纪事砖与墓碑进行有益的比对。

据墓碑所载，曾伯祖哈剌铁木儿曾担任合喇察尔之子脱脱的右丞相，故而高祖哈失有可能与合喇察尔为同辈人，亦有可能与窝阔台同辈，而且更倾近于后者。窝阔台生于 1186 年，"屈术之茔"墓碑立于至正元年（1341），其间共历 155 年。自高祖哈失至曾孙那海为五代，且那海已成年继职，保守估计其家已传至七代。以此推算，每代之间相隔 22 年左右，这与古代 20—25 年传一代的规律相合。加之，窝阔台（1186—1241）生活的时代与木华黎（1170—1223）相近。易言之，高祖哈失、窝阔台及木华黎极有可能同属一时代或相邻时代。由是可见，享有答剌罕之号，且又以"大元天潢"自称的凤翔屈氏当出自木华黎家族旁支，高祖哈失与木华黎年纪相当，盖为从兄弟。

---

① 萧启庆.元代蒙古四大家族 [M]// 内北国而外中国：蒙元史研究.北京：中华书局，2007：509—578；沈卫荣.关于木华黎家族世系 [M]// 南京大学历史系元史研究室.元史及北方民族史研究集刊：第 8 期.南京：南京大学历史系元史研究室，1984：116—120；叶新民.头辇哥事迹考略 [J].内蒙古大学学报，1992（4）：1—6；修晓波.关于木华黎世系的几个问题 [M]// 中国蒙古史学会.蒙古史研究：第 4 辑.呼和浩特：内蒙古大学出版社，1993：26—29；谢咏梅.札剌亦儿部若干家族世系 [M]// 中国元史研究会.元史论丛：第 13 辑.天津：天津古籍出版社，2010：179—185.

据《蒙古秘史》所载，札剌亦儿氏人帖列格秃伯颜在成吉思汗杀了薛察别乞泰出后，带领其子古温兀阿、赤剌温孩亦赤、者卜客三人，及木华黎、不合、统格、合失四个孙子归附铁木真。[①]《元史氏族表》在记录札剌亦儿氏时亦载其先祖帖列格秃伯颜有三子，长孔温窟哇（一作古温兀阿，一作孔温兀答），子曰木华黎，曰带孙（一作不哈）；次赤剌温孩亦赤，子曰统格，曰合失，皆事成吉思汗。[②] 是见，古温兀阿乃即孔温兀阿，其为木华黎之父；木华黎叔父名赤剌温孩亦赤，其子有名合失者。加之，就音译而言，合失与哈失同。

就年代世次言，墓碑之"高祖哈失"与《蒙古秘史》等资料所记"合失"亦颇合。关于合失之生辰卒年，史无记载，但既为木华黎之弟，且 1183 年与木华黎一同被祖父奉送为成吉思汗"家奴"[③]，因而他们大致应属同一年龄段的人。加之，若如前文推论，哈失出生于 1166 年前后，则哈失于 1183 年随帖列格秃归附成吉思汗时，当在 18 岁左右，颇合常理。这项立足于年代世系的比勘，亦为将墓碑之"哈失"比定为《蒙古秘史》等资料所记札剌亦儿氏"合失"提供了有力支持。

关于此合失，仅《蒙古秘史》和《元史氏族表》略有直接记述，而关于其经历及其后裔的历史活动，史无蛛丝马迹可寻。相反，诸史料中关于木华黎叔父及其他诸兄弟却有不少记载。是故，藉由传统史料与屈氏墓碑所载相关人物信息的比对，借助排除等方法，盖可推定"哈失"身份。

赤剌温孩亦赤乃孔温兀阿之弟、木华黎叔父，曾随父帖列格秃伯颜归顺铁木真。其子统格、合失亦事成吉思汗。赤剌温孩亦赤之曾孙忙哥撒儿见载于《元史》："忙哥撒儿，察哈札剌亦儿氏。曾祖赤老温恺赤，祖挪阿，父那海，并事烈祖。"[④]《元史氏族表》记："忙哥撒儿，史称察哈札剌亦儿氏，其曾祖赤老温恺赤，孔温窟哇之弟。"[⑤] 关于察哈札剌亦儿氏，伯希和、韩百诗认为应将其复原为 Caqa [t]jalār，即《史集》之"札阿惕部"，他们还提出这个名称是蒙古语 chaghan"白"的复数[⑥]。木华黎之先祖最初为驻牧于斡难河与怯绿连河

---

① 额尔登泰，乌云达赉，校勘.《蒙古秘史》校勘本：卷 4[M]. 呼和浩特：内蒙古人民出版社，1980：968.

② 〔清〕钱大昕. 元史氏族表 [M]. 上海：上海古籍出版社，1995：5.

③ 艾克拜尔·米吉提. 木华黎归附铁木真年代考 [J]. 伊犁师范学院学报，2007（2）：1—10.

④ 〔明〕宋濂，等. 元史：卷 124 忙哥撒儿传 [M]. 北京：中华书局，1976：3054.

⑤ 〔清〕钱大昕. 元史氏族表 [M]. 上海：上海古籍出版社，1995：19.

⑥ PELLIOT P, HAMBIS L. Histoire des Campagnes de Gengis Khan, Cheng-wou Ts'in-Tcheng Lou[M].Leiden：E.J.Brill,1951:66.

之间的札阿惕部，后发展演变札剌亦儿部。是见，察哈札剌亦儿氏即札剌亦儿氏，赤老温恺赤亦即赤剌温孩亦赤。上述两史料所列世系皆为：赤老温恺赤→搠阿→那海→忙哥撒儿^①。

屠寄在著录忙哥撒儿家族世系时，以《秘史》有合失无搠阿，《元史》有搠阿无合失，而疑搠阿即合失之错误译音。^②那么搠阿与合失是否为同一人呢？凤翔屈氏家族又与《元史》所记搠阿后裔忙哥撒儿家族存在何种关系呢？

关于搠阿其人，《蒙古秘史》及《元史氏族表》在记述帖列格秃伯颜率子孙投归成吉思汗时，并无名搠阿者；《元史氏族表》在向上追溯忙哥撒儿先祖时，仅列其名。幸而《元史·忙哥撒儿传》对其有所记述："太祖嗣位，年尚幼，所部多叛亡，搠阿独不去。"他亦曾婉拒太祖（成吉思汗）之弟哈撒儿之招揽。他跟从成吉思汗征乃蛮，拒其军。成吉思汗征蔑里吉，兵溃，搠阿与其弟左右力战以保护成吉思汗。后因救兵来援，乃蛮军队才引退。^③可见，成吉思汗初年，搠阿即随侍左右，感情笃深，且有弟同事于成吉思汗，只是《元史》未载其弟之名。推而论之，搠阿即应为早期追随成吉思汗的赤剌温孩亦赤两子之一，或为合失，或为统格。

关于赤剌温孩亦赤之子统格，《蒙古秘史》与《元史氏族表》作统格，《蒙兀儿史记》作秃格，为蒙古汗国开国功臣，九十五千户之一，其子名不吉歹。^④1206年，成吉思汗扩充完善宿卫军时，他受命管理散班。^⑤赤佬温恺赤子孙中只有孙那海一系显于世，而关于秃格千户与那海千户是否互有因袭，因史料阙如，难以考证了。^⑥除此之外，其他蒙元史料内再未见关于统格及其后裔的记述，而关于合失一族则更几无记载，因而，就目前所掌握的资料而言，尚不能确定搠阿为合失、统格两人中的哪一者，或是另有其人。然而，诚如前文所述，木华黎之父孔温兀阿、叔父赤剌温孩亦赤之子搠阿兄弟皆曾救成吉思汗于危难，但却未见其获答剌罕封号。若屠寄所言为是，搠阿即合失，

①〔清〕钱大昕.元史氏族表 [M].上海：上海古籍出版社，1995：19；宋濂，等.元史：卷124 忙哥撒儿传 [M].北京：中华书局，1976：3054.

②〔清〕屠寄.蒙兀儿史记：卷153 氏族表第四 [M].北京：中国书店，1984：1005.

③〔明〕宋濂，等.元史：卷124 忙哥撒儿传 [M].北京：中华书局，1976：3054.

④〔清〕屠寄.蒙兀儿史记：卷153 氏族表第四 [M].北京：中国书店，1984：1005.关于不吉歹，屠寄言："见蒙文秘史卷九，成吉思汗时与也孙帖额同为豁儿赤之长。"

⑤ 额尔登泰，乌云达赉.蒙古秘史：卷9[M].校勘本.呼和浩特：内蒙古人民出版社，1980：1023.

⑥ 谢咏梅.札剌亦儿万户、千户编组与变迁 [J].内蒙古师范大学学报，2006（4）：11.

则哈剌铁木儿之答剌罕封号所来之源即有追溯的可能。此外，根据对搠阿后裔及其历史活动的考察，很难将《元史》所记那海家族比定为凤翔哈失家族。

搠阿之子那海仅见于《元史氏族表》及《元史》，关于其人则有如下记载："那海事太祖，备历艰险，未尝形于言，帝嘉其忠，且念其世勋，诏封怀、洛阳百七十五户。"[①] 可见，那海亦曾事成吉思汗，获封怀阳、洛阳百户。而据"屈术之茔"墓碑所记：高祖哈失之子分别为哈剌铁木儿、扎儿台、脱因不花，并无名那海者，且上述人名在对音上亦无法勘同。加之，哈失之玄孙亦名那海，按照传统，子孙在取名时当避讳其先祖名，且搠阿子那海与扎儿台同辈，其与扎儿台曾孙那海间仅相隔两代，故凤翔屈氏与搠阿之子那海当不属于同一家支。

另外，藉由那海后裔的历史活动，亦可看出此人与凤翔哈失家族相去甚远。那海之子忙哥撒儿曾跟随托雷（睿宗）攻伐凤翔，建立奇功。贵由（定宗）时升任断事官。在蒙哥（宪宗）争夺汗位时，他鼎力支持并协助蒙哥镇压了窝阔台子与察合台子发动的叛乱。那海亡故后，蒙哥诏谕其子曰：汝高祖赤老温恺赤暨汝祖搠阿，事我成吉思皇帝……汝父忙哥撒儿，自其幼时，事我太宗，朝夕忠勤，罔有过咎。从我皇考，经营四方。迨事皇妣及朕兄弟，亦罔有过咎。"[②] 是见，忙哥撒儿曾先后事托雷（睿宗）、贵由（定宗）、蒙哥（宪宗）三代汗王。至顺四年（1338），忙哥撒儿被追封为兖国公。忙哥撒儿有子四人，依次为长子脱欢、次子脱儿赤、三子也先帖木尔、四子帖木儿不花。[③] 其中脱欢为万户，无子。脱儿赤子明礼帖木儿，累官翰林学士承旨；明礼帖木儿有子咬住，咬住有子也先，任延徽寺卿；也先帖木儿有子哈剌合孙。帖木儿不花有三子：塔术纳、哈里哈孙、伯答沙。伯答沙后裔曾先后于成宗、武宗、仁宗时任中书丞相等职，且忙哥撒儿曾于蒙哥时代任也可札鲁忽赤（大断事官），其孙伯答沙及曾孙八郎亦曾任元大宗正府札鲁忽赤。

显而易见，《元史》所记之那海家族与"屈术之茔"墓碑所记载的凤翔屈氏先祖之历史境遇相去甚远，一支任职于中央，一支偏居于陕西凤翔。这两个家族当为赤剌温孩亦赤家族之两分支，同时亦不能排除凤翔屈氏为搠阿家族另一支系，与彰显于史的那海家族不同，其家因偏居凤翔一隅而于史不彰。

这里还需对1183年归附成吉思汗的帖列格秃伯颜之子，即木华黎叔父者

① 〔明〕宋濂，等.元史：卷124 忙哥撒儿传 [M].北京：中华书局，1976：3054.

② 〔明〕宋濂，等.元史：卷124 忙哥撒儿传 [M].北京：中华书局，1976：3056.

③ 〔明〕宋濂，等.元史：卷124 忙哥撒儿传 [M].北京：中华书局，1976：3057.

卜客、木华黎弟不合略做叙述。从中不难发现，其历史脉络与凤翔屈氏亦不合。

者卜客仅见于《蒙古秘史》和《元史氏族表》，在《圣武亲征录》中写作哲不哥。1183年，者卜客三兄弟一同归附成吉思汗，孔温兀阿、赤剌温孩亦赤及其子做了成吉思汗的奴隶，者卜客则被赠送给成吉思汗的弟弟合撒儿。①1206年，成吉思汗分封时，者卜客获封千户。②后来，成吉思汗听信巫者帖卜腾格里谗言，分解了合撒儿之属民，而初委付合撒儿的者卜客则遁入了巴儿忽真地面，从此不知所踪。③直到明末，合撒儿后裔阿敏属下仍有部分札剌亦儿人，后来清廷将之编为札赉特旗，即今内蒙古自治区兴安盟扎赉特旗的前身。④在《蒙古秘史》中，者卜客被称为"札剌亦儿台者卜客"，无疑为曾委附于合撒儿的者卜客。是见，者卜客一直效命于合撒儿，合撒儿集团被肢解后，他被迫逃亡。其后裔虽世代任职于凤翔重邑，但不享有"大元天潢"之称号。

不合为孔温兀阿之子，与木华黎同源。《元史》无传，《蒙兀儿史记》补之，称为孔温窟哇第四子，领成吉思汗四怯薛之一⑤。赵珙《蒙鞑备录》⑥云："（木华黎）弟二人，曰抹哥《秘史》作不合，见在成吉思处为护卫。曰带孙郡王，每随侍焉。"⑦王国维据《东平王世家》言不花即抹哥⑧。钱大昕却言孔温兀阿之子带孙亦作"不哈"⑨。屠寄则认为不合、带孙非同一人⑩。不合于《蒙古秘史》中曾多次出现，不仅于1183年与木华黎等人同附成吉思汗，且1206年成吉思汗大行分封赏赐时，以"一千教木合里亲人不合管着"，领成吉思汗四护卫军之一⑪。此外，再未见其事迹。带孙则多次见于《元史》及《蒙兀儿史记》

①　额尔登泰，乌云达赉.蒙古秘史：卷4[M].校勘本.呼和浩特：内蒙古人民出版社，1980：968.

②　额尔登泰，乌云达赉.蒙古秘史：卷10[M].校勘本.呼和浩特：内蒙古人民出版社，1980：1032.

③　额尔登泰，乌云达赉.蒙古秘史：卷10[M].校勘本.呼和浩特：内蒙古人民出版社，1980：1033.

④　乌兰.《蒙古源流》研究[M].沈阳：辽宁民族出版社，2000：206.

⑤　〔清〕屠寄.蒙兀儿史记：卷27 木合黎传[M].北京：中国书店，1984：263.

⑥　〔南宋〕赵珙.蒙鞑备录[M].此书原题"朱孟珙撰"，误，王国维《蒙鞑备录笺证》已辨正。

⑦　王国维.蒙鞑备录笺证[M]//王国维 王国维遗书：第13册.上海：上海古籍书店，1983：9.

⑧　同上.

⑨　〔清〕钱大昕.元史氏族表[M].上海：上海古籍出版社，1995：5.

⑩　〔清〕屠寄.蒙兀儿史记：卷153 氏族表第四[M].北京：中国书店，1984：1004.

⑪　额尔登泰，乌云达赉，校勘.《蒙古秘史》校勘本：卷9[M].呼和浩特：内蒙古人民出版社，1980：1023—1024；卷10，第1027.

之记载[①]，一直活跃于以洺州、益都为主的河北、山东一带，获封郡王，驻于东平。

关于不合之世系，屠寄认为《蒙鞑备录》之抹哥即忙哥，为木华黎弟之子，而《备录》以为木华黎之弟者以位言，不以人言。认为赵珙撰《蒙鞑备录》时，不合已死，抹哥袭长四怯薛之一，仍居其父不合之位。赵珙宋人，不谙蒙古此种体例，异国传闻，以抹哥为木华黎长弟也。其列世系为：不合→忙哥→塔塔儿台→只必[②]。

关于带孙后裔，钱大昕列世系为：

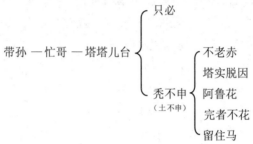

屠寄所列世系为：

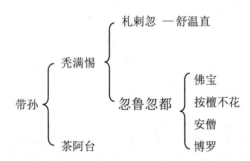

近期，谢咏梅依据《元史》及《扎剌尔公祠堂记》等相关传统文献资料之记载，重新对钱氏、屠氏所列带孙世系进行了考察，认为就忙哥子塔塔儿台一系世袭东平路达鲁花赤或任东平路总管府的史实，以及史料未见不合采食东平的记载；新东平路基本以木华黎、带孙为首的功臣之封邑等方面综合考虑，认为塔塔儿台为带孙郡王后裔的可能性仍很大，并列带孙世系表如下[③]。

---

① 〔明〕宋濂，等.元史：卷119 木华黎传[M].北京：中华书局，1976：2933，2336；〔清〕屠寄.蒙兀儿史记：卷27[M].北京：中国书店，1984：255，256.

② 〔清〕屠寄.蒙兀儿史记：卷27 木合黎传[M].北京：中国书店，1984：263.

③ 谢咏梅.札剌亦儿部若干家族世系[M]//中国元史研究会.元史论丛：第13辑.天津：天津古籍出版社，2010：183.

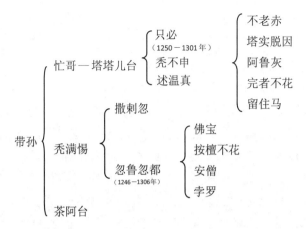

　　上述不合、带孙后裔，就其名而言，无论从音译还是意译，皆难与凤翔屈氏先祖勘合；就其活动轨迹而言，他们多任职于东平，或为征南万户、东道宣慰使都元帅、江浙行省参知政事、宁国路总管等，与凤翔屈氏先祖活动相悖。是见，不合、带孙家族之经历与凤翔屈氏亦不甚相符。

　　藉由上述对于帖列格秃后裔的历史发展脉络的梳理，及有元一代有资格以"大元天潢"自称、以"达剌罕"身份辅佐哈喇察尔王后裔，墓碑之时代世系的综合研究，是见，凤翔屈氏族为木华黎家族后裔，源出木华黎叔父赤剌温孩亦赤一支，其高祖哈失极可能是1183年归附成吉思汗的木华黎从兄弟合失，同时亦不排除搠阿即合失的可能性。

　　兹拟列凤翔屈氏早期世次表如下：

```
                ┌ 古温兀阿 —— 木华黎
                │                          ┌ 哈剌铁木儿 ( 曾伯祖 )
帖列格秃 —┤ 赤剌温孩亦赤 — 合失 ( 高祖 ) —┤ 屈术/扎儿台 ( 曾祖 ) — 祖 — 父 — 那海
                │                          └ 脱因不花 ( 曾叔祖 )
                └ 者卜客
```

第六节　凤翔屈氏家族之蒙古遗俗

　　以传统文献及屈家山纪事砖合勘，可以看出，凤翔屈氏家族与13世纪初入居此地的蒙古族一脉相承，直到今天，凤翔紫荆村屈氏家族尚存之风俗习惯、宗教信仰，乃至口头数据，也都在一定程度上支持这一结论。

凤翔屈氏世代流传"咱老祖宗不在凤翔，而是来自口外"之说法，民间又有"官占平，汗占坳，把我赶到山窝窝"等俗语，其中隐约道出了凤翔屈氏家族并非土著，而由"口外"迁来之史实。此处的"口外"当指"关口外"。关中有四大关口，"东函谷，南武关，西散关，北萧关"①。而13世纪早期的蒙古人主要活动于漠北、西域一带，直至元世祖忽必烈登临汗位，肇建大元帝国，其势力才扩展至黄河两岸、大江南北，因此凤翔人所谓的"口外"极可能指萧关外。萧关位于环江东岸开阔的台地上，为关中地区的北大门户，由此出关向北可达宁夏、内蒙古，西通甘肃，经由兰州、河西，可通西域诸地。萧关之特殊地理位置与凤翔屈氏耆老所言"口外"颇为相符。

众所周知，由于语言、文字、文化、心理等方面的差异，古往今来的少数民族大多习惯于用本民族语言来称呼、命名各种事物，尤其是地名，诸如山川河流、大漠平原等。后来时移世易，诸多入居中原的少数民族被逐步汉化，但在日常生活中仍保留着旧时的习惯与各种名称，蒙古人同样概莫能外。屈家山附近即有被称作"大海子""小海子"的村镇。"海子"者，原指"湖泊"，后演变为村落名称。该称法当非当地汉人的习惯称法，具有较为强烈的蒙古族文化色彩。以"大海子""小海子"作为地名，在今新疆、内蒙古等蒙古族聚居区颇为常见。

作为草原游牧民族的蒙古族，自古就以放牧打猎为生，其生产生活方式与汉族大相径庭，《黑鞑事略》云：

其食，肉而不粒。猎而得者：曰兔；曰鹿；曰野彘；曰黄鼠；曰顽羊，其脊骨可为杓；曰黄羊，其背黄，尾如扇大；曰野马，如驴之状；曰河源之鱼，地冷可致。牧而庖者，以羊为常，牛次之，非大燕会不刑马。火燎者十九，鼎烹者十二三。酋而先食，然后食人。②

不仅凤翔的地名富于蒙古族文化色彩，当地人的生活起居、生产劳动也带有深厚的蒙古文化烙印。现在，大海子已成为远近闻名的蒙古族民俗村，其制作的烤羊肉、烤全羊、羊肉泡，依然是蒙古族人民崇尚的待客之道。

再看屈家山一带的习俗。以往，每逢节日庆祝，凤翔屈氏"绳武其祖"，常举行摔跤比赛，至今当地还保留不少摔跤场所。当地流行的"吃关节""端

① 〔汉〕司马迁.史记：卷7 项羽本纪第七[M].北京：中华书局，1982：315.

② 〔宋〕彭大雅.黑鞑事略笺证（国学文库本第二十五编）[M].王国维，笺证.北平：文殿阁书庄印行，1936：61.

关节"之俗也很独特。屈家祖案轮流摆放，每逢春节，都要给挂祖案的人家献送 3 升麦子，并在大年初一清早依次到祖案所在家庭拜祖，挂祖案的人家便会宰羊款待，谓之"吃关节"。后来，人口增殖，仅紫荆村现有人口即超过二千，一只羊显然不够分享，于是"吃关节"演变成了"端关节"，即拜祖者从挂祖案的家庭端回一大海碗羊肉回家分食。紫荆村屈姓人家过"正月十五不吃元宵"，亦迥别于当地汉族。

祖案在凤翔屈氏家族的存在由来已久，上绘制先人画像，其中一幅绘制精美的祖案，有文字云：

历考大元至正元年有石碑，则知户有容像案，及大明万历二十八年，三门各落容像。迨大清康熙十年，复有事于重容，至乾隆四十七年，仍落真影。延及道光八年，又修容案，镂记俚语，以示后世有所考证。

这一祖案秘藏于当地信奉萨满教的屈姓人家，从不轻易示人。早在蒙古国时期，萨满教就于蒙古社会颇为流行。入主中原后，尽管蒙古人纷纷皈依佛教，但萨满教仍保持着旺盛的生命力，直至今日，依然如故，而作为萨满教重要组成内容的祖先崇拜更是经久不衰。崇尚萨满教的屈氏家族不仅绘制祖案，世代相继，每逢春节都要精心供奉，顶礼膜拜，此可为其族属蒙古之一证也。

综上所见，无论是凤翔之地所流传的口头资料，抑或风俗习惯、宗教信仰等，无不流露出凤翔屈氏一族出蒙古之史实。由于各种原因，该家族徙居关中，与当地汉族及其他少数民族杂居一处，繁衍生息，互相融合，最终被汉化，成为汉族大家庭的一员，但是他们始终或多或少地保持着源自草原游牧民族的风俗与习惯，以志未忘其本。

通过上文论述，可以看出，陕西凤翔屈家山出土的蒙古纪事砖写成于兔年辛卯（1231）九月三日，由契丹人后裔耶律楚材之长子，时任路府剖付的古耳吉歹（耶律铉）撰文，由畏兀儿人塔塔统阿之长子，时任答剌罕都护的剖耳塔阿（玉笏迷失）书丹。文中记述了木忽里（木华黎，1222 年）、清吉思罕忒木津（成吉思汗铁木真，1226 年）和兀歌歹汗（窝阔台汗，1231 年）三次征伐凤翔的历史。在窝阔台占领凤翔后，将第四子哈喇察儿分封于凤翔，命耶律楚材子古耳吉歹（耶律铉）和塔塔统阿子剖耳塔阿（玉笏迷失）辅佐之。他们"招抚流民，赐民田足居，禁妄杀，减课税，耕荒屯田"，促进了当地的开发与发展。

第十四章　居庸关过街塔云台回鹘文石刻所见 uday 考 ①

　　"uday" 一词在回鹘文文献中甚鲜见,据笔者所知,仅出现于居庸关云台回鹘义石刻《建塔功德记》。居庸关位于北京西北 48 千米处的关沟峡谷之中,其云台建成于元末至正二年(1342)。该云台原为过街塔的基座(图 14-1),元末明初,台上的三座宝塔遇兵燹而毁圯,惟塔基得以独存。后人未究其详而误称作云台,沿用至今。

　　现存云台系汉白玉石材构建,正中辟门,券洞上部成八角形。券门四隅浮雕藏族艺术风格的四大天王。雕像内侧满布文字,内容为用汉、梵、藏、回鹘、西夏和八思巴式蒙古文等六种文字镌刻的陀罗尼和用梵文以外其余五种文字镌刻的《建塔功德记》(图 14-2)。这些功德记虽然主题一致,但写作形式不一,有韵文,有散文,基本内容也差异很大,需要进行系统而全面的比较研究。但比较研究的前提却是对不同文字题记的条分缕析,因为只有明了各题记的内容,系统研究才会有坚实的基础。笔者在审视回鹘文《建塔功德记》时就发现,该题记有的内容不见于他种文字,有的虽可见到,但却有不少差异,都值得深入探讨。这里谨就题记第 16 偈中的内容进行考证。

图 14-1　嘉峪关过街塔云台遗址 ②

---

　　① 本文原题《居庸关回鹘文功德记 uday 考》,刊《民族语文》2003 年第 2 期,第 62—64 页。
　　② 〔日〕村田治郎. 居庸关: 第 2 卷 [M]. 京都: 京都大学工学部,1957: 图版 3。

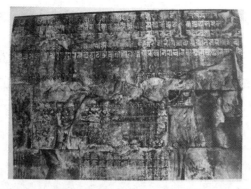

图 14-2　嘉峪关过街塔云台六体文字石刻 ①

居庸关题刻中的回鹘文内容就文字本身而言可分为大、小两种，大字用以刻写陀罗尼，小字则用以刻写押头韵的韵文体作品《建塔功德记》。其中后者自 19 世纪末被发现以来，即一直引起国际突厥—回鹘语学界的关注，许多著名学者都曾驻目于此，孜孜以求，从事研究，并各有创获。尤其是德国学者罗伯恩和土耳其学者塞尔特卡雅合力对该题刻进行了更为全面、彻底的研究，将其内容划分为 31 偈（不包括首题与尾跋）②。其中，西壁首偈以其长期未得正解而引起了笔者特别的关注。现以罗伯恩和塞尔特卡雅的刊本为据，将其原文移录如下（引用时对原文转写所采用的土耳其文转写模式略有更改）。

1. uday tägr［ä］ki bilgä atlïɣ uluɣ xan bolup
2. u［luš］(？) ……………………………
3.［ot］ɣurak säkiz on yašayur tep wiyakiritlïɣ
4. uš［n］ïrï biliglig uluɣ süüglüg säčän xanïm（ï）z

后二句保存完好，意思也非常明确，意为："我们福智双全的伟大的薛禅皇帝（Säčän Xan，即元世祖忽必烈，1215—1294 年在世）授记享寿八十整"。但内容已不完整的前二句的含义却一直没有得到令人满意的解释。

对文中出现的 uday 一词，刊布者罗伯恩和塞尔特卡雅给出了三种可能的解释。其一，借自梵语国名 udyāna；其二，借自汉语山名"五台"；其三，借自梵语山名 udaya。正如二者所言，由于这句偈语文意不明，故而他们采用了

① 〔日〕村田治郎.居庸关：第 2 卷 [M].京都：京都大学工学部，1957：图版 61。

② R HRBORN K，SERTKAYA O. Die altt ü rkische Inschrift am Tor–Stupa von Ch ü –yung–kuan[J]. Zeitschrift der Deutschen Morgenländischen Gesellschaft，1980（130）：304—339.

一种自认为较可信的说法，舍前二说而独采第三种解释，译作："udaya（山）周围有被称作'智慧'的大王的领地（或国家）。"

我们知道，Udaya-giri（乌达雅山）地处印度中部博帕尔（Bhapol）附近，在印度教历史上颇负盛名。笈多王朝时代，君主旃陀罗笈多二世（Chandra Gupta Ⅱ）曾于401—402年在这里修建了著名的毗湿奴（Viśnu）神像。然而在佛教历史上，该山却没有什么名气和影响，笔者愚陋，从未见此山在何种汉译佛典中出现过，而回鹘人对佛教的接受又主要通过汉译佛典，所以将回鹘文《建塔功德记》中的 uday 解释为 Udaya 山有点让人匪夷所思。

这里再看 udyāna 一词。该词本意为"花园"，作为地名，指代的是巴基斯坦北部斯瓦特（Swāt）河岸一带的乌长那国（《大唐西域求法高僧传》卷上）。汉文史籍又写作乌仗那国（《大唐西域记》卷3）、乌苌国（《新唐书》卷221）、乌长国（《法显传》）或乌伏那国（《新唐书》卷221）等。这里虽为佛教兴盛之地，但未闻该地与所谓的"智慧大王"有多少关联，况且，udyāna 的写法也与回鹘文 uday 相去较远，故不为学界所接受。

那么，uday 一词当做何解释呢？窃以为应将之与偈语中出现的"bilgä atlïɣ uluɣxan（被称作'智慧'的大王）"联系起来考虑。

何为"智慧大王"？在佛教万神殿中，最容易使人联想到的无疑是文殊菩萨。该菩萨是三世诸佛之母、释迦牟尼的九世祖师，是般若智慧的化身，号称"智慧第一"。《大日经》曰："此菩萨与普贤为一对，常侍释迦如来之左，而司智慧。"他顶结五髻，以表大日之五智；手持五剑，以表智慧之利剑；驾狮子以表智慧之威猛。佛教经典《大方广佛华严经·菩萨住处品》《佛说文殊师利法宝藏陀罗尼》等称印度东北方有"清凉山"，山有五顶，为文殊菩萨住处。而山西东北部的五台山由于"岁积坚冰，夏仍飞雪，曾无炎暑"[①]，故被称为"清凉山"，其地又恰处印度东北方，且兼有五顶，故而被中土僧徒附会为文殊菩萨的道场。五台山由是而得以名扬天下，形成了以五台山崇拜和文殊信仰结合为核心的独特的宗教文化现象，影响极大，流风广被西夏、辽朝，以至东方的日本、朝鲜等许多地区。

考虑到这些因素，我们便会很自然地将 uday 与五台山联系起来了。

将 uday 解释为汉语"五台"的音译是否合乎回鹘语语法规则呢？从语音学角度看，答案是肯定的。首先，在回鹘语中，d 和 t 是混用的，可以互代，尤有进者，t 在元音和浊辅音后常浊化为 d，如成吉思汗次子察哈台在酒泉发

---

① 〔宋〕释延一. 广清凉传: 卷上 [M]// 大正藏: 第51卷，No.2099，页 1104a.

现的回鹘文《重修文殊寺碑》第 5 行中就被拼写成 Caɣaday。① 其次，汉语"五"在回鹘语中音转作 u 也是有据可寻的。在回鹘语文献语言中，双唇浊擦音 w 一般只出现在词中和词尾，用于词首者甚为少见，即使偶有出现，也仅限于外来词。这里略举回鹘文文献中微母汉语借词以为例证：

遇摄虞韵："无"，回鹘语译音作 u；② "武"，回鹘语作 vu③；"戊"，回鹘语作 bu、buu 或 uu；④

止摄微韵："未""微"，回鹘语译音为 vi；"威"，回鹘语作 u；"畏"，回鹘语作 ui；⑤

宕摄阳韵："亡"，回鹘语译音为 ong；"王"，回鹘语作 wang 或 ong⑥；

臻摄文韵："闻"，回鹘语译音作 un；⑦ "文"，回鹘语作 yun⑧。

上述例证表明，汉语的 w 音在回鹘语中的音译写法很不固定，有 w、v、y、b 等多种写法，而且还时常被省略。由此可证，将 uday 释作"五台"在语法上是不存在任何障碍的。考虑到五台山是文殊菩萨显灵说法的道场，故偈语中的 uluš 相应地当译为"道场"，而非"领地"或"国家"。如是，这二句偈语则可译作："五台（山）一带是被称作'智慧'的大王（即文殊菩萨）的道场。"

文殊菩萨是深受回鹘佛教徒尊崇的，这在敦煌回鹘文写本 Or. 8212-121 中有所反映："bu altï yegirmi bodïsawat-lar alqu tüzü tüzün mančušïrï bodïsawat 这十六位菩萨皆尊文殊菩萨"⑨。密藏经典《文殊所说最胜名义经》之回鹘文木刻本残片在吐鲁番也多有发现，计达 40 件以上。其中，M14（U 4759）之题

① 耿世民, 张宝玺 . 元回鹘文〈重修文殊寺碑〉初释 [J]. 考古学报, 1986（3）: 257.（收入耿世民 . 新疆文史论集 [M]. 北京：中央民族大学出版社, 2001: 388.）

② 〔日〕庄垣内正弘 . ウイグル文字音写された汉语佛典断片について：ウイグル汉字音の研究 [J]. 言语学研究：第 14 号, 京都, 1995: 143.

③ Rachmati G R.Türkische Turfan-Texte VII[M]. Berlin,1934:353.

④ Rachmati G R.Türkische Turfan-Texte VII[M]. Berlin,1934:349.

⑤ 〔日〕庄垣内正弘 . ウイグル文字音写された汉语佛典断片について：ウイグル汉字音の研究 [J]. 言语学研究：第 14 号, 京都, 1995: 143.

⑥ Barat K. Two Identical Features in the Hexi Dialect[M]// 敦煌学与中国史研究论集：纪念孙修身先生逝世一周年 . 兰州：甘肃人民出版社, 2001: 340.

⑦ 〔日〕庄垣内正弘 . ウイグル文字音写された汉语佛典断片について：ウイグル汉字音の研究 [J]. 言语学研究：第 14 号, 京都, 1995: 147.

⑧ Rachmati G R. Türkische Turfan-Texte VII[M].Berlin,1934:353.

⑨ Hamilton J. Manuscrits Ouïgours du IXe-Xe Siècle de Touen-Houang I[M].Paris,1986:23; 杨富学, 牛汝极 . 沙州回鹘及其文献 [M]. 兰州：甘肃文化出版社, 1995: 130.

记称：

arïš arïɣ bo nama sangit nom ärdini：ačari kši karunadaz sidu üzä aqdarïlmïš-ï：adïnčïɣ mungadïnčïɣ taydu-taqï aq stup-luɣ uluɣvxar-ta：adruq šim šipqan-lïɣ bars yïl yitinč ay-ta：alqu-sï barča ala-sïzïn tüzü yapa：adaq-ïnga tägi uz yarašï ädgüti bütürüldi :: sadu sadu：

神圣的法宝《文殊所说最胜名义经》由司徒迦鲁纳答思（Karunadaz）总监翻译，在大都大白塔寺内于十干的壬虎年七月将其全部译出，未加任何删节，工作进行得完满细致。善哉！善哉！①

内容虽不多，但明白无误地诠释了回鹘佛教徒对文殊菩萨及相关经典的景仰之状。《文殊所说最胜名义经》在元代由释智重译，题曰《圣妙吉祥真实名经》，回鹘人又依该新汉译本对其做了注音。有关写本在吐鲁番也多有发现，现知的残片已达9件。其中8件庋藏于圣彼得堡，1件存柏林。② 这些回鹘文汉语注音本的发现，一方面说明当时回鹘佛教界存在着用汉语诵经的情况，同时也体现了回鹘人对该经的偏爱，因为在为数众多的回鹘文佛经写、刻本中，汉语注音本毕竟是相当稀见的。

同时，《文殊师利成就法》也被译成回鹘文得到传播，其遗存在吐鲁番一带也有出土，从文末题跋看，它是由一位名叫括鲁迪·桑伽失里（Qoludï Sanggäširï）的回鹘佛教徒由吐蕃语译成回鹘文的。值得注意的是，汉文史料也反映出回鹘僧侣对五台山的崇拜：

（景德四年）十月，甘州夜落纥遣尼法仙等二人来朝，献马十匹，且乞游代州五台山，从之。③

同样的记载又见于《宋史·回鹘传》。元代回鹘女喇嘛舍蓝蓝（1269—1332）还曾在五台山修建寺宇。据载：

---

① ZIEME P. Zur buddhistischen Stabreimdichtung der alten Uiguren[J].Acta Orientalia Academiae Scientiarum Hungaricae，1975（2）：187—211.

② 杨富学. 回鹘之佛教 [M]. 乌鲁木齐：新疆人民出版社，1998：125—127.

③〔清〕徐松辑. 宋会要辑稿·番夷四之三 [M]. 北京：中华书局影印本，1957：7715.

舍蓝蓝，高昌人……仁宗（1312—1320 年在位）之世，师以桑榆晚景，自谓出入宫掖数十余年，凡历四朝事三后，宠荣兼至，志愿足矣，数请静退居于宫外，求至道以酬罔极。太后弗听，力辞弗已，诏居妙善寺，以时入见，赐予之物不可胜纪。师以其物并寺于京师，曰妙善。又建寺于台山，曰普明，各置佛经一藏，恒业有差。①

舍蓝蓝所建普明寺何在？今已无从考究。但该寺所在的台山，当系五台山之省称。五台山距京师不远，在元代又是藏传佛教的兴盛之地，元代九帝一主，就有七帝曾做佛事于五台山。作为中宫女喇嘛，舍蓝蓝于此建庙自为情理中事。而史书的记载也证实了这一推想，如元好问《台山杂咏十六首》有言"好个台山真面目"之语。②明穆宗于隆庆三年（1569）撰《重修圆照寺碑记》，文称："自□□师法王张兼管台山提督□□公、高僧天玺，同协阜平县长者孙儒、弟孙孜昆，携金币躬诣台山凤林院，天大师修建。"③"台山提督"一职的设立，更是确证。在藏传佛教信徒的心目中，能去西藏熬茶礼佛，去塔尔寺、五台山朝圣为终生荣幸，即使倾家荡产也在所不惜。看来，这种习俗在回鹘中亦应是存在的。

通过上面的论述可以看出，不管是汉文还是回鹘文文献，都真实地反映了五台山崇拜及文殊菩萨信仰影响的深入与广泛，有力地支持了笔者把 uday 视作五台山的比定。

---

① 〔元〕念常 . 佛祖历代通载：卷 22[M]// 大正藏：第 49 卷，No.2036，页 734c.

② 周祝英 . 五台山诗文撷英 [M]. 太原：山西人民出版社，2000：12.

③ 周祝英 . 五台山诗文撷英 [M]. 太原：山西人民出版社，2000：155.

参考文献

一、古籍

[1] 巴林左旗志编委会. 巴林左旗志 [M]. 巴林左旗志编委会，1985.

[2]〔东晋〕失译. 般泥洹经 [M]// 大正藏：第 1 卷，No.6.

[3]〔唐〕李百药. 北齐书 [M]. 北京：中华书局，1972.

[4]〔唐〕李延寿. 北史 [M]. 北京：中华书局，1974.

[5]〔北宋〕王钦若，等. 册府元龟 [M]. 北京：中华书局，1960.

[6]〔唐〕陈子昂. 陈子昂集 [M]. 徐鹏，点校. 上海：中华书局上海编辑所，1960.

[7]〔北凉〕昙无谶译. 大般涅槃经 [M]// 大正藏：第 12 卷，No.374.

[8]〔东晋〕法显译. 大般涅槃经 [M]// 大正藏：第 1 卷，No.7.

[9]〔唐〕慧立，彦悰. 大慈恩寺三藏法师传 [M]. 孙毓棠，谢方，点校. 北京：中华书局，1983.

[10]〔宋〕赞宁. 大宋僧史略 [M]// 大正藏：第 54 卷，No.2126.

[11]〔唐〕玄奘，辩机. 大唐西域记校注 [M]. 季羡林，等，校注. 北京：中华书局，1985.

[12]〔清〕顾祖禹. 读史方舆纪要 [M]. 贺次君，施和金，点校. 北京：中华书局，2005.

[13]〔东晋〕释法显. 法显传校注 [M]. 章巽，校注. 北京：中华书局，2008.

[14]〔唐〕佛陀波利译. 佛顶尊胜陀罗尼经 [M]// 大正藏：第 19 卷，No.967.

[15]〔东晋〕法显译. 佛说大般泥洹经 [M]// 大正藏：第 12 卷，No.376.

[16]〔北凉〕法盛译. 佛说菩萨投身饴饿虎起塔因缘经 [M]// 大正藏：第 3

卷，No.172.

[17]〔元〕念常撰.佛祖历代通载[M]//大正藏：第49卷，No.2036.

[18]〔梁〕释慧皎.高僧传[M].汤用彤，校注.北京：中华书局，1992.

[19]〔宋〕邓名世.古今姓氏书辩证[M].王力，平校.南昌：江西人民出版社，2006.

[20]〔宋〕释延一.广清凉传[M]//大正藏：第51卷，No.2099.

[21]〔清〕徐松，辑.高敏，点校.河南志[M].北京：中华书局，1994.

[22]〔宋〕彭大雅.黑鞑事略笺证[M].王国维，笺证.北平：文殿阁书庄印行，1936.

[23]〔宋〕王明清.挥麈录[M].上海：上海书店出版社，2001.

[24]〔唐〕韦述.校正两京新记[M].陈子怡，校正.西安：西京筹备委员会，1936.

[25]〔北凉〕昙无谶译.金光明经[M]//大正藏：第16卷，No.663.

[26]〔清〕叶奕苞.金石录补[M].上海：商务印书馆，1936.

[27]〔后晋〕刘昫，等.旧唐书[M].北京：中华书局，1975.

[28]〔唐〕李德裕.李德裕文集校笺[M].傅璇琮，周建国，校笺.石家庄：河北教育出版社，2000.

[29]〔元〕脱脱，等.辽史[M].北京：中华书局，1974.

[30]〔清〕缪荃孙，辑.辽文存[M].长春：吉林人民出版社，1998.

[31]〔清〕屠寄.蒙兀儿史记[M].北京：中国书店，1984.

[32]〔元〕姚燧.牧庵集[M].四部丛刊初编本.

[33]河南省文物研究所,河南省洛阳地区文管处.千唐志斋藏志[M].北京：文物出版社，1984.

[34]阎凤梧.全辽金文[M].太原：山西古籍出版社，2002.

[35]陈述，辑校.全辽文[M].北京：中华书局，1982.

[36]〔清〕严可均,校辑.全上古三代秦汉三国六朝文[M].北京：中华书局，1958.

[37]〔清〕彭定.全唐诗[M].北京：中华书局，1960.

[38]〔清〕董诰.全唐文[M].北京：中华书局，1983.

[39]〔清〕董诰.全唐文[M].上海：上海古籍出版社，1990.

[40]〔西晋〕陈寿.三国志[M].〔宋〕裴松之注,北京：中华书局，1959.

[41]〔元〕王利用.山右石刻丛编[M].光绪辛丑年刊本.

[42]〔波斯〕拉施特.史集：第1—3卷[M].余大钧，周建奇，译.北京：

商务印书馆，1983—1986.

[43]〔汉〕司马迁.史记[M].北京：中华书局，1982.

[44]〔清〕何秋涛.朔方备乘[M]// 中国西北文献丛书：第 94 册.兰州：古籍书店，1990.

[45]〔清〕徐松辑.宋会要辑稿[M].北京：中华书局，1957.

[46]〔元〕脱脱，等.宋史[M].北京：中华书局，1977.

[47]〔唐〕魏征，令孤德芬纂.隋书[M].北京：中华书局，1973.

[48] 陈长安.隋唐五代墓志汇编（洛阳卷）[M].天津：天津古籍出版社，1991.

[49] 陈长安.隋唐五代墓志汇编（山西卷）[M].天津：天津古籍出版社，1991.

[50] 王仁波.隋唐五代墓志汇编（陕西卷）[M].天津：天津古籍出版社，1991.

[51]〔宋〕宋敏求.唐大诏令集[M].洪丕谟，等，点校.北京：中华书局，2008.

[52]〔唐〕李肇.唐国史补[M].上海：上海古籍出版社，1979.

[53]〔宋〕王溥.唐会要[M].北京：中华书局，1955.

[54]〔唐〕李林甫，等.唐六典[M].陈仲夫，校.北京：中华书局，1992.

[55]〔唐〕杜佑.通典[M].王文锦，王永兴，刘俊文，等，点校.北京：中华书局，1988.

[56]〔北齐〕魏收.魏书[M].北京：中华书局，1974.

[57]〔宋〕李昉，等.文苑英华[M].北京：中华书局，1966.

[58] 钟兴麒，王豪，韩慧.西域图志校注[M].乌鲁木齐：新疆人民出版社，2002.

[59]〔北魏〕释慧觉译.贤愚经[M]// 大正藏：第 4 卷，No.202.

[60]〔清〕赵绍祖.新旧唐书互证[M].上海：商务印书馆，1936.

[61]〔宋〕欧阳修，宋祁.新唐书[M].北京：中华书局，1975.

[62]〔唐〕杨炯.杨炯集笺注[M].祝尚书，笺注.北京：中华书局，2016.

[63]〔元〕苏天爵，辑撰.姚景安，点校.元朝名臣事略[M].北京：中华书局，1996.

[64]〔唐〕李吉甫.元和郡县图志[M].贺次君，点校.北京：中华书局，1983.

[65]〔唐〕林宝.元和姓纂[M].岑仲勉，校.郁贤皓，陶敏，整理.北京：

中华书局，1994.

[66]〔明〕宋濂.元史 [M].北京：中华书局，1976.

[67]〔清〕钱大昕.元史氏族表 [M].上海：上海古籍出版社，1995.

[68]〔元〕苏天爵.元文类 [M].北京：商务印书馆，1968.

[69]〔唐〕段安节.乐府杂录 [M].罗济平，点校.沈阳：辽宁教育出版社，1998.

[70]〔元〕耶律楚材.湛然居士文集 [M].北京：中华书局，1986.

[71]〔后秦〕佛陀耶舍共竺佛念译.长阿含经 [M]// 大正藏：第 1 卷，No.1.

[72]〔宋〕宋敏求.长安志 [M].辛德勇，郎洁，点校.西安：三秦出版社，2013.

[73]〔元〕李好文.长安志图 [M].辛德勇，郎洁，点校.西安：三秦出版社，2013.

[74]〔唐〕吴兢.贞观政要 [M].上海：上海古籍出版社，1978.

[75]〔唐〕令孤德芬.周书 [M].北京：中华书局，1971.

[76]〔宋〕司马光.资治通鉴 [M].北京：中华书局，1956.

二、研究著作（包括专著、论文、图录、文集、资料汇编）

[1] 艾冲.唐代河西地区都督府建制的兴废 [J].敦煌研究，2003（3）.

[2] 艾冲.唐太宗朝突厥族官员阿史那思摩生平初探：以李思摩墓志铭为中心 [J].陕西师范大学继续教育学报，2006（2）.

[3] 艾克拜尔·米吉提.木华黎归附铁木真年代考 [J].伊犁师范学院学报，2007（2）.

[4] 敖特根.《莫高窟六字真言碣》研究 [J].敦煌研究，2005（6）.

[5] 巴图宝力道，奥特功.突厥、回鹘文献中的"娑匐 Säbig"一词的考释 [J].草原文物，2015（2）.

[6] 白化文.僧人姓"释" [J].文史知识，1998（2）.

[7] 白玉冬.回鹘王子葛啜墓志鲁尼文志文再释读 [M]// 蒙中国蒙古史学会.古史研究：第 11 辑.北京：科学出版社，2013.

[8] 包文胜.铁勒历史研究：以唐代漠北十五部为主 [D].呼和浩特：内蒙古大学，2008.

[9] 包文胜.薛延陀部名称与起源考 [J].内蒙古大学学报，2010（4）.

[10] 北京图书馆金石组.北京图书馆藏中国历代石刻拓本汇编 [M].郑州：

中州古籍出版社，1989—1991.

[11] 蔡鸿生. 论突厥事火 [M]// 中国中亚文化研究协会. 中亚学刊：第 1 辑，北京：中华书局，1983.

[12] 蔡鸿生. 唐代九姓胡与突厥文化 [M]. 北京：中华书局，1998.

[13] 蔡美彪. 辽金元史考索 [M]. 北京：中华书局，2012.

[14] 蔡美彪. 脱列哥那后史事考辨 [M]// 中国蒙古史学会. 蒙古史研究：第 3 辑，呼和浩特：内蒙古大学出版社，1989.

[15] 岑仲勉. 突厥集史 [M]. 北京：中华书局，1958.

[16] 长安博物馆. 长安新出墓志 [M]. 北京：文物出版社，2011.

[17] 朝阳北塔考古勘察队. 辽宁朝阳北塔天宫地宫清理简报 [J]. 文物，1992（7）.

[18] 陈得芝. 蒙元史读书札记（二则）[J]. 南京大学学报，1991（2）.

[19] 陈得芝. 蒙元史研究丛稿 [M]. 北京：人民出版社，2005.

[20] 陈高华. 元代的哈剌鲁人 [J]. 西北民族研究，1988（1）.

[21] 陈高华.《述善集》两篇碑传所见元代探马赤军户 [C]// 北京师范大学编委会. 庆祝何兹全先生九十岁论文集. 北京：北京师范大学出版社，2001.

[22] 陈根远. 唐《契苾通墓志》及相关问题 [M]// 西安碑林博物馆. 碑林集刊：第 6 辑. 西安：陕西人民美术出版社，2000.

[23] 陈国灿. 唐乾陵石人像及其衔名的研究 [M]// 文物编辑委员会. 文物集刊：第 2 集. 北京：文物出版社，1980.

[24] 陈国灿. 武周瓜、沙地区的吐谷浑归朝事迹：对吐鲁番墓葬新出敦煌军事文书的探讨 [C].// 敦煌文物究所.1983 年全国敦煌学术讨论会文集（文史·遗书编上）. 兰州：甘肃人民出版社，1987.

[25] 陈国灿.《唐李慈艺告身》及其补阙 [J]. 西域研究，2003（2）.

[26] 陈进国、林鋆. 明教的新发现：福建霞浦县摩尼教史迹辨析 [M]// 李少文，雷子人. 不止于艺：中央美院"艺文课堂"名家讲演录. 北京：北京大学出版社，2010.

[27] 陈良伟. 丝绸之路河南道 [M]. 北京：中国社会科学出版社，2002.

[28] 陈凌. 突厥毗伽可汗宝藏及相关问题 [M]// 余太山，李锦绣. 欧亚学刊：第 7 辑. 北京：中华书局，2007.

[29] 陈垣. 陈垣学术论文集：第 1 集 [C]. 北京：中华书局，1980.

[30] 陈垣. 摩尼教入中国考 [J]. 国学季刊，1923，1（2）.

[31] 陈长城. 莆田涵江发现摩尼教碑刻 [J]. 海交史研究，1988（2）.

[32] 成吉思 .《葛啜墓志》突厥文铭文的解读 [M]// 荣新江 . 唐研究：第 19 卷，北京：北京大学出版社，2013.

[33] 程存洁 . 唐代城市史研究初篇 [M]. 北京：中华书局，2002.

[34]〔日〕池田温著 . 辛德勇译 . 八世纪中叶敦煌的粟特人聚落 [M]// 刘俊文，日本学者研究中国史论著选译：第 9 卷 民族交通卷 . 北京：中华书局，1993.

[35] 戴良佐 . 西域碑铭录 [M]. 乌鲁木齐：新疆人民出版社，2013.

[36] 道润梯步 . 新译简注蒙古秘史 [M]. 呼和浩特：内蒙古人民出版社，1979.

[37]〔清〕丁谦 . 新唐书回纥等国传地理考证 [M]// 蓬莱轩地理学丛书：第 2 册 . 北京：北京图书馆出版社，2008.

[38] 丁伟高，张春雷，张永正，等 .《大元故周侯神道之碑》小考 [J]. 文物世界，2008（1）.

[39] 丁西林、哈彦成 . 唐皋兰州都督浑公夫人墓志铭考略 [J]. 文物世界，2011（1）.

[40] 董春林 . 唐代契苾家族研究 [D]. 湘潭：湘潭大学，2008.

[41] 段连勤 . 丁零、高车与铁勒 [M]. 上海：上海人民出版社，1988.

[42] 段连勤 . 隋唐时期的薛延陀 [M]. 西安：三秦出版社，1988.

[43] 段志凌，吕永前 . 唐《拓拔驮布墓志》：党项拓跋氏源于鲜卑新证 [J]. 中国国家博物馆馆刊，2018（1）.

[44] 敦煌文物研究所 . 中国石窟：敦煌莫高窟（一—二）[M]. 北京：文物出版社，1981.

[45] 敦煌研究院，甘肃省博物馆 . 武威天梯山石窟 [M]. 北京：文物出版社，2000.

[46]〔瑞典〕多桑 . 多桑蒙古史 [M]. 冯承钧，译 . 上海：上海书店出版社，2001.

[47] 俄军 . 甘肃省博物馆文物精品图集 [M]. 西安：三秦出版社，2006.

[48] 俄军 . 庄严妙相：甘肃佛教艺术展 [M]. 西安：三秦出版社，2011.

[49] 俄玉楠 . 甘肃省博物馆藏卜氏石塔图像调查研究 [J]. 敦煌学辑刊，2011（4）.

[50] 俄玉楠，杨富学 . 秦安西魏石塔诠索 [J]. 新疆师范大学学报，2014（1）.

[51] 额尔登泰，乌云达赉 . 蒙古秘史 [M]. 校勘本 . 呼和浩特：内蒙古人民出版社，1980.

[52] 范晓东.新出《唐李礼墓志》释略[J].档案，2017（1）:50—53.

[53] 甘肃省文物考古研究所，等.甘肃合水唐魏哲墓发掘简报[J].考古与文物，2012（4）.

[54] 高永久.关于葛逻禄与回鹘的关系问题[J].西北民族研究，1994（2）.

[55] 盖金伟.论北庭大都护阿史那献与郭虔瓘之争：以唐代西域军政管理模式为中心[J].昌吉学院学报，2008（5）.

[56] 盖金伟."献俘礼"与"北庭大捷"质疑[J].西域研究，2010（1）.

[57] 葛承雍.唐代长安一个粟特家庭的景教信仰[J].历史研究，2001（3）.

[58] 葛承雍.西安出土西突厥三姓葛逻禄炽俟弘福墓志释证[M]//荣新江，李孝聪.中外关系史：新史料与新问题[M].北京：科学出版社，2004.

[59] 葛承雍.唐两京摩尼教寺院探察[M]//饶宗颐.华学：第8辑，北京：紫禁城出版社，2006.

[60] 葛承雍.唐韵胡音与外来文明[M].北京：中华书局，2006.

[61]〔德〕格伦威德尔.新疆古佛寺[M].赵崇明，巫新华，译.北京：中国人民大学出版社，2007.

[62] 耿世民.古代突厥文碑铭研究[M].北京：中央民族大学出版社，2005.

[63] 耿世民.新疆文史论集[M].北京：中央民族大学出版社，2001.

[64] 耿世民，张宝玺.元回鹘文《重修文殊寺碑》初释[J].考古学报，1986（3）.

[65]〔日〕宫治昭.犍陀罗美术寻踪[M].李萍，译.北京：人民美术出版社，2007.

[66] 郭锋.晋唐士族的郡望与士族等级判定标准[M]//郭锋.唐史与敦煌文献论稿.北京：中国社会科学出版社，2002.

[67] 郭平梁.阿史那忠在西域[M]//新疆历史论文续集.乌鲁木齐：新疆人民出版社，1982.

[68] 郭声波.中国行政区划通史：唐代卷[M].上海：复旦大学出版社，2012.

[69] 国家图书馆金石组.中国历代石刻史料汇编[M].北京：北京图书馆出版社，2000.

[70] 哈彦成.唐契苾浑公夫人墓志考析[J].中国历史文物，2005（6）.

[71] 韩儒林.穹庐集：元史及西北民族史研究[M].上海：上海人民出版社，1982.

[72] 韩荫晟.党项与西夏资料汇编[M].银川：宁夏人民出版社，2012.

[73] 杭侃.延兴二年交脚弥勒像献疑 [M]// 中山大学艺术史研究中心.艺术史研究:第 8 辑.广州,中山大学出版社,2006.

[74] 河南省文物研究所,河南省洛阳地区文管处.千唐志斋藏志 [M].北京:文物出版社,1984.

[75] 侯灿,吴美琳.吐鲁番出土砖志集注 [M].成都:巴蜀书社,2003.

[76] 胡戟,荣新江.大唐西市博物馆藏墓志 [M].北京:北京大学出版社,2012.

[77] 胡蓉,杨富学.长安出土《统毗伽可贺敦延陁墓志》考释 [J].青海民族研究,2017(1).

[78] 黄盛璋.炽俟考:Chigil 的族名对音、分布地域及其和喀喇汗朝的关系 [J].新疆社会科学,1990(5)94.

[79] 黄文弼.吐鲁番考古记 [M].北京:科学出版社,1954.

[80] 慧超.往五天竺国传笺释 [M].张毅,笺释.北京:中华书局,2000.

[81] 霍旭初.丹青斑驳照千秋:克孜尔石窟壁画艺术揽胜 [M]// 周龙勤.中国新疆壁画艺术:克孜尔石窟(一).乌鲁木齐:新疆美术摄影出版社,2009.

[82] 季羡林.关于巴利文《佛本生故事》[M]// 郭良鋆.佛本生故事选.北京:人民文学出版社,2001.

[83] 蒋其祥,周锡娟.九至十三世纪初突厥各部的分布与变迁 [J].新疆社会科学,1983.

[84] 金申.海外及港台藏历代佛像珍品纪年图鉴 [M].太原:山西人民出版社,2007.

[85] 金维诺.中国寺观雕塑集:早期寺观造像 [M].尔滨:黑龙江美术出版社,2002.

[86] 赖鹏举.敦煌石窟造像思想研究 [M].北京:文物出版社,2009.

[87] 赖瑞和.唐代中层文官 [M].台北:联经出版事业股份有限公司,2008.

[88] 劳政武.佛教戒律学 [M].北京:宗教文化出版社,2001.

[89] 李范文.李范文西夏学论文集 [C].北京:中国社会科学出版社,2012.

[90] 李鸿宾.论唐代宫廷内外的胡人侍卫:从何文哲墓志谈起 [M]// 隋唐五代诸问题研究.北京:中央民族大学出版社,2006.

[91] 李鸿宾.仆固怀恩充任朔方节度使及其反唐诸问题:兼论肃代之际朔方军变化及唐廷对策 [M]// 陈梧桐.民大史学:第 1 辑.北京:中央民族大学出版社,1996.

[92] 李俊义,庞昊.辽上京松山州刘氏家族墓地经幢残文考释 [J].北方文

物，2010（3）.

[93] 李树辉.葛逻禄新论 [M]// 新疆龟兹学会.龟兹学研究：第 1 辑.乌鲁木齐：新疆大学出版社，2006.

[94] 李希泌.曲石精庐藏唐墓志 [M].济南：齐鲁书社，1986.

[95] 李肖.新疆吐鲁番地区巴达木墓地发掘简报 [J].考古，2006（12）.

[96] 李学良.巴林左旗发现两处辽代墓幢 [M]// 辽宁省辽金契丹女真史研究会.辽金历史与考古：第 3 辑.辽宁教育出版社，2011.

[97] 李逸友.内蒙古巴林左旗前后昭庙的辽代石窟 [J].文物，1961（9）.

[98] 李永.洛阳新出唐李孟德墓志研究 [M]// 苗长虹.黄河文明与可持续发展：第 6 辑，河南大学出版社，2013.

[99] 李治安.元代分封制度研究 [M].北京：中华书局，2007.

[100] 李宗俊.唐回鹘葛啜王子墓志反映的几个问题 [M]// 杜文玉.唐史论丛：第 17 辑.西安：陕西师范大学出版社，2014.

[101] 辽宁省文物考古研究所，朝阳市北塔博物馆.朝阳北塔：考古发掘与维修工程报告 [M].北京：文物出版社，2007.

[102] 林悟殊.福建明教十六字偈考释 [J].文史，2004（1）.

[103] 林悟殊.火祆教在唐代中国社会地位之考察 [M]// 蔡鸿生.澳门史与中西交通研究：戴裔煊教授九十华诞纪念文集.广州：广东高等教育出版社，1998.

[104] 林悟殊.摩尼教及其东渐 [M].北京：中华书局，1987.

[105] 林悟殊.中古三夷教辨证 [M].北京：中华书局，2005.

[106] 刘安志.伊西与北庭：唐先天、开元年间西域边防体制考论 [M].// 武汉大学中国三至九世纪研究所.魏晋南北朝隋唐史资料：第 26 辑 [M].武汉：武汉大学文科学报编辑部，2010.

[107] 刘进宝.关于吐蕃统治经营河西地区的若干问题 [J].中国边疆史地研究，1994（1）.

[108] 刘精义，齐心.辽应历五年石幢题记初探 [J].北方文物，1985（4）.

[109] 刘美崧.回纥更名回鹘考 [J].江西师范学院学报，1980（1）.

[110] 刘美崧.两唐书回纥传回鹘传疏证 [M].北京：中央民族学院出版社，1988.

[111] 刘淑芬.《佛顶尊胜陀罗尼经》与唐代尊胜幢的建立：经幢研究之一 [M]// 中央研究院历史语言研究所.中央研究院历史语言研究所集刊：第六十七本第一分.广州：中央研究院历史语言研究所，1996.

[112] 刘淑芬.经幢的形制、性质和来源:经幢研究之二 [M]// 中央研究院历史语言研究所.中央研究院历史语言研究所集刊:第六十八本第三分.广州:中央研究院历史语言研究所.1997.

[113] 刘淑芬.灭罪与度亡:佛顶尊胜陀罗尼经幢之研究 [M]. 上海:上海古籍出版社,2008.

[114] 刘统.唐代羁縻府州研究 [M].西安:西北大学出版社,1998.

[115] 刘晓.耶律铸夫妇墓志札记 [M]//纪宗安,汤开建.暨南史学:第 3 辑,广州:暨南大学出版社,2004.

[116] 刘志华.新见《李礼墓志》所载的唐蕃肃州之战 [J].档案,2017(3).

[117] 路虹,杨富学.宁夏青铜峡出土《浑公夫人墓志铭》新探 [J].宁夏社会科学,2017(3).

[118] 罗福苌.沙州文录・附录 上虞罗氏甲子仲冬编印本 [M]// 罗振玉.罗雪堂先生全集:第四编第 12 册.台北:大通书局,1972.

[119] 罗新.中古北族名号研究 [M].北京:北京大学出版社,2009.

[120] 罗庸.陈子昂年谱 [M]//〔唐〕陈子昂.陈子昂集.徐鹏,点校.上海:中华书局上海编辑所,1960.

[121] 罗炤.洛阳新出土《大秦景教宣元至本经及幢记》石幢的几个问题 [J].文物,2007(6).

[122] 吕建中,胡戟.大唐西市博物馆藏墓志研究续一 [M].西安:陕西师范大学出版总社有限公司,2013.

[123] 吕卓民.高阳原的地望与相关问题 [J].中国历史地理论丛,1993(1).

[124] 马晓娟.葛逻禄研究综述 [J].西域研究,2013(2).

[125] 马长寿.突厥人和突厥汗国 [M].上海:上海人民出版社,1957.

[126] 毛汉光撰.唐代墓志铭汇编附考 [M].台北:中央研究院历史语言研究所,1984—1994.

[127] 梅宁华.北京辽金史迹图志 [M].北京:北京燕山出版社,2004.

[128] 宁夏文物考古所,青铜峡市文管所.青铜峡市邵岗唐墓发掘简报 [M]//许成.宁夏考古文集.银川:宁夏人民出版社,1994.

[129] 牛敬飞.论汉魏南北朝洮西地区之开拓 [J].中国历史地理论丛,2017(3).

[130] 齐心,刘精义.北京市房山县北郑村辽塔清理记 [J].考古,1980(2).

[131]〔日〕前田正名.河西历史地理学研究 [M].陈俊谋,译.北京:中国藏学出版社,1993.

[132] 邱瑞中.耶律铸论传 [M]// 王叔磐，旭江.北方民族文化遗产研究.呼和浩特：内蒙古大学出版社，1991.

[133] 荣新江.唐代河西地区铁勒部落的入居及其消亡 [M]// 费孝通.中华民族研究新探索.北京：中国社会科学出版社，1991.

[134] 荣新江.新出吐鲁番文书所见唐龙朔年间哥逻禄部落破散问题 [M]//沈卫荣.西域历史语言研究集刊：第 1 辑.北京：科学出版社，2007.

[135] 荣新江.何谓胡人：隋唐时期胡人族属的自认与他认 [M]// 樊英峰.乾陵文化研究：第 4 辑.西安：三秦出版社，2008.

[136] 荣新江，李肖，孟宪实.新获吐鲁番出土文献 [M]. 北京：中华书局，2008.

[137] 芮跋辞，吴国圣.西安新发现唐代葛啜王子古突厥鲁尼文墓志之解读研究 [M]// 荣新江.唐研究：第 19 卷，北京：北京大学出版社，2013.

[138] 芮传明.古突厥碑铭研究 [M].上海：上海古籍出版社，1998.

[139] 芮传明.东方摩尼教研究 [M].上海：上海人民出版社，2009.

[140]〔日〕桑原骘藏.隋唐时代西域人华化考 [M]. 何健民，编译.台北：新文丰出版公司，1979.

[141] 赛青白力格.蒙古语"那可儿"词义的演变 [J].青海民族大学学报，2010（1）.

[142]〔日〕森安孝夫.回鹘语 čxšapt ay 和摩尼教在中国东南的传播 [M]//俄军，杨富学.回鹘学译文集新编.兰州：甘肃教育出版社，2015.

[143]〔法〕沙畹.西突厥史料 [M].冯承钧，译.北京：中华书局，1958.

[144] 陕西省文物管理委员会，礼泉县昭陵文管所.唐阿史那忠墓发掘简报 [J].考古，1977（2）.

[145] 上海古籍出版社，法国国家图书馆.法藏敦煌西域文献：第 25 册 [M].上海：上海古籍出版社，2002.

[146] 沈卫荣.关于木华黎家族世系 [M]// 南京大学历史系元史研究室.元史及北方民族史研究集刊：第 8 期.南京：南京大学历史系元史研究室，1984.

[147] 师小群，王建荣.西安出土回纥琼、李忠义墓志 [J].文博，1990（1）.

[148] 史卫民.元代军事史 [M]// 罗琨，张永山.中国军事通史：第 14 卷.北京：军事科学出版社，1998.

[149]〔日〕石松日奈子.北魏佛教造像史研究 [M].筱原典生，译.北京：文物出版社，2012.

[150] 宋卿.唐代营州都督略论 [M]// 杜文玉.唐史论丛：第 22 辑，西安：三

秦出版社，2016.

[151] 宋肃瀛.回纥改名"回鹘"的史籍与事实考[J].民族研究,1995（6）.

[152] 苏晋仁.蕃唐噶尔（论氏）世家[J].中国藏学，1991（4）.

[153] 苏忠深.浑公夫人墓志铭与隋唐时期的契苾族[J].宁夏史志研究,2001（2）.

[154] 孙继民,李伦,马小青.新出唐米文辩墓志铭试释[J].文物,2004(2).

[155] 孙进己,冯永谦,等.东北历史地理[M].哈尔滨:黑龙江人民出版社,1989.

[156] 孙猛.北京出土耶律铸墓志及其世系、家族成员考略[J].中国国家博物馆馆刊，2012（3）.

[157] 孙学瑞.辽朔州李氏墓地经幢[M]// 张畅耕.辽金史论集:第6辑.北京:社会科学文献出版社,2001.

[158] 谭其骧.中国历史地图集[M].上海:中国地图出版社，1982.

[159] 汤开建.关于党项拓跋氏族源的几个问题[M]// 党项西夏史探微.北京:商务印书馆,2013.

[160] 汤开建.关于西夏拓跋氏族源的几个问题[J].中国史研究,1986(4).

[161] 唐彩兰.辽上京文物撷英[M].北京:东方出版社，2005.

[162] 唐耕耦,陆宏基.敦煌社会经济文献真迹释录:第1辑[M].北京:北京图书馆出版社,1986.

[163] 唐嘉弘.关于西夏拓跋氏的族属问题[J].四川大学学报（社科版）,1955（2）.

[164] 唐长孺.南北朝期间西域与南朝的陆道交通[M]// 魏晋南北朝史论拾遗.北京:中华书局,1983.

[165] 天水麦积山石窟艺术研究所.中国石窟:天水麦积山[M].北京:文物出版社,1998.

[166] 王富春.唐党项族首领拓跋守寂墓志考释[J].考古与文物,2004(3).

[167] 王国维.观堂集林[M].北京:中华书局，1959.

[168] 王国维.王国维遗书[M].上海:上海古籍书店，1983.

[169] 王怀中.唐代安东都护府考略[J].禹贡，1937，6（3/4）.

[170] 王景荃.河南佛教石刻造像[M].郑州:大象出版社，2008.

[171]〔美〕王静芬.中国石碑:一种象征形式在佛教传入之前和之后的运用[M].毛秋瑾,译.北京:商务出版社,2011.

[172] 王静如.突厥文回纥英武威远毗伽可汗碑译释[J].辅仁学志,1938,

7（1/2）.

[173] 王珂 . 初唐士人乔知之家世生平考辨 [J]. 江汉大学学报，2010（2）.

[174] 王璞 . 从经幢记看辽代的密教信仰 [M]// 怡学 . 辽金佛教研究 . 北京：金城出版社，2012.

[175] 王其英 . 武威金石录 [M]. 兰州：兰州大学出版社，2001.

[176] 王庆昱，杨富学 . 洛阳新见唐葛逻禄炽俟思敬墓志研究 [J]. 文献，2019（2）.

[177] 王小甫 . 盛唐与吐蕃在西域的较量（720—755）[J]. 新疆大学学报（哲社版），1992（4）.

[178] 王小甫 . 唐、吐蕃、大食政治关系史 [M]. 北京：北京大学出版社，1992.

[179] 王小甫 . 炽俟为 Chigil 考 [M]// 袁行霈 . 国学研究：第 29 卷 . 北京：北京大学出版社，2012.

[180] 王晓谋，李朝阳 . 唐代契苾尚宾墓志考释 [J]. 文博，2002（1）.

[181] 王晓欣 . 合失身份及相关问题再考 [M]// 李治安 . 元史论丛：第 10 辑，北京：中国广播电视出版社，2005.

[182] 王謏 . 阿波可汗是西突厥汗国的创始者：兼论突厥汗国的分裂与西突厥汗国的形成 [J]. 历史研究，1982（2）.

[183] 王尧、陈践译注 . 敦煌本吐蕃历史文书（增订本）[M]. 北京：民族出版社，1992.

[184] 王忠 . 新唐书吐蕃传笺证 [M]. 北京：科学出版社，1958.

[185] 王重民，等 . 敦煌变文集 [M]. 北京：人民文学出版社，1984.

[186] 魏国忠，朱国忱，郝庆云 . 渤海国史 [M]. 北京：中国社会科学出版社，2006.

[187] 文静，魏文斌 . 甘肃馆藏佛教造像调查与研究（之一）[J]. 敦煌研究，2012（4）.

[188] 翁俊雄 . 唐代州县等级制度 [J]. 北京师范学院学报（社科版），1991（1）.

[189] 乌兰 .《蒙古源流》研究 [M]. 沈阳：辽宁民族出版社，2000.

[190] 吴钢 . 全唐文补遗：第 1—7 辑 [M]. 西安：三秦出版社，1994-2000.

[191] 吴钢 . 隋唐五代墓志汇编·陕西卷：第 3—4 册 [M]. 天津：天津古籍出版社，1991.

[192] 吴天墀 . 论党项拓跋氏族属及西夏国名 [J]. 西北史地，1986（1）.

[193] 吴文良 . 泉州宗教石刻 [M]. 北京：科学出版社，1957.

[194] 怀华 . 福建晋江华表山摩尼教遗址 [J]. 文物参考资料，1958（4）.

[195] 吴怡如 . 北周王令猥造像碑 [J]. 文物，1988（2）.

[196] 吴玉贵 . 西突厥新考：兼论《隋书》与《通典》两《唐书》之 "西突厥" [J]. 西北民族研究，1988（1）.

[197] 吴玉贵 . 突厥汗国与隋唐关系史研究 [M]. 北京：中国社会科学出版社，1998.

[198] 武汉大学历史系，新疆维吾尔自治区博物馆，国家文物局古文献研究室 . 吐鲁番出土文书：第 6 册 [M]. 北京：文物出版社，1985.

[199] 西安碑林博物馆 . 西安碑林全集 [M]. 广州：广东经济出版社，1999.

[200] 西安碑林博物馆 . 西安碑林佛教造像艺术 [M]. 西安：陕西师范大学出版社，2010.

[201] 西村阳子 . 唐末五代代北地区沙陀集团内部构造再探讨：以《契苾通墓志铭》为中心 [J]. 文史，2005（4）。

[202] 向达 . 唐代长安与西域文明 [M]. 北京：生活·读书·新知三联书店，1957.

[203] 向南 . 辽代石刻文编 [M]. 石家庄：河北教育出版社，1995.

[204] 肖爱民 . 中国古代北方游牧民族两翼制度研究 [M]. 北京：人民出版社，2007.

[205] 萧启庆 . 内北国而外中国：蒙元史研究 [M]. 北京：中华书局，2007.

[206] 萧启庆 . 元代蒙古四大家族 [M]// 内北国而外中国：蒙元史研究 . 北京：中华书局，2007.

[207] 谢咏梅 . 札剌亦儿万户、千户编组与变迁 [J]. 内蒙古师范大学学报，2006（4）.

[208] 谢咏梅 . 札剌亦儿部若干家族世系 [M]// 中国元史研究会 . 元史论丛：第 13 辑 . 天津：天津古籍出版社，2010.

[209] 修晓波 . 关于木华黎世系的几个问题 [M]// 中国蒙古史学会 . 蒙古史研究：第 4 辑 . 呼和浩特：内蒙古大学出版社，1993.

[210] 宿白 . 凉州石窟遗迹和 "凉州模式" [J]. 考古学报，1986（4）.

[211] 宿白 . 克孜尔部分洞窟阶段划分与年代等问题的初步探索 [M]// 新疆维吾尔自治区文物管理委员会 . 中国石窟：克孜尔石窟（一）. 北京：文物出版社，1997.

[212] 许序雅 . 千泉、白水城和恭御城考辨 [J]. 中国历史地理论丛，2010（2）.

[213] 薛宗正 . 葛逻禄的崛起及其西迁 [J]. 新疆大学学报，1991（2）.

[214] 薛宗正 . 突厥史 [M]. 北京：中国社会科学出版社，1992.

[215] 薛宗正 . 安西与北庭：唐代西陲边政研究 [M]. 哈尔滨：黑龙江教育出版社，1995.

[216] 薛宗正 . 仆固部的兴起及其与突厥、回鹘的关系 [J]. 西域研究，2000（3）.

[217] 薛宗正 . 北庭历史文化研究：伊、西、庭三州及唐属西突厥左厢部落 [M]. 上海：上海古籍出版社，2010.

[218] 阎文儒 . 新疆天山以南的石窟 [J]. 文物，1962（7/8）.

[219] 阎文儒 . 唐米继芬墓志考释 [J]. 西北民族研究，1989（2）.

[220] 杨殿珣 . 石刻题跋索引 [M]. 北京：商务印书馆，1940.

[221] 杨富学 . 回鹘之佛教 [M]. 乌鲁木齐：新疆人民出版社，1998.

[222] 杨富学 . 元代哈剌鲁人伯颜宗道事文辑 [J]. 文献，2001（2）.

[223] 杨富学 . 回鹘文献与回鹘文化 [M]. 北京：民族出版社，2003.

[224] 杨富学 . 回鹘语文对契丹的影响 [J]. 民族语文，2005（1）.

[225] 杨富学 . 也谈“大朝通宝”钱币的时代 [J]. 甘肃金融，2008（增刊1）.

[226] 杨富学 . 回鹘摩尼僧开教福建及相关问题考 [J]. 西域研究，2013（4）.

[227] 杨富学 . 回鹘与敦煌 [M]. 兰州：甘肃教育出版社，2013.

[228] 杨富学 . 蒙古国新出仆固墓志研究 [J]. 文物，2014（5）.

[229] 杨富学，包朗 . 霞浦摩尼教新文献《摩尼光佛》校注 [M]// 秋爽，李尚全 . 寒山寺佛学：第10辑 . 兰州：甘肃人民出版社，2015.

[230] 杨富学，牛汝极 . 沙州回鹘及其文献 [M]. 兰州：甘肃文化出版社，1995.

[231] 杨富学，张海娟 . 凤翔屈家山蒙古纪事砖及相关问题 [J]. 青海民族研究，2014（4）.

[232] 杨富学，朱悦梅 . 胡灵太后与北魏晚期佛教 [C]// 少林文化研究所 . 少林文化研究论文集 . 北京：宗教文化出版社，2001.

[233] 杨铭 . 吐蕃统治敦煌研究 [M]. 台北：新文丰出版公司，1997.

[234] 杨铭 . 唐代吐蕃与西域诸族关系研究 [M]. 哈尔滨：黑龙江教育出版社，2005.

[235] 杨曙明 . 陕西凤翔境内古丝绸之路考略 [J]. 丝绸之路，2009（6）.

[236] 杨卫东 . 与契丹藏有关的一件石刻：读辽咸雍四年刊《新赎大藏经建立香幢记》[J]. 文物春秋，2007（3）.

[237] 杨志玖.探马赤军问题再探[C]//中国蒙古史学会.中国蒙古史学会论文选集（1980）.呼和浩特：内蒙古人民出版社，1980.

[238] 杨志玖.西夏是不是羌族[J].历史教学，1956（4）.

[239] 姚薇元.北朝胡姓考[M].北京：科学出版社，1958.

[240] 姚玉成.唐李思摩墓志碑文著录纠错一则[J].哈尔滨学院学报，2010（7）.

[241] 叶新民.头辇哥事迹考略[J].内蒙古大学学报，1992（4）.

[242] 叶奕苞.金石录补[M].上海：商务印书馆，1936.

[243] 殷光明.北凉石塔研究[M].台北：觉风佛教艺术文化基金会，2006.

[244] 殷小平，林悟殊.《幢记》若干问题考释：唐代洛阳景教经幢研究之二[J].中华文史论丛，2008（2）.

[245] 尤李.阿史那思摩家族考辨[M]//达力扎布.中国边疆民族研究：第4辑，北京：中央民族大学出版社，2011.

[246] 于宝林.契丹古代史论稿[M].合肥：黄山书社，1998.

[247] 余大钧.《元史·太祖纪》所记蒙、金战事笺证稿[M]//陈述.辽金史论集：第2辑.北京：书目文献出版社，1987.

[248] 余大钧.辽史、金史、元史研究[M].北京：中国大百科全书出版社，2009.

[249] 余军、卫忠.唐皋兰州都督浑公夫人墓志考释[M]//许成.宁夏考古文集.银川：宁夏人民出版社，1994.

[250] 余太山，李锦绣.欧亚学刊：第7辑[M].北京：中华书局，2007.

[251] 郁贤皓，胡可先.唐九卿考[M].北京：中国社会科学出版社，2003.

[252] 郁贤皓.唐刺史考全编[M].合肥：安徽大学出版社，2000.

[253] 岳绍辉.唐《李思摩墓志》考析[M]//西安碑林博物馆.碑林集刊：第3辑，西安：陕西人民出版社，1995.

[254] 云冈石窟文物保管所.中国石窟：云冈石窟[M].北京：文物出版社，1991-1994.

[255] 张宝玺.甘肃佛教石刻造像[M].兰州：甘肃人民美术出版社，2000.

[256] 张宝玺.甘肃佛教石刻造像中的几处涅槃像[M]//俄军.庄严妙相：甘肃佛教艺术展.西安：三秦出版社，2011.

[257] 张碧波，庄鸿雁.萨满文化研究[M].兰州：甘肃民族出版社，2012.

[258] 张存良.新出《魏哲墓志铭》及其相关问题[J].敦煌学辑刊,2014(1).

[259] 张国刚，蒋爱花.唐代男女婚嫁年龄考略[J].中国史研究,2004（2）.

[260] 张鸿杰.咸阳碑石 [M].西安：三秦出版社，1990.

[261] 张乃翥.跋河南洛阳新出土的一件唐代景教石刻 [J].西域研究，2007（1）.

[262] 张乃翥.龙门所见两《唐书》人物造像补正 [J].洛阳师范学院学报，2007（1）.

[263] 张乃翥.佛教石窟与丝绸之路 [M].兰州：甘肃教育出版社，2014.

[264] 张沛.唐折冲府汇考 [M].西安：三秦出版社，2003.

[265] 张沛.昭陵碑石 [M].西安：三秦出版社，1993.

[266] 张铁山.《故回鹘葛啜王子墓志》之突厥如尼文考释 [J].西域研究，2013（4）.

[267] 张玉玮.铁勒浑部与唐代浑氏家族世系 [J].文博，2005（6）.

[268] 张云.葛逻禄部早期历史初探 [J].新疆历史研究，1987（2）.

[269] 张云.唐代吐蕃史与西北民族史研究 [M].北京：中国藏学出版社，2004.

[270] 章红梅."可足浑氏"考辨 [J].北方文物，2018（1）.

[271] 章群.唐代蕃将研究 [M].台北：联经出版事业公司，1986.

[272] 章群.唐代蕃将研究 [C]// 单周尧.香港大学中文学院八十周年纪念学术论文集.上海：上海古籍出版社，2009.

[273] 昭陵博物馆.昭陵墓志纹饰图案 [M].北京：文物出版社，2015.

[274] 赵超.汉魏南北朝墓志汇编 [M].天津：天津古籍出版社，1992.

[275] 赵力光.西安碑林佛教造像艺术 [M].西安：陕西师范大学出版社，2010.

[276] 赵绍祖.新旧唐书互证：卷 19（丛书集成初编 2841）[M].上海：商务印书馆，1936.

[277] 赵文成，赵君平.秦晋豫新出墓志蒐佚续编 [M].北京：国家图书馆出版社，2015.

[278] 郑炳林.敦煌地理文书汇辑校注 [M].兰州：甘肃教育出版社，1989.

[279] 中国国家图书馆.国家图书馆藏敦煌遗书：第 4 册 [M].北京：北京图书馆出版社，2005.

[280] 中国社会科学院历史研究所，中国敦煌吐鲁番学会敦煌古文献编辑委员会，英国国家图书馆，等.英藏敦煌文献（汉文佛经以外部份）：第 1 卷 [M].

成都：四川人民出版社，1994.

[281] 中国社会科学院历史研究所，等．英藏敦煌文献（汉文佛经以外部分）：第 4 卷 [M]．成都：四川人民出版社，1991.

[282] 中国新疆壁画艺术编委会．中国新疆壁画艺术：克孜尔石窟 [M]．乌鲁木齐：新疆美术摄影出版社，2009.

[283] 周绍良．唐代墓志汇编 [M]．上海：上海古籍出版社，1992.

[284] 周绍良．全唐文新编 [M]．长春：吉林文史出版社，2000.

[285] 周绍良，赵超．唐代墓志汇编 [M]．上海：上海古籍出版社，2001.

[286] 周伟洲．陕北出土三方唐五代党项拓跋氏墓志考释：兼论党项拓跋氏之族源问题 [J]．民族研究，2004（6）.

[287] 周伟洲．党项西夏史论 [M]．兰州：甘肃文化出版社，2017.

[288] 周伟洲．魏晋十六国时期鲜卑族向西北地区的迁徙及其分布 [J]．民族研究，1983（5）.

[289] 周祝英．五台山诗文撷英 [M]．太原：山西人民出版社，2000.

[290] 朱谦之．中国景教：中国古代基督教研究 [M]．北京：东方出版社，1993.

[291] 朱悦梅．吐蕃王朝历史军事地理研究 [M]．北京：中国社会科学出版社，2017.

[292] 朱振宏．新建两方突厥族史氏家族墓志研究 [M]// 朱玉麒．西域文史：第 8 辑，北京：科学出版社，2013.

[293]〔日〕池内宏．高句麗討滅の役に與ける唐軍の行動 [M]// 収入氏著．満鮮史研究：上世第 2 冊．東京：吉川弘文館，1960.

[294]〔日〕池田温．8 世紀中葉における敦煌のソグド人聚落 [J]．ユーラシア文化研究，1965（1）.

[295]〔日〕村田治郎．居庸関：第 2 卷 [M] 京都：京都大学工学部，1957.

[296]〔日〕干潟龙祥．ジヤータカ（本生谈）概观 [M]．东京：铃木学术财团，1961.

[297]〔日〕铃木宏节．突厥阿史那思摩系谱考：突厥第一可汗国の可汗系谱と唐代オルドスの突厥集団 [J]．东洋学报，2005，87（1）.

[298]〔日〕内田吟風．北アジア史の研究：鲜卑柔然突厥篇 [M]．京都：同朋舎，1975.

[299]〔日〕内田吟風.初期葛邏祿（Karluk）族史の研究 [M]// 東洋史研究會.田村博士頌壽東洋史論叢.京都：田村博士還官紀念事業會，1968.

[300]〔日〕前嶋信次.東西文化交流の諸相 [M].东京：誠文堂新光社，1971.

[301]〔日〕浅井和春.敦煌石窟学術調査（第一次）報告書 [M].东京：东京艺术大学美术学部，1985.

[302]〔日〕桑山正進.慧超往五天竺國傳研究 [M].京都：京都大学人文科学研究所，1992.

[303]〔日〕森安孝夫.吐蕃の中央アジア進出 [M]// 金沢大学.金沢大学文学部論集・史学科篇：第 4 號，1984.

[304]〔日〕杉山正明.モンゴル帝国と大元ウルヌ [M].京都：京都大学学術出版会，2004.

[305]〔日〕田壽男.古代天山の歴史地理学的研究 [M].東京：早稲田大学出版部，1970.

[306]〔日〕松田壽男.西突厥王庭考 [J].史学雜誌，1929，40（1）.

[307]〔日〕西村阳子.唐末五代の代北における沙陀集団の内部構造と代北水運使一「契苾通墓誌銘」の分析を中心として [J].内陸アジア史研究：第 23 號，2008.

[308]〔日〕西嶋定生.中国古代国家と東アジア世界 [M].東京：東京大学出版会，1983.

[309]〔日〕小田義久.唐代告身の一考察：大谷探検队将来李慈芸及び张懐寂の告身を中心として [J].東洋史苑：56 號，2000.

[310]〔日〕伊瀬仙太郎.中国西域経営史研究 [M].东京：岩南堂书店，1955.

[311]〔日〕羽田亨.吐魯番出土回鶻文摩尼教徒祈願文の斷簡 [M]// 桑原博士還暦記念東洋史論叢.京都：弘文堂，1931.

[312]〔日〕羽田亨.羽田博士史学論文集 [C].京都：同朋舍，1975.

[313]〔日〕竹島卓一，島田正郎.中国文化史迹增补 [M].京都：法藏馆，1976.

[314]〔日〕庄垣内正弘.ウイグル文字音写された汉语佛典断片について：ウイグル汉字音の研究 [J].言语学研究：第 14 号，京都，1995.

[315]〔日〕佐伯好郎.景教の研究 [M].东京：东方文化学院，1938.

[316] 〔日〕佐藤長. 古代チベット史研究 [M]. 东京：同朋舍，1977.

[317] AYDIN E. The Contribution of the Mongolian Language on the Reading of Place Name in Old Turkuic Inscriptions：togla or tugla（Tugula?）[J]. Central Asiatic Journal，2010,54(1).

[318] BACOT J,THOMAS F W，TOUSSAINT C，Documents de Touen-houang Relatifs a l'Histoire du Tibet[M].Paris：Libraire orientaliste Paul Geuthner，1940.

[319] BAKER J，Ph.D. The art of the Sui Dynasty caves at Dunhuang[M]. Lawrence：The University of Kansas，1991.

[320] BARTHOLD W. Turkestan Down to the Mongol Invasion[M]. London，1928.

[321] BAZIN L. Turc et Sogdiens：Les enseignements de l'inscription de Bugut（Mongolie），Mélanges linguistiques offerts à Emile Benveniste，Paris，1975.

[322] BRYDER P. Cao'an Revisited[M]//TONGRELOO A V，GIVERSEN S. Manichaica Selecta. Studies Presented to Profesor Julien Ries on the Occasion of His Seventieth Birthday,Louvain,1991.

[323] BRYDER P. The Chinese Transformation of Manichaeism:A Study of Chinese Manichaean Terminology[M].Löberöd：Bokforlaget Plus Ultra，1985.

[324] CHAVANNES É. Documents sur les Tou-Kiue Turcs Occidentaux[M]. Paris：Librairie d'Amérique et d'Orient Adrien Maisonneuve，1903.

[325] BECKWITH C I. The Tibetan Empire in Central Asia：A History of the Struggle for Great Power among Tibetans，Turks，Arabs，and Chinese during the Early Middle Ages[M]. New Jersey:Princeton University Press，1987.

[326] CLAUSON G. An Etymological Dictionary of Pre-Thirteenth-Century Turkish[M].London:Oxford University Press,1972.

[327] DEMIÉVILLE P. Le Concile de Lhasa. Une controverse sur le quiétisme entre bouddhistes de l'Inde et de La Chine au VIIIe siècle de l'ère chrétienne I[M]. Paris：Imprimerie Nationale de France，1952.

[328] DOERFER G. Türkische und Mongolische Elemente im Neupersischen. II[M].Wiebaden，1965.

[329] Ecsedy I. A Contribution to the History of Karluks in the T'ang Period[J]. Acta Orientalia Academiae Scientiarum Hungaricae，1980（1/3）.

[330] EMMERICK，R E. Tibetan Texts concerning Khotan[M].London：Oxford University Press，1967.

[331] ESIN E. Tabari's report on the warfare with Turgish and the testimony of eighth century Central Asian art[J].Central Asiatic Journal，1973（17）.

[332] Fuchs W. Huei-chao's Pilgerrise durch Nordwest-Indien und Zentral-Asien um 726[M].Sitzungsberichte der Preussischen Akademie der Wissenschaften,Phil.-hist.Klasse,30,1938.

[333] GIBB H A R. The Arab Conquets in Central Asia[M].New York：AMS Press，1923.

[334] HAMILTON J.Manuscrits Ouïgours du IXe-Xe Siècle de Touen-Houang I[M]. Paris，1986.

[335] HENNING W B. Sogdica. James G. Forlong Fund:Vol.XXI[M].London：The Royal Asiatic Society，1940.

[336] HOFFMANN H. Die Qarluq in der tibetischen Literatur[J].Orients，1950（2）.

[337] Barat K. Two Identical Features in the Hexi Dialect[M]// 敦煌学与中国史研究论集：纪念孙修身先生逝世一周年 . 兰州：甘肃人民出版社，2001.

[338] KAMALOV A K. Dunhuang and Turfan Sources on the History of Tokuz-Oghuz Tribe Bayarqu，Paper presented to International Conference "Kazakhstan on Silk Road".Almaty，June 18-19，2009.

[339] Le Coq，A. Von，Türkische Manichaica aus Chotscho. III，Abhandlungen der Preussischen Akademie der Wissenschaften，phil.-hist. Kl.，Nr. 2，1922.

[340] LI F K. Notes on Tibetan Sog[J]. Central Asiatic Journal, 1958,3.

[341] LIEU S N C. Manichaeism in the Later Roman Empire and Medieval China：a historical survey[M].Manchester，1992.

[342] Lin W S. On the Spreading of Manichaeism in Fujian,China[M]// WIESSNER G,KLIMKEIT H J.Studia Manichaica. II. Internationaler Kongreβ zum Manichäismus, 6—10. August 1989 St.Augustin/Bonn，Wiesbaden：Otto Harrassovitz，1992:342—355.

[343] LITVINSKY B A. History of civilizations Central Asia，Vol. III：The crossroads of civilizations：A. D. 250 to 750[M].Delhi：Motilal Banarsidass Publisher，1999.

[344] MACKERRAS C. The Uighur Empire according to the T'ang Dynastic Histories: A Study in Sino-Uighur Relations 744-840[M]. Canberra: Australian National University Press, 1972.

[345] MARSHALL J,Sir. Taxila, Vol.III[M].Delhi: Motilal Banarsidass Publishers Private Limited, 1975.

[346] MARTIN H D. The Mongol Wars with Hsi Hsia（1205-1227）[J]. Journal of the Royal Asiatic Society of Great Britain and Ireland, 1942（3）.

[347] MINORSKY V. Hudud al-'Ālam. "The Regions of the World", a Persian Geography 372 A H.-982 A.D.[M]. London, 1937.

[348] TAKAO M. On the Uigur čxšapt ay and the Spreading of Manichaeism into South China[M]//EMMERICK R E. Studia Manichaica. IV. Internationaler Kongress zum Manichäismus, Berlin, 14.—18. Juli 1997,Berlin,2000.

[349] Orkun H N. Eski Türk Yazıtları[M].Ankara, 2011.

[350] PELLIOT P. Les noms propres dans les traductions chinoises du Milindapañha[J].Journal Asiatique,1914（Sept–Oct）.

[351] PELLIOT P, HAMBIS L.Histoire des Campagnes de Gengis Khan, Cheng-wou Ts'in-Tcheng Lou[M].Leiden: E.J.Brill, 1951.

[352] PELLIOT P. Neuf note sur des questions d'Asie Centrale[J].T'oung Pao, 1929（4/5）.

[353] PETECH L. Glosse agli Annali di Tun-huang[J]. Rivista agli Studi Orientali, 1967（3）.

[354] PULLEYBLANK E G. A Sogdian Colony in Inner Mongolia[J]. T'oung Pao, Second Series, 1952,41.

[355] RACHEWILTZ I. AnoteonYelü Zhu 耶律铸 andhisfamily[M]// 郝时远、罗贤佑. 蒙元史暨民族史论集：纪念翁独健先生诞辰一百周年. 北京：社会科学文献出版社，2006.

[356] RACHMATI G R. Türkische Turfan-Texte VII[M].Berlin,1934.

[357] RÖHRBORN K, SERTKAYA O. Die alttürkische Inschrift am Tor-Stupa von Chü-yung-kuan[J]. Zeitschrift der Deutschen Morgenlandischen Gesellschaft,1980（130）.

[358] SOPER A C. Northern Liang and Northern Wei in Kansu[J]. Artibus Asiae, 1958（21）.

[359] TEKIN T. A Grammar of Orkhon Turkic（Uralic and Altaic Series Vol.

69), Indiana University Publications, Mouton and Co., 1968

[360] THOMAS F W. Tibetan Literary Texts and Documents concerning Chinese Turkestan Part I[M].London: Royal Asiatic Society, 1935.

[361] TONGERLOO A V.The Father of Greatness[M].PREIßLER H, SEIWERT H. Gnosisforschung und Religionsgeschichte. Festschrift für Kurt Rudolph zum 65. Geburtstag. Marburg, 1994.

[362] UEBACH H. On the Tibetan Expansion from Seventh to Mid-Eighth Centuries and the Administration (khō) of the Countries Subdued[M]//MCKAY A. Tibet and Her Neighbours: A History, London, 2003.

[363] G. Uray.The old Tibetan Sources of the History of Central Asia up to 751 AD: A Survey[M]//Harmatta J. Prolegomena to the Sources on History of Pre-Islamic Central Asia, Budapest, 1979.

[364] WONG D C. Chinese Steles. Pre-Buddhist and Buddhist use of a Symbolic Form[M]. Honolulu: University of Hawai'i Press, 2004.

[365] YUTAKA Y. Review to Peter Bryder, The Chinese Transformation of Manichaeism. A Study of Chinese Manichaean Terminology[J].Bulletin of the School of Oriental and African Studies,1987,50 (2) .

[366] YOSHIDA Y. Sogdian Fragments Discovered from the Graveyard of Badamu[M]// 沈卫荣 . 西域历史语言研究集刊: 第 1 辑 . 北京: 科学出版社, 2007.

[367] ZIEME P. Zur buddhistische Stabreimdichtung der alten Uiguren[J]. Acta Orientalia Academiae Scientiarum Hungaricae,1975 (2) .

[368] МАЛОВ С Е. Памятники Древнетюркской Письменности. Тексты и исследования, М. -Л. 1951.

[369] РАШИД-АД-ДИН.СБОРНИК ЛЕТОПИСЕЙ,М.-Л[M].Санкт-Петербург:Издательство АН СССР, 1960.

[370] СИМОКАТТА, Феофилкт. История[M].Москва, 1957.

[371] Тихонов, Д. И., Термины Эль и Будун в древннх уйгурских документах, Исследования по истории культуры народов Востока. Сб. в честь акад. И. А. Орбели, М.-Л., 1960.